AFINAL, ONDE ESTÃO OS LÍDERES?

Antônio Celso Mendes Webber é formado em economia, com atualização em administração e marketing na Universidade do Sul da Califórnia e no Instituto Europeu de Administração e Negócios (Insead). Foi diretor da Fundação para o Desenvolvimento de Recursos Humanos; professor nos cursos de Pós-Graduação em Administração da Pontifícia Universidade Católica do RS e na Universidade de Caxias do Sul; realizou centenas de palestras no país e exterior. Professor em Liderança do Centro de Excelência Empresarial do RS, é hoje empresário e consultor de diversas empresas.

W371a	Webber, Antônio Celso Mendes.
	    Afinal, onde estão os líderes? / Antônio Celso Mendes Webber. – Porto Alegre : Bookman, 2010.
	    272 p. ; 23 cm.
	
	    ISBN 978-85-7780-568-6
	
	    1. Administração. 2. Liderança. 3. Gestão de pessoas.
	
	                                                CDU 658

Catalogação na publicação: Renata de Souza Borges CRB-10/1922

ANTÔNIO CELSO MENDES WEBBER

AFINAL, ONDE ESTÃO OS LÍDERES?

2010

© Artmed Editora S.A, 2010

Capa: *Paola Manica*

Preparação do original: *André de Godoy Vieira*

Supervisão editorial: *Arysinha Jacques Affonso*

Editoração eletrônica: *Techbooks*

Reservados todos os direitos de publicação, em língua portuguesa, à
ARTMED® EDITORA S.A.
(BOOKMAN® COMPANHIA EDITORA é uma divisão da ARTMED® EDITORA S. A.)
Av. Jerônimo de Ornelas, 670 – Santana
90040-340 – Porto Alegre – RS
Fone: (51) 3027-7000   Fax: (51) 3027-7070

É proibida a duplicação ou reprodução deste volume, no todo ou em parte, sob quaisquer formas ou por quaisquer meios (eletrônico, mecânico, gravação, fotocópia, distribuição na Web e outros), sem permissão expressa da Editora.

SÃO PAULO
Av. Angélica, 1.091 – Higienópolis
01227-100 – São Paulo – SP
Fone: (11) 3665-1100   Fax: (11) 3667-1333

SAC 0800 703-3444

IMPRESSO NO BRASIL
PRINTED IN BRAZIL
Impresso sob demanda na Meta Brasil a pedido de Grupo A Educação.

Em primeiro lugar, e como motivação principal, dedico este livro àquele que me proporcionou tudo e deu sentido à minha vida: Jesus Cristo, o maior líder servidor de todos os tempos, que me inspirou a compreender melhor como visualizar a liderança como processo (como agir) e a essência do líder (apoiada em valores pessoais). De fato, podemos olhar para cima para perceber o líder por seu brilho, mas mais importante ainda é ter consciência dos valores e princípios que lhe dão sustentação.

Ao meu pai, Hermes, pelo exemplo, caráter e competência na gestão pública de uma das mais importantes comunidades do estado do Rio Grande do Sul, bem como pela extraordinária capacidade de ouvir e se importar com as pessoas.

À minha esposa, Virgínia, líder protetora, amável e intuitiva, cuja luz própria a todos atrai.

Aos meus filhos, André, Carolina, Márcio e Paula, tão diferentes e tão especiais em si mesmos, que têm me proporcionado muitas lições de vida.

Aos meus netos, Victor, Rafael e Gabriela, que me lideram de forma autoritária, impositiva e amorosa desde o dia em que nasceram.

"Nem todo aquele que diz: Senhor, Senhor, encontrará o caminho e será reconhecido, mas o que põe em prática a vontade do Pai. No dia da prestação de contas, muitos vão dizer: Senhor, Senhor, não foi em teu nome que profetizamos? Não foi em teu nome que fizemos grandes coisas? Grandes milagres?' Então Eu lhes direi publicamente: 'Jamais vos conheci. Afastai-vos de mim vós que praticastes tanto mal.' Portanto, quem ouve estas minhas palavras e as põe em prática, é como um homem prudente, que construiu a sua casa sobre a rocha. Caiu a chuva, vieram as enchentes, os ventos abateram-se sobre a casa, mas ela não caiu, porque estava erguida sobre a rocha. Quem não as põe em prática, é como um homem sem juízo, que construiu a sua casa sobre a areia. Caiu a chuva, vieram as enchentes, os ventos sopraram e deram contra a casa, e a casa caiu, e a sua ruína foi completa!"

— *Evangelho segundo São Mateus* (resumido).

Indivíduos sem valores e princípios claros e consistentes não conseguem liderar.

Agradecimentos

Este livro é um singelo reconhecimento a todos aqueles que acreditaram na forma e no estilo de discutir liderança que propus em minhas abordagens sobre o tema. Dedico-o aos Albertos, Betos, Carlos e tantos outros de A a Z com quem tive a felicidade de conviver nos programas de desenvolvimento de líderes – pessoas que me forneceram a base vivencial para a feitura desta obra.

Foram mais de 10 mil os executivos e alunos de pós-graduação com quem convivi nos últimos 20 anos, tanto em atividades *in company* como por intermédio de instituições como Centro de Excelência Empresarial do Rio Grande do Sul, a Pontifícia Universidade Católica do RS, a Universidade de Caxias do Sul, o Sesi-Senai Brasília, o Idort/São Paulo, entre tantas outras existentes no país.

Lembro e agradeço o *feedback* que recebi do prof. Joseph Pembera, consultor independente americano que prestou serviços para a Fundação de Desenvolvimento de Recursos Humanos do RS em meados da década de 1970, e afirmou que eu não teria as habilidades e o perfil necessário para ensinar e desenvolver competências nas pessoas. Somente alguns anos depois é que pude perceber o sentido desse *feedback* e a ajuda que ele me havia prestado ao instigar minha autoestima para esse desafio e para o enfrentamento de meus "fantasmas" nesse campo.

Agradeço ao dr. Aldo Sani e ao eng. Alfred Freund, ambos ex-superintendentes da Riocell, hoje Aracruz Celulose, por terem acreditado em mim num período de profundas transformações, caracterizadas pela reengenharia organizacional e pela terceirização. No tema da terceirização, aliás, ambos foram pioneiros no Brasil.

Agradeço à figura ímpar de um grande líder com quem tive a honra de conviver nos seus últimos anos de vida e que faz parte da história do Brasil no tempo de Getulio Vargas, o dr. Batista Luzardo.

Agradeço, sensibilizado, a alguns dirigentes de empresas públicas, autarquias e administração direta federal, estadual e municipal, por terem proporcionado profundos conhecimentos e ensinado como não se deve exercer a liderança.

Agradeço também a algumas pessoas que muito influenciaram a maneira como passei a perceber a vida profissional e pessoal. A Fioravanti Webber, meu avô, por ter dito uma frase que desde os 10 anos jamais esqueci: "Meu neto, a única coisa que tem valor na vida é o trabalho". A Henry Brinberg, amigo já falecido e consultor independente em São Paulo com o qual convivi e aprendi muito nos anos 1970, cujos conhecimentos e humor valorizaram a visão da abordagem de gestão da época, denominada administração por objetivos. A Ramiro Novak Filho e Ivan Piccolo, meus jovens assessores e conselheiros em Liderança e Qualidade Total, inestimáveis na implantação de 20 projetos de melhoria em uma grande empresa, com ganhos extraordinários. A Sérgio Foguel, caro amigo, consultor nos anos 1970 da empresa Incrementa e, após, diretor de Planejamento da Odebrecht, em Salvador, com quem comecei a ter gosto pela área comportamental (na época toda a minha formação era cartesiana). A Juarez de Moura Maia, pároco da Igreja da Conceição em Porto Alegre, que foi meu guia espiritual até o seu falecimento, influenciando muito o comportamento religioso, familiar e transcendental, meu e de minha família. A Daniel Trintin da Silva, homem simples, motorista, amigo e "cabo eleitoral" quando, aos 22 anos, fui candidato e eleito vereador em Caxias do Sul. Sua maneira prática e filosofia popular me influenciaram muito na época, principalmente no tocante ao enfrentamento de desafios no dia a dia (quando eu queria desistir, ele dizia: "Tonho, se você não enfrentar agora este desafio, você nunca mais conseguirá e se arrependerá todos os dias da sua vida".) A José Vicente Banet, já falecido, sócio e consultor do Centro de Produtividade do Brasil, amigo fraterno, educador e principal incentivador do meu interesse pelo tema liderança. Graças às suas convicções acabei me apaixonando perdidamente pelo assunto, a ponto de pedir exoneração da empresa em que trabalhava, em 1994, e criar minha própria empresa de consultoria e treinamento, a W&W Consultores Associados. Por fim, agradeço novamente a Deus por tudo o que a vida tem me proporcionado de forma gradual e equilibrada, e a você, caro leitor, por dedicar algum tempo para ler os pensamentos, conceitos, provocações e histórias de nossa gente e de nossos líderes, que passo agora a descrever.

Prefácio

Desde o término da Segunda Guerra Mundial, com o advento da aplicabilidade dos modernos conceitos da ciência comportamental, os executivos brasileiros estudavam e interagiam com realidades de gestão totalmente alienígenas. Os "pacotes" de desenvolvimento de líderes eram simplesmente impostos a partir de uma realidade, na maioria das vezes, americana, ao incipiente movimento da gestão focada na liderança nas organizações brasileiras. O próprio tema liderança era tratado como um simples apêndice no campo da administração. Não havia dados, estatísticas, estudos e muito menos um conhecimento aproximado do perfil, da cultura ou dos modelos de liderança adotados no país. Era o auge das correntes e ferramentas de gestão importadas. Entre elas: Grid Gerencial; Administração por Objetivos; Team Building; Situational Leadership; Administração do Tempo; Planejamento Estratégico; Movimento da Qualidade Total; Reengenharia Organizacional; Terceirização; Benchmarking; Séries ISO 9000 e 14.000 e Balance Scorecard.

Passados 32 anos e com um acúmulo de conhecimentos teóricos e vivenciais, fui estimulado por colegas, alunos e amigos a descrever uma visão nacionalista sobre liderança, com base na percepção compartilhada com mais de 10.000 executivos e alunos de pós-graduação. Foram mais de 350 seminários e cursos abertos ou *in company* nas mais conceituadas empresas brasileiras.

Os dados referentes aos perfis, maturidade, motivação, estilos de uso do poder formal, processos decisórios em equipe, entre outros, foram acumulados e organizados em um Banco de Talentos & Competências, que forneceram os subsídios necessários a este livro. A pretensão não é só de migrar de uma visão de liderança globalizada para a brasileira, mas também de focar a liderança como algo prático e presente na vida de todos. Transcende os conceitos teóricos, acadêmicos e filosóficos e explora o campo prático e seus resultados. A obra foi também enriquecida com a visão de mais de 50 presidentes de empresas de sucesso.

Vive a sociedade mundial, um período difícil, controverso e complexo. Estamos todos perdidos e perplexos com os acontecimentos que se sucedem. Aumentam os atos terroristas; governos corruptos se eternizam no poder; organizações desaparecem num piscar de olhos; balanços são manipulados; o meio ambiente é destruído num ritmo nunca visto; aumenta o aquecimento global; famílias em crise; filhos drogados; depressão generalizada, inclusive em crianças com menos de 12 anos.

Estamos revivendo a cultura publicitária divulgada no passado, que apregoava em sua chamada principal: "leve vantagem você também". Hoje é constrangedor ostentar o título de honesto, usar palavras como: honra, dignidade, valores, ética e pensar no nosso próximo como um ser humano igual, com os mesmos direitos que nós. A sociedade valoriza as pessoas mais pelo que têm do que pelo que são. Aparência pessoal, símbolos de riqueza, poder e ambição fazem parte de qualquer cardápio para o sucesso. Durante toda a minha vida li e reli obras de liderança que citavam grandes homens de sucesso empresarial, tais como: Jack Welch, Walt Disney, Akio Morita, Steve Jobs e Bill Gates.

Este estudo propõe uma abordagem mais focada nos líderes do dia a dia, sem deixar de citar e buscar referências em todos os campos da liderança mundial.

Eu quero, todos querem, e precisamos saber o que foi feito da liderança em todos os níveis da sociedade, começando pela família e terminando no campo político mundial. O foco principal da abordagem proposta no presente livro são as organizações produtivas, mas a mensagem serve para todos aqueles que, eventualmente, exercem ou exercerão o fantástico poder da liderança.

Sumário

- Capítulo 1 — Um Paradigma que Cai por Terra   19
- Capítulo 2 — Contextualização da Liderança: da Pós-Globalização à Organização *Network*   27
- Capítulo 3 — A Maturidade do Líder   35
- Capítulo 4 — O Conhecimento Aplicável que Agrega Valor   47
- Capítulo 5 — Os Aspectos Inerentes à Experiência/Vivências   51
- Capítulo 6 — Habilidades e Competências Virtuais   55
- Capítulo 7 — A Visão Quadridimensional do Líder   63
- Capítulo 8 — Motivação e Comprometimento   75
- Capítulo 9 — Os Valores e a Ética   91
- Capítulo 10 — Poder Formal e Poder Pessoal   95
- Capítulo 11 — O Desafio dos Talentos   101
- Capítulo 12 — A Visão dos Liderados   129
- Capítulo 13 — Os Líderes e as Habilidades mais Valorizadas   139
- Capítulo 14 — Perfil de Habilidades do Líder Brasileiro   147
- Capítulo 15 — Estilos Eficazes de Liderança   179
- Capítulo 16 — Os Sete Pecados da Liderança   201

Capítulo 17 Pérolas da Liderança 207

Capítulo 18 Citações para Refletir 229

Capítulo 19 A Questão do *Feedback* 237

Capítulo 20 Comentários Finais 245

Apêndice Habilidades Para o Exercício Eficaz da Liderança 253

Referências 267

Índice 271

Introdução

Ao longo de todos esses anos de atividade profissional como executivo, professor, consultor de empresas e *coach*, sempre estive à procura de uma imagem, uma cena, um conceito de liderança que servisse de âncora, de base de sustentação para minhas crenças, e que eu pudesse, com convicção, compartilhar com os demais.

A tarefa não era fácil, pois minhas próprias convicções sobre qualquer que fosse a linha de pensamento em liderança não eram tão consistentes assim. Uma imagem, no entanto, passou a fazer parte de meu imaginário desde a primeira vez em que a vi. Simbolizava aquilo que um líder deveria ser e o tipo de resultado que lhe cabia alcançar – com e por intermédio das pessoas. Encontrei-a em um filme que é pouco conhecido no Brasil – apesar de seu renomado elenco —, mas que bem ilustra minha visão pessoal sobre liderança. Trata-se de *Gringo Velho*, película protagonizada por Gregory Peck e Jane Fonda. Nele, Peck encarna o famoso escritor e jornalista norte-americano Ambrose Bierce, que, à beira dos 70 anos, viaja para o México em plena Revolução, procurando fugir de uma vida monótona, repleta de luxo e falsos amigos.

Fonda interpreta Harriet Winslow, uma solteirona de 45 anos, filha de milionários norte-americanos que está no México buscando reencontrar-se e aplacar a dor de ter sido acusada da morte do pai pela própria mãe.

O encontro dos dois ocorre da forma mais inusitada possível, no preciso momento em que o escritor, preso pelos vigilantes de Pancho Villa, juntamente com outros soldados governistas, é posto diante de um pelotão de fuzilamento.

Liderar é fazer as pessoas suspirarem

A personagem de Jane Fonda no filme *Gringo Velho*, Harriet Winslow, reconhece no condenado um compatriota, e trava uma luta desesperada para salvar-lhe a vida, mesmo sem o conhecer pessoalmente.

Dada a ordem de disparo, os vigilantes alvejam todos os condenados, salvo Bierce, que, como se poderia imaginar, é tomado de enorme susto, pois aquele poderia ser o último momento de sua vida.

Recompostos do susto, ambos se dirigem a uma velha árvore tombada, sentam-se um diante do outro, e se estabelece o seguinte diálogo:

Bierce: — Então era tudo uma brincadeira! Que espécie de humor é esse? Por que não me avisaram, para que eu pudesse aproveitá-lo melhor?

Harriet: — Você é intolerável... (*ele parece desdenhar dos esforços dela para salvar a sua vida. Ele diz: "para que eu pudesse aproveitar melhor"*)... pensar nisso naquela situação...

Bierce: — Por favor, tolere-me (*ele também tinha as suas carências afetivas e necessitava de alguém que o compreendesse, pois também havia "fugido" de um ambiente fútil e sem compreensão humana*). Faz tanto tempo que ninguém ao menos tenta. Houve uma época em que as mulheres suspiravam. Enchiam o peito. Como eram lindas. Achei que sempre estariam lá, suspirando por meu bigode. Admirando cada olhar meu. Apenas esperando por um gesto. Mas elas se foram. Não esperaram. Creio que não inspirei amor suficiente em nenhuma delas.

Harriet: — O que era?

Bierce: — O que era o quê?

Harriet: — O que fazia para suspirarem? Nunca suspirei por um homem.

Bierce: — Bem, quando eu era criança, sonhei que faria coisas que mudariam o mundo. E, uma noite, quando tinha 16 anos, prometi a uma garota que faria algo grandioso. Tão grandioso que seria impossível ela não me amar. E que, depois disso, voltaria para buscá-la. Bem, o que exatamente

> você pretende fazer, ela perguntou-me. Respondi que escreveria o mais lindo poema que alguém jamais escreveu. Um poema que fizesse chorar de felicidade e amar desesperadamente. Que fizesse entender o significado da existência nesta vida. "Você não pode escrevê-lo, ninguém pode". Eu disse a ela: "Espere e você verá". "Por quanto tempo?", ela perguntou. E como era jovem, e como tudo parecia ser possível, eu disse: "por pouco tempo".
>
> Escrevi por 50 anos. Escrevi durante todos os dias de minha vida, sem exceção. Escrevi e escrevi. Escrevi durante longas noites de insônia. Em países estrangeiros. Em salas de repórteres cheias de inimigos. Escrevi enquanto minha juventude se esvaía e o amor traía-me. Há muitos anos esqueci o rosto dela, a cor de seus olhos, a linha de seus lábios. Hoje, porém, de costas para aquele muro, eu vi você. E soube que você era ela. E que o único lugar na terra onde eu poderia ter escrito aquele poema era em seus braços. Meu Deus, como gostaria de beijá-la (*ele a beija suave e demoradamente e, quando a solta, ela lança um longo suspiro de olhos fechados*). Era isso o que eu fazia. Você acabou de suspirar.

Voltando à realidade, liderar é, acima de tudo, fazer as pessoas suspirarem do mais profundo de seu ser. Não apenas inspiradas por belas palavras, mas porque algo foi de fato alcançado, seja materialmente, seja espiritualmente ou, quem sabe, graças a um aprendizado ou lição de vida. O líder deve sempre perguntar a seus liderados: "Afinal, o que vocês desejam para suas vidas? Para onde são direcionados os sentimentos que emanam de suas almas, para qual sonho? Em suma, pelo que suspiramos?"

O Santo Graal da liderança, já que se trata de conteúdo comportamental, consiste em ter convicções firmes sobre seis tópicos que considero fundamentais. São eles:

1. Somos todos líderes, ou não?
2. Seremos sempre líderes, ou apenas eventualmente?

3. Já nascemos com essa "aura" de liderança inscrita em nosso DNA, confirmando a denominação de líderes natos?

4. Líderes se formam, desenvolvem-se mediante técnicas especiais, ou nascem predestinados?

5. Qual a influência dos diversos ambientes em constante mutação na definição do melhor líder?

6. Afinal, somos líderes ou estamos líderes?

Os líderes têm encontrado, neste início de século XXI, exigências maiores e mais complexas do que aquelas com que se haviam deparado no século anterior. Até pouco tempo, gozavam de poder para moldar as organizações conforme seus valores, premissas e estilo pessoais. Entretanto, a explosão tecnológica, a crescente consciência de que as pessoas são fundamentais para a eficácia organizacional e a descoberta de que as organizações devem ter programas econômicos e sociais desgastaram um pouco o papel daqueles líderes voltados tão-somente para os processos produtivos.

Eis que surge então a necessidade de líderes que atuem em equilíbrio técnico e comportamental, dando preferência aos aspectos psicossociais. A esse respeito, vejamos o que nos relata Roberto Crema, psicólogo e implementador da formação holística de base no Brasil, em palestra proferida no ano de 2001:

"Liderança só existe na maestria, que ensina a escutar; que demonstra que tudo está ligado a tudo; que tudo está mudando e que, nos dias atuais, só há mutação".

Muitos aspectos atuais da liderança ampla, envolvendo família, empresas, organizações, governos e a sociedade como um todo, ainda encontram guarida nos pensamentos e escritos de Jean-Jacques Rousseau.

Lembremos que em sua obra máxima, *O Contrato Social*, ele escreve que "a mais antiga de todas as sociedades e a única natural é a família. (...) portanto, no primeiro modelo das sociedades políticas, o chefe é a imagem do pai, o povo a imagem dos filhos, e todos, tendo nascido iguais e livres, só alienam a sua liberdade em proveito próprio".

Mais adiante Rousseau assinala que "como o crescimento do Estado dá aos depositários da autoridade pública mais tentações e meios de abusar de seu poder, mais força deve ter o governo para conter o povo e mais força deve ter o soberano (chefe) por sua vez, para conter o governo".

O filósofo alerta ainda que "quando o nó social começa a afrouxar-se e o Estado, a enfraquecer, quando os interesses particulares começam a fazer-se sentir e as pequenas sociedades a prevalecer sobre a grande, o interesse comum perde-se e encontra opositores".

É, pois, neste amplo, abrangente e histórico tema da liderança que propomos diversificadas reflexões. É sobre a amplitude da vida e suas múltiplas inter-relações de poder e subserviência e, paradoxalmente, sobre a busca da felicidade comum, que passamos a refletir.

Capítulo 1

Um Paradigma que Cai por Terra

> Se for um bom negócio, faça.
> Entretanto, se não for, não faça.

Essa frase, que aqui utilizo à guisa de epígrafe, foi-me dita por meu pai quando eu ainda era uma criança. Gravei-a na memória por ter sido ele quem a proferiu – num momento, se bem me lembro, de grande alegria, em que sua intenção era divertir-se comigo.

Naquela época, nossa cidade (Caxias do Sul, nordeste do estado do Rio Grande do Sul) era quase inteiramente formada por imigrantes que haviam chegado por volta de 1875, oriundos do norte e nordeste da Itália. Minha avó Emília era um deles, tendo nascido no navio que para cá se dirigia em busca de tempos melhores.

A frase de meu pai, na verdade, era uma das tantas ditas e repetidas na região com bom humor e um quê de mistério. Só recentemente, depois de trilhar muitos caminhos no campo profissional, é que me dei conta de que nela se compreende toda a essência do comportamento humano – quer nos negócios, quer na vida pessoal.

Acredito que os líderes sempre tiveram profunda consciência do significado dela. Sempre se mostraram capazes de construir uma visão ampla, abrangente, comunitária e transparente, que não deixava dúvidas quanto ao esforço e às habilidades necessários para contemplar o bem comum. E é justamente esse bem comum que dela podemos inferir: *se for um bom negócio, faça*.

Por bom negócio entenda-se a capacidade de comprometer os liderados com uma busca que atenda a legítimos interesses, necessidades e sonhos de todos aqueles que se envolvem na relação líderes-liderados.

A construção da visão pelo líder e a percepção dos liderados quanto ao bom negócio consolidam um nível de comprometimento tão elevado que muitos (ou até mesmo, milhões) não pensaram duas vezes em contribuir com sua própria vida para a consecução dessa visão comum.

Outros tantos, nos dias de hoje, constituem aquilo que chamamos de diferencial para a competitividade. São líderes e liderados que oferecem muito mais do que seu trabalho, esforço e competência para atingir os resultados almejados.

No entanto, a visão do bom negócio é apenas o primeiro passo. A complexidade dos diversos ambientes que nos cercam e influenciam, os conhecimentos específicos necessários, as habilidades comportamentais, a motivação, o equilíbrio, a transparência, a construção e o desenvolvimento de maturidades compatíveis com os desafios atuais nos indicam e sugerem não ser tão fácil a construção do COMO viabilizar o bom negócio.

Eis, portanto, o maior e mais pretensioso objetivo desta obra: provocar reflexões num mundo que é novo, mas que se repete ao longo da história. E é bom que se recupere no passado sobretudo os comportamentos éticos solidificados em princípios e valores que transformaram pessoas comuns, vivenciando situações incomuns, em grandes líderes.

Para reaver essa trajetória, partimos de uma abrangente contextualização dos processos de liderança, enfocando principalmente o período que se estende da pós-globalização até os dias atuais, onde encontramos líderes e liderados envoltos num tremendo paradoxo: como interagir com as rápidas mudanças e ao mesmo tempo conservar conhecimentos que agreguem valor, apesar de seu ciclo de vida cada vez mais curto, do aumento da competitividade interpessoal (o sentimento básico de sobrevivência do ser humano em face das reduzidas oportunidades) e de uma sociedade mais exigente, participativa e controversa.

Ante essas novas circunstâncias, o paradigma do líder nato cai por terra.

A vigência desse paradigma remonta a uma época de mudanças lentas e graduais, em que conhecimento, experiência e habilidades eram itens que nos garantiam uma maior permanência como "líderes" ou, quem sabe, chefes – tanto mais que a liderança era invariavelmente relacionada à hierarquia formal.

A boa, mas preocupante, notícia é que somos todos (ou melhor, estamos ou estaremos) líderes em muitos momentos de nossa existência. De forma consciente ou inconsciente, seja em relação a alguns membros da família, da sociedade civil, do clube ou da empresa, estaremos não só influenciando, mas inspirando comportamentos baseados em nosso exemplo.

A questão é: somos ou não somos líderes eficazes, contribuímos para o desenvolvimento de uma sociedade mais humana e mais justa? Eis uma pergunta que ninguém poderá responder melhor do que nós mesmos.

Tal deve ser a nossa preocupação. O caminho mais seguro e confiável a trilhar não é senão a busca constante do conhecimento de nosso universo interior. Uma grande jornada de descobertas inestimáveis, que poderão mudar comportamentos e proporcionar estilos e líderes aderentes aos novos tempos.

A par de tudo o que já foi dito e escrito sobre o presente tema, relaciono 10 credos sobre liderança e comportamento humano que confrontei com minhas crenças e que, a meu ver, têm credibilidade:

1. No mundo dos homens, ninguém faz o bem impunemente. É pena que o orgulho, a ambição e a inveja se encarreguem de moldar esse comportamento.

2. Todos nós estaremos líderes em alguns momentos de nossa vida, na medida em que algumas pessoas aprovarão e copiarão nossos comportamentos.

3. Nas organizações, o poder é concedido de cima para baixo: é a outorga do poder pela força do capital. Já na liderança, ele é concedido pelos liderados e tende a ser de baixo para cima. No poder formal, a resultante maior e mais comum é a obediência; na liderança, é o comprometimento (ver Figura 9 do Capítulo 9).

4. O comprometimento é o maior diferencial da competitividade e reside na adesão diferenciada dos liderados. No poder formal, como os liderados não podem destituir o líder, eles retiram seu comprometimento; na liderança, substituem o líder.

5. Não é o poder formal que define e constrói um líder. Um líder pode ocupar o mais baixo nível hierárquico da organização e ainda assim exercer liderança. Um líder sem poder formal também atinge os objetivos, mas deverá despender esforços e competências diferenciadas nas esferas do convencimento e da negociação. As características da hierarquia nos levam ao patamar da chefia formal, mas o exercício do poder pessoal nos remete à liderança.

6. Toda visão humana é distorcida por nossos valores e paradigmas. A única forma de construir uma visão mais clara e transparente é pelo intercâmbio legítimo de percepções e sentimentos. Mas para isso é ne-

cessário ter o coração e a mente abertos. O líder servidor e perspicaz é aquele que ouve e se interessa pela opinião dos outros – seja para concordar e ajustar sua própria opinião, seja para, valendo-se do contraditório e de argumentos lógicos, convencer os demais dos aspectos mais significativos de sua visão pessoal.

7. Podemos agir pela lógica ou pela emoção, pelo racional ou pelo coração. Boa parte dos grandes líderes mundiais mostrava predileção pelos argumentos do coração. De minha parte, acredito no equilíbrio entre ambos. Sinto que, em determinados momentos, a ambiência nos leva ao extremo da racionalidade e, em outros, infunde-nos profundos sentimentos de afeição, paternalismo e amor.

8. A sociedade moderna está pagando para ser ouvida. A comunicação eletrônica está afastando as pessoas e reduzindo ao mínimo os níveis de relacionamento interpessoal. Quando alguém procura outro e diz: "Preciso conversar algo importante com você", o outro responde automaticamente: "Me manda um *e-mail*."

9. A visão é a habilidade mais importante dos líderes de sucesso. Mais significativo que ela, somente os valores e princípios éticos universais que devem atuar como seus balizadores.

10. A única e fundamental habilidade comum a todos os líderes de sucesso, não importa seu campo de atuação foi e será sempre a capacidade de projetar uma visão ampla e abrangente, que contemple os objetivos da organização e os sonhos dos indivíduos. É a visão que dá significado ao comportamento humano e à liderança. É a percepção clara e transparente das necessidades, sonhos, projetos e ações que buscam objetivos e resultados visando ao bem comum. Todos os comportamentos e atitudes do líder que estiverem direcionados à concretização desse propósito granjearão o apoio, a aliança e a parceria comprometida de seus liderados.

Visão, valores e princípios

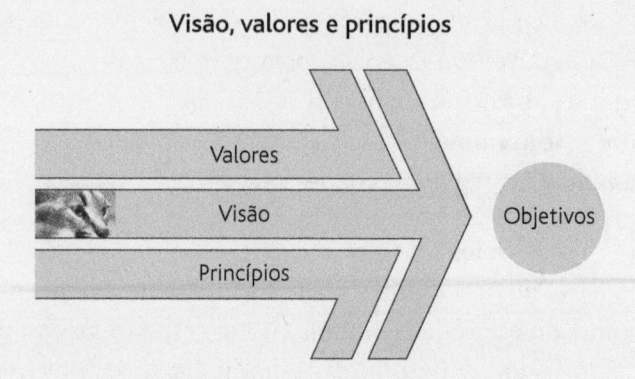

Figura 1.1 Construção de uma visão de objetivos balizada por valores e princípios.

A visão do líder, construída e compartilhada com seus liderados em vista de objetivos comuns, deve ter sua amplitude balizada por valores e princípios válidos e referendados pela organização a que faz parte.

Essa visão, cumpre ressaltar, engloba todos os aspectos da vida humana: família, empresa, organizações com ou sem fins lucrativos, empresas públicas, governo, lazer, bem como toda e qualquer atividade que envolva duas ou mais pessoas interessadas em uma meta.

Tais procedimentos, sugeridos para uma liderança eficaz, encontram guarida em pelo menos 10 outros pontos muito pertinentes às considerações que acabamos de fazer. Vejamos por que algumas equipes falham na busca de seus objetivos:

1. Os objetivos não estão claros. A visão do líder não foi compartilhada.

2. Não foi definido um processo (metodologia) de atuação da equipe.

3. O gerenciamento dos conflitos está sendo postergado ou deixado de lado.

4. As desconfianças dificultam um relacionamento maduro entre seus membros.

5. Não foi construído um verdadeiro espírito de equipe, em que todos se sintam parte de um mesmo time, unidos na busca de objetivos comuns.

6. As pessoas estão dispersas e tendem a diminuir o seu ritmo de trabalho, pois perderam o foco principal.

7. O processo de decisão grupal não está assentado na participação e no comprometimento.

8. A equipe se ressente de uma organização formal de tarefas e processos, perdendo-se boas ideias e decisões por falta de registros e memória.

9. O perfil exigido para o enfrentamento dos desafios não encontra respaldo nos perfis individuais da equipe, acarretando dificuldades de compreensão técnica e de relacionamentos saudáveis.

10. Falta uma visão de objetivos comuns no final da jornada que a equipe está realizando, do que resulta pouco ou nenhum incentivo para o enfrentamento dos desafios.

Capítulo 2

Contextualização da Liderança: da Pós-Globalização à Organização *Network*

O século XX foi, por assim dizer, o "teatro" onde entraram em cena determinados processos históricos e ideológicos que evoluíram até a erupção da Segunda Grande Guerra, mas foi também o cenário de sua superação.

Durante cerca de 50 anos após o término da Segunda Grande Guerra, tivemos no mundo um modelo de liderança bastante visível, baseado sobretudo no posicionamento das nações vitoriosas e em seu poderio militar. Leste e Oeste confrontavam-se numa frenética corrida armamentista pela consolidação do poder mundial, divididos pela chamada "cortina de ferro", cujo símbolo maior era o Muro de Berlim – emblema da grande ruptura entre Ocidente e Oriente –, que, estendendo-se por apenas 155 km (37 dos quais somente de área residencial), com 302 torres de observação e 20 *bunkers*, testemunhou a morte de 192 pessoas ao longo de um período de 28 anos, de 1961, quando foi erguido, até 1989, o histórico ano de sua queda.

As empresas então, na sua grande maioria, seguiam o modelo mundial, procurando consolidar e sedimentar sua ação em mercados relativamente protegidos. Também entre elas erguia-se uma espécie de cortina de ferro, um Muro de Berlim. Como reflexo desse sistema protecionista adotado em âmbito mundial e, por extensão, empresarial, as pessoas também procuravam construir e solidificar sua posição dentro das organizações, devidamente protegidas por "muros" muito bem definidos pelas estruturas do poder hierárquico (vertical) e do conhecimento específico (horizontal).

Gosto de visualizar esse quadro em mutação mediante os esquemas ilustrativos, representados pelas Figuras 2.1 e 2.2.

O marco da bipolarização da liderança entre os Estados Unidos e a ex-URSS era, como vimos, o Muro de Berlim. Com sua queda, iniciou-se uma reordenação da liderança mundial. O mundo passava a se reestruturar por inter-

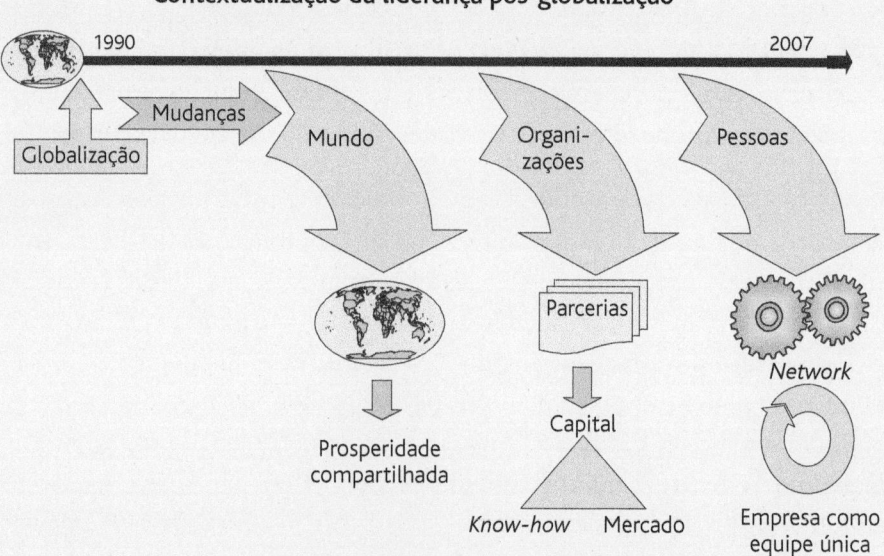

Figura 2.1 Processo de mudanças desencadeadas pela globalização.

médio dos chamados *blocos econômicos*, facilitando as relações industriais, comerciais e culturais entre as diversas nações que os integravam. Criaram-se, assim, organismos internacionais como a Comunidade Econômica Europeia, a Alca, o Nafta, o Mercosul, entre outros tantos voltados para a busca da prosperidade compartilhada. Do foco político e militar o mundo passava, pois, ao foco das relações econômicas.

Não podemos esquecer, porém, que durante o longo período do pós-guerra o mundo assistiu a duas grandes e rápidas revoluções que, entrelaçadas, iriam produzir um efeito geometricamente superior ao da própria Revolução Industrial. Com efeito, a Revolução da Automação Industrial e a Revolução nos Meios e Tecnologias de Comunicação puseram as nações diante de um novo cenário, altamente competitivo, sem fronteiras e de reengenharia total.

A sobrevivência e o crescimento globais foram assegurados pela constituição dos blocos econômicos, e o intercâmbio de capitais, tecnologias e mercados promovido pelos países membros passaram a ditar o caminho a seguir.

As organizações, tendo de acompanhar essa corrida pela sobrevivência, adotaram um comportamento parecido com o dos blocos econômicos – e com o mesmo propósito. Começava assim a corrida pela constituição de inúmeras parcerias, tendo em vista manter e ampliar a capacidade de competir e sobreviver. Aquelas que careciam de recursos financeiros buscaram capitais mais baratos; as desatualizadas em tecnologia e *know-how* recorreram a processos, ferramentas e conhecimentos de que não dispunham; e as que atuavam em mercados limitados ou saturados saíram à procura de novos parceiros para levar seus produtos e serviços aonde ainda não haviam chegado.

Em face do novo momento de competitividade, redução de custos fixos, foco nos negócios e terceirização, com as estruturas calcadas em chefias, departamentalização e modelos fragmentários (nos moldes da cortina de ferro, talvez?), era evidente que o cenário de atuação dos recursos humanos, principalmente nas estruturas organizacionais, também haveria de modificar-se. A Figura 2.2 ilustra essa evolução, que perdura até nossos dias.

De uma estrutura formal, criada pelos chineses há mais de 3 mil anos e adotada pelas estruturas militares, pela Igreja Católica, que tanta influência exerceu nas famílias e nos seus núcleos artesanais, e pelas empresas desde o período posterior à Revolução Industrial até bem pouco tempo (muitas ainda sobrevivem sob o receio de flexibilizar o exercício do poder formal), passou-se, por necessidade, a buscar uma alternativa diferenciada para o exercício da gestão organizacional.

Essa alternativa nos levou às estruturas matriciais, cuja interdependência caracteriza-se como uma palavra mágica para a nova compreensão do papel das organizações e das pessoas que nelas trabalham. A seguinte mensagem,

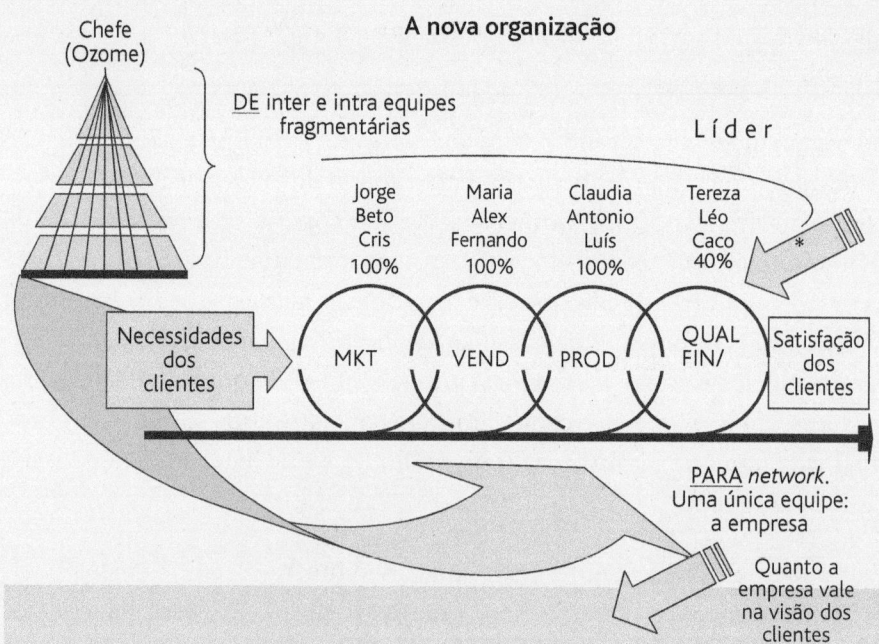

Figura 2.2 Processo evolutivo da empresa fragmentada para *network*.

publicada no *Wall Street Journal* pela United Technologies Corporation, de Hartford, Connecticut, dá o tom dessa mudança de percepção: "As pessoas não querem ser administradas. Querem ser lideradas. Alguém já ouviu falar de um gerente mundial? Líder mundial, sim. Líder educacional; líder político; líder religioso; líder escoteiro; líder comunitário; líder trabalhista; líder empresarial. Eles lideram, não administram. Você pode guiar seu cavalo até a água, mas não pode fazer com que ele a beba. Se quiser administrar alguém, administre-se a si mesmo. Faça isso direito e estará pronto para deixar de administrar – e começar a liderar".

O advento do coletivo sobre o individual, da liderança sobre a administração e do compartilhar sobre o direcionar remodelou as estruturas e os processos de gestão de pessoas e negócios. Como observa Chardin (2004): "Ninguém pode negar que uma rede mundial de associações econômicas e psíquicas está sendo tecida a uma velocidade crescente e nos envolve e penetra sempre mais fundo. Torna-se mais e mais impossível, a cada dia que passa, agirmos ou pensarmos de outro modo que não coletivamente".

Alguns pontos que cabe ressaltar:

1. O *input* de qualquer organização sempre serão as necessidades dos clientes.

2. O *output* sempre deverá equivaler ao encantamento dos clientes; ou seja, se a empresa apenas satisfizer às necessidades deles preenchendo-lhes as expectativas, correrá o risco de que a concorrência os conquiste no momento em que superar tais expectativas pelo encantamento.

3. O processo é constituído pela interação de todos os componentes que constroem esse encantamento e é representado, na sua maior parte, pelas pessoas responsáveis por sua competente execução. A visão maior do processo não é senão a interdependência entre todos, em que o desempenho não condizente de uns afeta o desempenho dos demais. Como diz o ditado: "é pelo elo mais fraco que medimos a resistência

de uma corrente". Nas estruturas fragmentadas, a interdependência voltava-se quase exclusivamente para dentro da área ou do departamento. Na estrutura matricial, o que agrega valor para o cliente e configura o conceito para a organização é a visão do todo, a capacidade de cada um enxergar sua contribuição para esse todo, seja ela positiva ou negativa. Na empresa fragmentada, a figura principal é o chefe, aquele que exerce a autoridade formal. Na sistêmica, é o líder, pois transcende à sua necessidade de visão, integração e resultados comunitários. Não basta que uma área, um departamento ou certas pessoas alcancem um desempenho diferenciado, se os demais não atingirem esse nível de competência. Na visão soberana do cliente, o conceito de competência sempre será formado com base no pior desempenho da cadeia sistêmica.

4. As organizações modernas migram da estrutura física para a humana. Mesmo na "colcha de retalhos" representada pelas mais diversas áreas (*marketing*, finanças, produção, qualidade, vendas, etc.) sempre são as pessoas que estabelecem o ritmo, a competência, a motivação e o comprometimento. São elas o diferencial, e é por isso que no processo de contextualização da liderança encontramos o líder como o principal artífice da nova era da gestão humana. Hoje já não se admite uma organização composta de diversas equipes, áreas ou departamentos: a organização é a equipe. Deve trabalhar como se fosse uma só, o interesse do todo prevalecendo sobre as individualidades (principalmente quando fragmentadas) e o exercício do poder devendo visar ao bem comum, com conhecimento e habilidades inerentes a um mundo diferente, mais exigente e mais participativo.

5. Uma organização ou um mundo sistêmico não podem ser entendidos pelo exame exclusivo de acontecimentos isolados. Dada nossa preferência pelos detalhes, é muito difícil enxergarmos e compreendermos o sistema como um todo. Ilustremos esse ponto com o pensamento de Margareth Wheatley (2006): "Os comportamentos individuais evoluem conjuntamente enquanto os indivíduos se relacionam com a dinâmi-

ca do sistema. Se desejarmos mudar comportamentos individuais ou locais, temos de sintonizar essas influências que atingem todo o sistema. Temos de usar o que acontece no sistema como um todo para compreender o comportamento individual, da mesma maneira como temos de investigar o comportamento individual para aprender a respeito do todo. Enxergar a relação entre a dinâmica do sistema e os indivíduos é uma descoberta que requer várias interações entre o todo e suas partes".

Tudo é mudança. E este é o grande campo de atuação dos líderes. Só que eles também tem que realizar a sua reengenharia comportamental. Compreender a nova sociedade tecnológica e veloz, as carências humanas e organizacionais, adaptando-se e influenciando os novos procedimentos exigidos por ela. Líderes mais participativos, envolventes, educadores e sensíveis à complexidade humana devem conduzir o mundo atual através dos novos desafios, na verdadeira busca de benefícios abrangentes e de interesse comum.

Capítulo 3

A Maturidade do Líder

$$\underline{MPL} = (C + E + H + V)M/Et$$

MPL = Maturidade para a Liderança

Para efeito de compreensão do foco que pretendo dar ao polêmico tema da maturidade para a liderança, consideremos o seguinte conceito: a maturidade para a liderança é representada pelo conjunto harmônico e equilibrado dos fatores relacionados aos conhecimentos e competências de um indivíduo motivado, ético e comprometido com uma causa comum, em determinado ambiente ou situação, e que promove resultados diferenciados. A Figura 3.1 ilustra melhor essa concepção.

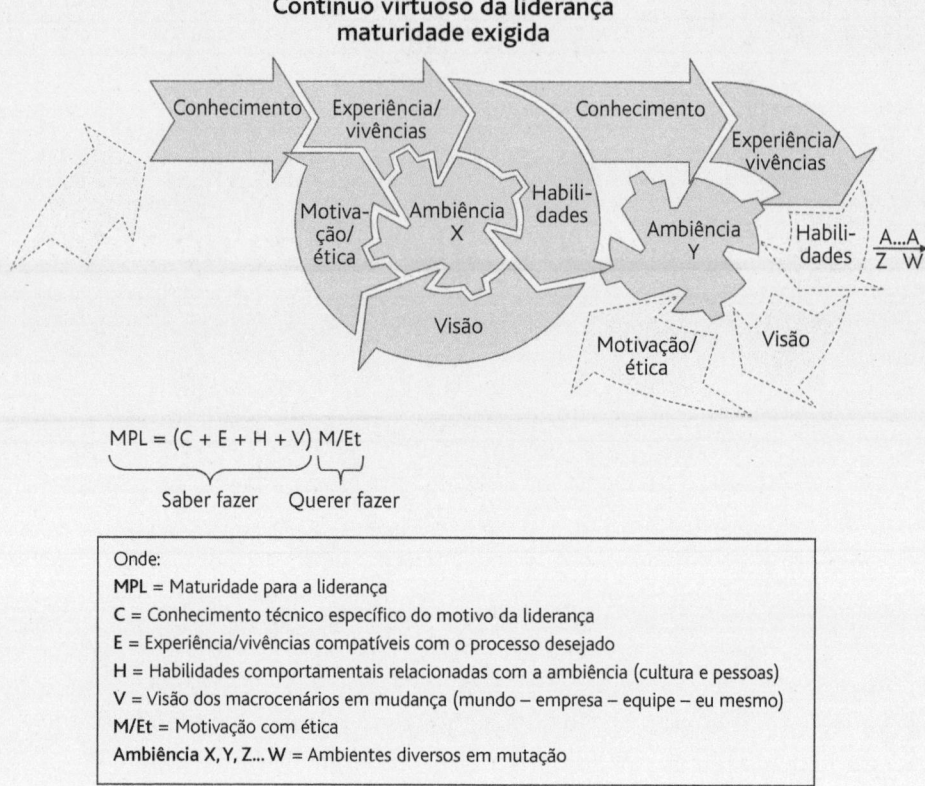

Figura 3.1 *Flow* das mudanças ambientais no tempo e adequação da maturidade.

Maturidade

A situacionalidade da maturidade para o exercício da liderança é moldada pela conformação promovida pelos diversos ambientes mutáveis com os quais os líderes convivem e pela aderência às suas competências. Tudo se encontra em permanente processo de mudança, ambientes e habilidades pessoais. Eis um exemplo, adaptado das palavras de Maquiavel, que creio validar nossa abordagem:

> Se um [homem, príncipe, líder, etc.] pautar as suas ações pela prudência e pela paciência, e os tempos e as circunstâncias correrem de um modo com-

patível com a sua conduta, ele será venturoso. Se o tempo e as circunstâncias, porém, mudarem, ele cairá em ruína não alterando o seu comportamento. É raro encontrarmos um [homem, líder, etc.] tão sensato que saiba acomodar-se a essa realidade, seja por incapacidade de apartar-se daquilo a que a sua natureza o inclina, seja porque, havendo sempre prosperado ao seguir por uma determinada trilha, não pode persuadir-se a desviar-se dela. O homem [líder] circunspecto, ao chegar a hora de se fazer impetuoso, retrai-se inepto; donde vai [promovendo] a sua própria decadência. Afizesse-se ele ao seu tempo e à sua realidade e permaneceria inalterada a sua sorte [desempenho].

Conhecimento

Podemos imaginar um líder qualquer que queira liderar e contar com o apoio dos liderados na condução de um cargo, função ou projeto, mas que não possua domínio técnico e conceitual do assunto? Qual o nível de confiança que um líder assim poderia despertar na equipe? Como ele poderá exercer um dos mais importantes papéis da liderança moderna, que é o desenvolvimento de seus liderados? Como ser um líder *coach* no que não se domina? Como exercer algo desconhecido, ficando nas mãos de outrem, e não ser manipulado pelos próprios liderados?

Abraham Maslow, possivelmente a maior autoridade em matéria de comportamento humano, em seu livro *Maslow no gerenciamento* (2000), cita uma passagem interessante, retirada dos estudos que realizou sobre a tribo dos pés-pretos, originária dos Estados Unidos. Narra ele que os pés-pretos eram uma das tribos mais nômades do território norte-americano, pois seus membros dependiam fundamentalmente da caça do bisão (búfalo norte-americano), cujas manadas vagavam por vastos territórios à procura de melhores pastagens.

O cacique da tribo, seu maior líder, era invariavelmente o indivíduo mais preparado e instruído sobre a região que atravessavam. Com efeito, o que definia o melhor líder eram precisamente o conhecimento e as habilidades necessárias e exigidas pelo ambiente. E assim o procedimento era aceito e seguido por todos.

Quem conhece finanças tem à frente um caminho, se não pronto, ao menos preparado para que venha a ser líder no campo financeiro. O mesmo se aplica a engenheiros, matemáticos, professores, advogados, enfim, a todos os profissionais dotados de habilidades e conhecimento em suas respectivas esferas de atuação.

> *Com efeito, o conhecimento é como o pau-de-sebo das festas de São João: um poste engraxado de cima a baixo, em cujo topo é preso um prêmio para quem se dispuser a enfrentar o desafio de escalá-lo.*

Enquanto temos energia, alguns centímetros e até metros são conquistados. Mas, se paramos para descansar um pouco que seja, logo começamos a escorregar coluna abaixo. Em outras palavras, no instante mesmo em que nos desenvolvemos já começamos a nos desatualizar. Parados, é apenas uma questão de tempo para estarmos fora das equipes mais competentes, até mesmo dos planos da organização – e, quem sabe, do próprio mercado de trabalho.

Dois fatores desafiam o líder a manter seu conhecimento atualizado e, portanto, um determinante de sua liderança. O primeiro deles diz respeito ao volume e à quantidade de conhecimento disponível, em que lhe cabe selecionar cautelosamente qual o conhecimento que de fato agrega valor e a sua virtualidade, ou seja, seu curto ciclo de vida.

O segundo consiste em abandonar a zona de conforto e mudar nossos antigos (e até novos) paradigmas. Como dizia o famoso empresário Akio Morita, da Sony: "Todas as pessoas são favoráveis à mudança e aos novos conhecimentos, desde que sua sobrevivência esteja ameaçada."

Nós, seres humanos, em princípio somos todos resistentes à mudança. Uns mais, outros menos. O que nos incomoda, a bem dizer, é a velocidade com que as coisas acontecem. Conhecimento é poder.

Hoje já não duvidamos disso; a realidade é que o conhecimento, via quebra de paradigmas, nos escorre pelos dedos, tal a velocidade de sua renovação. Para a Harvard University o ciclo de vida médio do conhecimento é de dois anos.

Parafraseando as sábias palavras de São Francisco, podemos concordar que conhecimento é como carinho, amor e respeito, "pois é dando que se recebe". Precisamos transformar, portanto, o conhecimento em moeda de troca; transformar qualquer encontro entre duas ou mais pessoas em um fórum de aprendizado. Afinal de contas, conhecimentos diferentes e a disposição de todos para a troca geram um aprendizado contínuo.

Os ditos "líderes natos" do passado só existiram porque em sua época o conhecimento demorava muito para mudar. Hoje já não podemos afirmar a existência de figuras assim. A exemplo dos dinossauros, elas desapareceram num tempo que já nos é remoto.

Philip Crosby, por muitos anos uma autoridade mundial em matéria de qualidade, ao comentar sobre a questão do conhecimento, afirma que todo o processo educacional pode ser resumido em seis C: compreensão, compromisso, competência, comunicação, correção e continuidade:

- *Compreensão* é o entendimento daquilo que é necessário e o abandono do pensamento convencional. Essa é a chave da mudança cultural exigida pelas companhias que decidiram progredir.

- *Compromisso* é a expressão da dedicação, primeiro por parte da liderança e, logo em seguida, pelos demais. É a profunda determinação de gerar uma mudança cultural. No caso da liderança, isso é demonstrado pelo exemplo e pelo pensamento positivo.

- *Competência* é a implantação metódica de qualquer processo de melhoria. Tudo deve ser conduzido e aplicado de modo a causar a alteração cultural. Não há lugar para a manipulação.

- *Correção* é a eliminação das possibilidades de erro pela identificação dos problemas presentes e pela busca de sua causa fundamental. São necessários todos os Cs para eliminá-los.

- *Comunicação* é a completa compreensão e apoio de todas as pessoas da corporação, inclusive fornecedores e clientes. Só acontece quando a companhia entra em contato com eles e se esforça para que reconheçam sua função na geração de melhorias.

- *Continuidade* é a lembrança constante de como as coisas eram antes e de como serão de agora em diante. É necessário um esforço adicional de todos e de forma permanente, mesmo que tudo esteja, aparentemente, funcionando bem.

No que diz respeito à transferência do conhecimento ao longo do tempo, houve uma época, no passado recente, em que o centro da sabedoria era a disciplina rígida promovida pela figura do professor. Herr Joseph Degenhart, professor de Albert Einstein, certa vez o repreendeu com as seguintes palavras: "Seria melhor se [você] simplesmente não estivesse ali", complementando com aspereza: "Você fica na última fila sorrindo, perturbando o clima de respeito que a turma deve demonstrar ao professor". Ao que seu famoso pupilo respondeu: "É quase um milagre que os métodos de ensino atuais não tenham sufocado por completo a sagrada curiosidade de pesquisar; pois essa planta pequena e delicada, além de estímulos, necessita sobretudo de liberdade".

Experiência/vivências

Capacidade do líder em tornar aplicáveis os conhecimentos técnicos. É o aprendizado adquirido com os erros e acertos. É a capacidade de equilibrar as questões técnicas com os aspectos comportamentais. A fábula a seguir conta a história de um velho cão que, como o próprio diabo, é mais sábio por ser velho do que por ser diabo. Vejamos o que nos ensina:

O cachorro velho

Uma velha senhora partiu para um safári na África, levando consigo seu velho cachorro vira-lata.

Certo dia, enquanto entretinha-se caçando borboletas, o velho cão súbito deu-se conta de que estava perdido.

Vagando a esmo, à procura do caminho de volta, ele percebe que um jovem leopardo, tendo-o visto, caminha em sua direção, disposto a arranjar um bom almoço. "Oh! Estou mesmo enrascado!", pensa o velho cão.

Olhou à volta e viu ossos espalhados pelo chão. Mas, em vez de apavorar-se ainda mais, ajeitou-se junto ao osso mais próximo e pôs-se a roê-lo, dando as costas ao predador.

Quando o leopardo estava prestes a dar o bote, o velho cachorro exclamou a plenos pulmões:

— Caramba, esse leopardo estava mesmo delicioso! Será que há outros por aí?

Ouvindo isso, o jovem leopardo, tomado por um arrepio de terror, suspende o ataque, que já principiava, e se esgueira na direção das árvores.

"Caramba!", pensa o felino, "essa foi por pouco! Esse velho vira-lata quase me pega!". Um macaco, trepado numa árvore ali perto, ao presenciar toda a cena, logo imaginou como fazer bom uso do que vira: em troca de proteção para si, informaria ao predador que o vira-lata não havia comido leopardo algum...

E assim foi, rápido, em direção ao leopardo. Mas o velho cachorro, ao vê-lo correr até o predador em grande velocidade, pensou: "Aí tem coisa!"

O macaco logo alcança o felino, cochicha-lhe o que interessa e ambos firmam um acordo.

> O jovem leopardo, indignado por ter sido feito de bobo, diz:
>
> — Aí, macaco! Suba nas minhas costas para ver o que acontece com aquele cachorro abusado!
>
> Agora, o velho cachorro vê um leopardo furioso, vindo em sua direção, com um macaco nas costas, e pensa: "E agora, que é que eu vou fazer?"
>
> Mas, em vez de correr (ele sabe que suas pernas doídas não o levariam muito longe), o cachorro uma vez mais se senta de costas para os agressores, fazendo de conta que ainda não os viu, e, quando estavam perto o bastante para ouvi-lo, diz:
>
> — Cadê o safado daquele macaco? Estou com fome! Eu o mandei buscar outro leopardo para mim!
>
> Moral da história:
>
> Não mexa com cachorro velho... Idade e habilidade se sobrepõem à juventude e à intriga. A sabedoria só vem com o tempo e a experiência.

Um exemplo mundial de reconhecimento da importância da vivência no campo profissional é o caso da Ford Motor Company nos anos 1980. Imersa numa tremenda crise financeira, vendo-se obrigada a fechar sete fábricas e demitir cerca de 100 mil empregados no mundo inteiro, a companhia buscou a solução recorrendo ao envolvimento das pessoas da linha de produção, todas com muita vivência em seu trabalho, e obteve, numa cadeia inédita de participação interna, em torno de 700 sugestões para a criação e montagem do Ford Taurus.

Conhecimento + experiência/vivências formam um binômio interessante, mas não suficiente. Quantos de nós já não ouvimos esta expressão de desalento nas organizações: "Nosso melhor engenheiro foi promovido a supervisor, gerente ou mesmo diretor. Perdemos nosso melhor técnico e

Capítulo 3 A Maturidade do Líder

ganhamos um péssimo gestor/líder"? Se considerarmos, hipoteticamente, que esse sujeito possui mestrado nas melhores universidades e vivência em grandes empresas multinacionais e de renome mundial, poderemos deduzir que ainda lhe falta algo para ser um líder eficaz. Boa parte desse conjunto de competências necessárias ao exercício eficaz da liderança são as *habilidades*. (A Figura 3.2 nos ajuda a visualizar a relação entre essas competências e seu desequilíbrio atual.)

Desde a Revolução Industrial e com o advento da tecnologia, as habilidades técnicas sempre foram mais valorizadas e "premiadas", a título de reconhecimento do desempenho humano. Hoje, entretanto, e por paradoxal que possa parecer, o líder precisa ser um facilitador e incentivador para que a balança se equilibre de forma mais harmônica. Como mencionamos anteriormente, a sociedade moderna não aceita mais, de forma comprometida, motivada e eficaz, relacionamentos autoritários, voltados unicamente para a obediência e a tecnologia. O consultor e ex-executivo da *Fortune 500*,

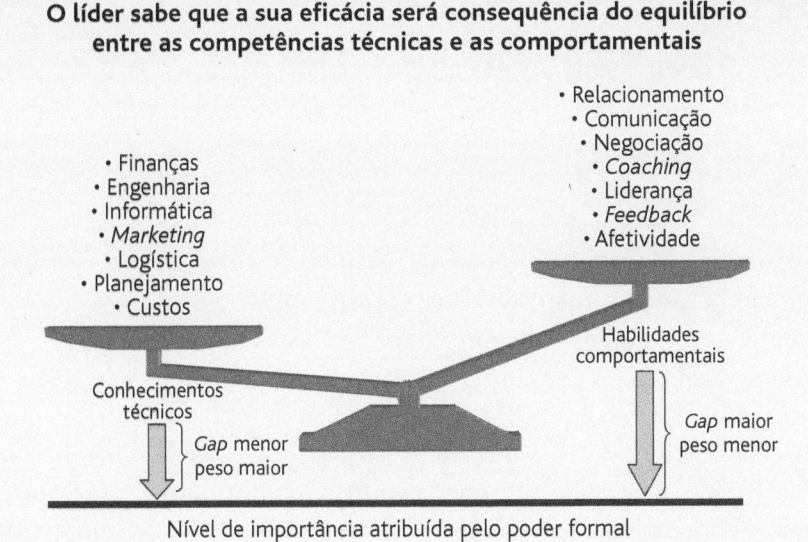

O líder sabe que a sua eficácia será consequência do equilíbrio entre as competências técnicas e as comportamentais

- Finanças
- Engenharia
- Informática
- *Marketing*
- Logística
- Planejamento
- Custos

- Relacionamento
- Comunicação
- Negociação
- *Coaching*
- Liderança
- *Feedback*
- Afetividade

Conhecimentos técnicos
Gap menor peso maior

Habilidades comportamentais
Gap maior peso menor

Nível de importância atribuída pelo poder formal

Figura 3.2 Peso relativo da valoração das abordagens técnica e comportamental pelos gestores.

James Autry, em seu livro *Love and Profit* diz ter aprendido com uma experiente integrante de sua equipe um princípio-chave de liderança: *a suposição da boa vontade*. Durante reuniões tumultuadas, ela conseguia acalmar os ânimos e desenvolver soluções criativas para os problemas entre as pessoas lançando mão da seguinte frase: "Agora, vamos presumir que todos aqui têm boa vontade para com os outros e agir de acordo com essa premissa". A vivência, nesse caso, foi fundamental para a internalização do conceito de boa vontade. (O tema "experiência/vivências" é enriquecido e complementado no Capítulo 4.)

Habilidades

A capacidade que o líder deve ter de concretizar a visão com e por intermédio das pessoas, de uma maneira eficaz e diferenciada, respeitando características pessoais, valores éticos, personalidades, crenças e comportamentos. Afinal, não podemos ignorar o fato de que cada ser humano é um universo tão especial e exclusivo que só pode ser comparado consigo próprio. A título de exemplo, vejamos o caso da lenda do basquete Michael Jordan.

Após tentar ser um gênio do beisebol por mais de 14 meses, Jordan recebeu um conselho, que acabou aceitando: "Michael, volte para o basquete. Lá você é o melhor do mundo, enquanto no beisebol não passa de um jogador comum."

Essa vivência relacionada com as habilidades pessoais nos remete a uma pergunta obrigatória: quantos Michael Jordans de nossa empresa vêm jogando beisebol? Quantos talentos estão mal escalados, atuando em posições equivocadas?

Além das peculiaridades de cada ser humano, o líder sabe que a maturidade pessoal para cada tarefa, combinada com a complexidade desta, também requer uma preocupação especial quanto ao exercício de certas aptidões. Por exemplo: delegar é uma das habilidades mais recorrentes no momento atual de alta competitividade e acúmulo de atribuições. Todavia, fazê-lo a indivíduos de pouca maturidade, parco conhecimento dos objetivos visados, baixo nível de motivação e comprometimento nos leva a questionar se a habilidade mais importante, nesse caso, é delegar responsabilidades ou preparar esses indivíduos para que estejam em condições de recebê-las.

Pessoas maduras, dotadas de extraordinária habilidade de comunicação e com excelente relacionamento interpessoal deveriam ser mais valorizadas quando desenvolvem seus trabalhos em áreas com atribuições características de auditoria, contabilidade, tesouraria, ou quando atuam na área de tecnologia de ponta, o centro de *know-how* da organização? Talvez essas aptidões não sejam mais valorizadas para as áreas e funções de *marketing*, vendas, relacionamento com o mercado e outras similares.

Mais adiante, nos quadros descritivos dos Capítulos 13 e 14, vamos aprofundar esse tema sob os seguintes títulos: Os Líderes e as Habilidades mais Valorizadas e Perfil de Habilidades do Líder Brasileiro, em que procuraremos refletir mais sobre o assunto, fornecendo alguns subsídios concretos.

Para concluir parcialmente a questão das habilidades, transcrevo um poema de autoria desconhecida que encontrei há mais de 20 anos, quando organizava os documentos de meu pai, e um conceito de Mêncio datado de 375 a.C. Ambos nos dão uma boa dica sobre liderança e habilidades.

> Ser um líder amigo é sorrir na alegria de seus liderados, é saber esperar.
> Ser um líder amigo é ter paciência, dando tempo ao tempo, ofertando votos de confiança, sempre renovados.
> Ser um líder amigo é cicatrizar as feridas recíprocas e dizer a verdade sem magoar.
> Ser um líder amigo é ser sincero, é calar no momento exato.
> Ser um líder amigo é respeitar o pensamento do outro, é respeitar-se mutuamente, na essência do ser.
> Ser um líder amigo é aceitar o outro como ele é e tentar corrigir, com muito carinho, sem lançar espinhos.
> Ser um líder amigo é entender o silêncio, a ternura, o mistério.

Ser um líder amigo é compreender, através do olhar, o que os liderados nos falam.

Ser um líder amigo é dar uma nova chance, abraçando, perdoando quem nos machucou.

Só consegue entender o significado de ser um líder amigo quem entende de almas e corações.

Eis o conceito:

O expoente principal de qualquer Estado é o povo, e não o seu governante, cujo dever é promover o bem-estar do povo, promovendo em particular a orientação moral e as condições adequadas à sobrevivência. Entre as políticas governamentais propostas estavam: livre comércio, impostos leves, conservação dos recursos naturais, melhor distribuição da riqueza, e a provisão, pelo governo, do bem-estar dos idosos e dos incapacitados.

Capítulo 4

O Conhecimento Aplicável que Agrega Valor

$$\underline{MPL} = (\,C + E + H + V\,)\,M/Et$$

MPL = Maturidade para a Liderança
C = Conhecimento

> Descobrimos que estamos num mundo selvagem. Queremos dar um sentido àquilo que vemos à nossa volta e perguntamos: qual é a natureza do universo? Qual é o nosso lugar nele e de onde é que viemos? Por que ele é da maneira que é?
> — Stephen Hawking

No campo do conhecimento, a humanidade viveu um período cujo pensamento universalmente aceito e valorizado podia ser resumido ao seguinte ditado: "em terra de cego, quem tem um olho é rei". Era uma época em que as habilidades manuais e a força física ditavam o sucesso de alguém, ao contrário do que entendemos hoje, com o conhecimento tendo assumido amplamente essa função.

A evolução humana ao longo do tempo levou-nos a valorizar o surgimento dos chamados profissionais generalistas: seres que de tudo entendiam e para tudo tinham resposta. Em alguns casos, essas pessoas eram chamadas de *práticos*, sobretudo nas áreas médicas em geral.

Com o advento da tecnologia moderna e a variação da demanda em todos os campos, passou-se a valorizar os ditos "gurus", especialistas em áreas específicas do conhecimento humano. Alguns resquícios dessa valorização permanecem vivos até nossos dias, mas com rápida tendência à extinção.

Hoje, em virtude da aceleração das mudanças e do irreversível processo de globalização (envolvendo nações, empresas, indivíduos), as exigências do conhecimento são mais voláteis e complexas.

A capacidade de adquirir elevado conhecimento em determinado campo ou assunto, com atualização permanente e visão holística/estratégica do todo, é fundamental para que as pessoas possam agregar valor às atividades que exercem.

O volume de conhecimento hoje gerado é infinitamente superior ao tempo e à capacidade de que dispomos para absorvê-lo. Essa "massa" de informações é algo parecida com o volume de dados existente na internet, onde encontramos bilhões de informações úteis, mas outras tantas de nenhum proveito. Seja como for, na internet selecionamos o que nos interessa e, no tocante ao conhecimento, devemos proceder da mesma maneira.

Quatro são as principais dificuldades com que as pessoas irão se defrontar na busca de conhecimentos que agreguem valor. São elas:

1. Como selecionar os conhecimentos que realmente fazem sentido para a empresa, para a função que exercemos, para nos desenvolvermos no campo profissional – enfim, quais os conhecimentos que de fato agregam valor?

2. Que processo de aprendizagem devemos escolher para que possamos nos atualizar de forma eficiente e rápida? Seminários, cursos, MBAs, mestrado, doutorado, leituras dirigidas, *coaching*, *feedback* constante?

3. Como reduzir nossa resistência natural às mudanças que os novos conhecimentos trazem? Como descartar de nosso *software* mental todos

os conhecimentos e práticas que deram ou ainda estão dando certo, mas que logo serão sucateados? Como sair da tradicional "zona de conforto" em que nos encontramos (até porque outras prioridades nos tomam todo o tempo)?

4. "O grau de MBA não é uma varinha mágica que transforma alunos recém-bacharéis, imaturos e sem experiência em gerentes/líderes licenciados", afirmou Arnould de Mayer, líder do programa de MBA no Insead (Mintzberg, 2006) Livingston, em seu artigo "The Myth of the Well-Educated Manager". Ele esclarece o problema: "Os programas formais de educação em administração tipicamente enfatizam o desenvolvimento das habilidades de resolução de problemas e de tomada de decisões... mas dão pouca atenção ao desenvolvimento de habilidades exigidas para identificar os problemas que necessitam ser resolvidos, para planejar a obtenção dos resultados desejados, ou colocar em prática os planos operacionais tão logo eles estejam prontos" (Mintzberg, 2006).

As pessoas não terão mais seu desempenho avaliado com base em critérios como boa vontade, dedicação, tempo na organização, amizade com o chefe, simpatia e capacidade de comunicação (o clássico "todos gostam dele"), entre outros menos técnicos e mais aleatórios. Pelo atual nível de competitividade, estabelecido em termos globais e tendente a acirrar-se ainda mais, ou agregamos valor ou estamos fora.

Mesmo alguns centros de pesquisa e desenvolvimento foram desativados ou terceirizados com o propósito de reduzir custos fixos que não proporcionavam o retorno desejado.

Os procedimentos de *benchmarking*, empregados em âmbito mundial, buscam justamente tirar proveito das bem-sucedidas experiências realizadas por outras organizações. A esse propósito manifestou-se, em 1999, o diretor de planejamento de produto de uma grande empresa automobilística mundial: "Nosso carro de maior sucesso foi projetado para ser o melhor de todos em sua categoria. Aquilo que não pudemos melhorar pelo nosso conhecimento, nós simplesmente copiamos dos nossos concorrentes".

Fizemos algo parecido quando exerci a gerência de desenvolvimento humano de uma autarquia financeira do Rio Grande do Sul que só operava com caderneta de poupança. Na condição de autarquia pública, a entidade encontrava muitas dificuldades em contratar profissionais externos para ministrar os conhecimentos necessários que fugiam da nossa alçada. Na época, a inflação era muito elevada e diversos papéis e aplicações financeiras diferenciadas competiam com a caderneta de poupança, apresentando algumas vantagens adicionais. Os gerentes e os chefes da carteira financeira das agências necessitavam urgentemente de conhecimentos sobre essas modalidades de aplicação (características das aplicações, rentabilidade, segurança, tributação, prazos, e assim por diante).

Como estratégia inovadora da área de desenvolvimento, optamos por transformar todos os bancos que operavam no Estado em nossas "escolas" de aprendizado desses conhecimentos carentes. Assim, divididos os grupos de gerentes e assistentes da carteira financeira das agências em duplas, eles foram orientados a procurar as instituições concorrentes como aplicadores.

A pergunta comum a todos era a seguinte: "Temos um valor x para aplicar e estamos inclinados a depositá-lo na caderneta de poupança, mas temos algumas dúvidas. Seria possível nos esclarecer as diferenças entre ela e um CDB, RDB, *over*, debêntures e ações?"

Ao fim do dia, as duplas se reuniam no centro de treinamento e trocavam as experiências vividas, inclusive na questão relativa ao atendimento ao público. Em três meses, os gerentes e assistentes de carteira tinham se transformado em especialistas em mercado financeiro. Nenhum cliente sacaria o dinheiro de sua poupança para aplicá-lo em papel de outro banco sem um sólido e consistente argumento para isso.

Capítulo 5

Os Aspectos Inerentes à Experiência/Vivências

$$\underline{MPL} = (C + E + H + V) M/Et$$

MPL = Maturidade para a Liderança
E = Experiência/Vivências

"A experiência é esculpida pela escola da vida". Eis um exemplo de filosofia popular que frequentemente me ocorre quando penso nesse importante fator que integra nosso conceito de maturidade. Com efeito, a experiência é o aprendizado que se adquire com os próprios erros e equívocos. É a capacidade de tentar, arriscar e exercitar a coragem de mudar e aprender com as dificuldades.

Reflexo da reengenharia organizacional ocorrida há alguns anos, percebeu-se o surgimento de um conjunto de dificuldades que impunham grandes desafios aos profissionais dotados de larga experiência, mas com pouca atualização técnica para conservar seus cargos e funções. Desafios que também afrontaram quem se achava na situação oposta: pessoas com conhecimentos técnicos de ponta mas sem experiência profissional também conviveram com dificuldades devido à sua abordagem meramente acadêmica e científica.

No caso específico de pessoas com grande experiência profissional, notou-se um nível de resistência às mudanças bem mais elevado do que naqueles menos experimentados.

Nos processos sistêmicos modernos, seria interessante promover um *mix* entre experiência e conhecimento nas atividades em equipe. Isso proporcionaria uma troca complementar entre processos técnicos e vivências práticas, favorecendo as melhores condições de aprendizado.

A título de ilustração, lembro que tive a oportunidade de desfrutar do convívio profissional com um excelente especialista no campo da administração de empresas. Esse colega, formado no Brasil, complementou seus estudos nos Estados Unidos, submetendo-se a programas de especialização, mestrado, doutorado e pós-doutorado.

Após uma década de estudos aprofundados em gestão empresarial, ele retornou ao Brasil, onde foi imediatamente convidado para prestar assessoramento e consultoria em diversas empresas privadas. Em todas elas foi elegantemente dispensado por conta de sua abordagem científica exclusivamente acadêmica e teórica. Apesar da extensa bagagem conceitual que adquirira em anos e anos de estudos especializados, faltava-lhe a vivência do dia-a-dia empresarial. Hoje, ele atua em uma renomada universidade, realizando pesquisas e escrevendo livros sobre gestão, com uma abordagem 100% técnica, logicamente.

Nas chamadas pré-temporadas dos campeonatos de futebol do Brasil, a maior polêmica diz respeito à formação das equipes que se lançarão à conquista dos títulos em disputa. Nesse processo, há sempre a preocupação de mesclar a utilização de jovens talentos, não raro a chamada "prata da casa", com a de alguns jogadores de mais experiência e vivência em grandes disputas, contratados a outros clubes.

De modo geral, o capitão do time é o jogador mais experiente, aquele que, por sua condição vivencial, está melhor capacitado a orientar e apoiar os jovens talentos.

No mercado de trabalho formal, contudo, predomina uma outra lógica: a constante dispensa de pessoas com mais tempo de serviço – seja porque ficaram estagnadas profissionalmente ao longo do tempo, seja porque percebem uma remuneração acima de sua capacidade de agregar valor (relação custo-benefício).

Sem fazer qualquer juízo de valor, pois cada caso é um caso, lembramos que profissionais a partir de 40 anos são, em média, considerados "velhos" para o mercado de trabalho, embora evidências científicas revelem que essa idade representa um período de elevada maturidade física e intelectual. Conhecimento e experiência constituem, com efeito, um binômio complementar muito importante para a maturidade profissional. Mas não o suficiente.

Capítulo 6

Habilidades e Competências Virtuais

$\underline{\text{MPL}} = (C + E + H + V) M/Et$
MPL = Maturidade para a Liderança
H = Habilidades

> Quando Davi foi à presença de Saul oferecer-se para lutar contra Golias – o filisteu que o desafiara – Saul, na intenção de encorajá-lo, passou-lhe a sua própria armadura. Davi, após tê-la vestido, recusou-a, alegando que com ela não poderia valer-se de suas próprias forças [habilidades], preferindo ir ao encontro do seu inimigo armado com sua funda e sua faca. Numa palavra, a armadura do outro, ou ela te cairá dos ombros, ou pesará demais sobre eles, ou te comprimirá [não combinava com suas habilidades].
>
> — Pinzani (2004)

Quando comecei a refletir sobre as habilidades e competências virtuais, recordei-me de minha infância e de minha turma de amigos. Idos dos anos 1960, uma época sem TV e sem computador, em que a garotada costumava se divertir muito nas ruas e nos quintais.

As brincadeiras variavam conforme a época, de modo que, num mesmo ano, podíamos nos alternar entre o futebol, o estilingue, os carrinhos de lomba, as pescarias nos açudes e assim por diante.

Já naquele tempo, de forma muito inconsciente, o líder da brincadeira era sempre aquele que a praticava com mais habilidade e competência. Não espanta, pois, que todos quisessem João em seu time, pois era ele o melhor jogador; Zeca era o mais hábil em construir e atirar de estilingue; Beto era o Ayrton Senna dos carrinhos de lomba; e Jorge era o melhor pescador.

Acredito mesmo que a maioria das sociedades que evoluíram buscou seus líderes dessa forma. Se naquela época, em que as coisas eram mais permanentes e as mudanças, lentas e graduais, já havia essa preocupação, imaginem hoje, com toda a evolução tecnológica, científica e de cidadania desta nova sociedade que busca se consolidar em nanossegundos, à velocidade da luz, diante de desafios muito mais complexos. (Mais adiante trataremos com mais profundidade e exemplos reais a questão das habilidades e competências, visto que as considero virtuais.)

Mesmo o mais talentoso profissional que não aprimorar sua técnica, refinando permanentemente suas habilidades, perderá esse referencial de diferenciação. A propósito, recordo as palavras do maior jogador de futebol do mundo em todos os tempos – Edson Arantes do Nascimento, o nosso Pelé. Em entrevista, o craque revelou que ser aclamado como gênio na arte do futebol não impedia que, após os treinos normais com seu grupo, ficasse burilando horas a fio suas já desenvolvidas habilidades individuais.

Logicamente, se o exemplo de Pelé serve, podemos imaginar a evolução das habilidades em nossos dias e como elas podem ser virtuais e passageiras se não forem constantemente aprimoradas (aliás, os mais bem-sucedidos profissionais do esporte não cansam de repetir: "sucesso é 5% inspiração e 95% transpiração").

No campo da liderança, a coisa não é diferente. Um líder hoje eficaz por suas habilidades e competências poderá não sê-lo amanhã por deficiências decorrentes de sua desatualização, isto é, sua inadequação às novas exigências dos ambientes mutáveis.

Além disso, as habilidade têm cada qual suas próprias características, de tal forma que podem ser fundamentais para determinado exercício da liderança e não tão importantes para outro. A seguir, projeto alguns comparativos a título de ilustração: o critério de atribuição dos conceitos baixa, média e alta relaciona-se ao comparativo entre as próprias habilidades.

Tomemos como exemplo a aptidão *mobilidade física*, ou seja, a identificação da pessoa com a tarefa a realizar e com a exigência, prescrita por sua função, de que seu comportamento profissional seja de muita movimentação física (visitar clientes, por exemplo).

No comparativo a seguir, em que procuramos relacionar atividades com habilidades, não significa, por exemplo, que um líder de tecnologia não tenha de movimentar-se fisicamente; significa que, entre um líder de tecnologia e um líder de *marketing*, esse último deve ter, em princípio, uma característica de movimentação muito maior, haja vista as características e exigências de sua função. Como ensina nosso "mão santa" do basquete, Oscar Schmidt, "a vontade de treinar tem de ser maior que a de ganhar".

Habilidades	Líder *Marketing* INTENSIDADE	Líder Auditoria INTENSIDADE	Líder Tecnologia INTENSIDADE
Comunicação	alta	média/baixa	média
Processo decisório	média/alta	média	média
Relacionamento	alta	média	média
Delegação	alta	média/baixa	média/baixa
Organização	média	alta	alta
Planejamento	alta	média/alta	média/alta
Racionalidade	média/baixa	alta	alta
Detalhes	baixa	alta	alta
Mobilidade física	alta	média	baixa
Criatividade	alta	baixa	média

Significado e abrangência das habilidades citadas:

Habilidades	Descritivo
Comunicação	Fazer-se entender. Ouvir para compreender a percepção dos outros. Utilizar linguagem adequada aos interlocutores. "Se você deseja confiança e comprometimento, justifique-se anteriormente. Se você necessitar de informações sobre as quais deve agir com rapidez, peça-as logo. Ser uma pessoa de poucas palavras pode ser recomendável em uma posição técnica, mas é uma receita para o desastre em uma posição de liderança." (Michael Useem)
Processo decisório	Assumir riscos e responsabilidades. Visão de interdependências e efeitos no processo sistêmico. Compreensão das consequências.
Relacionamento	Interação madura e consciente com seus pares. Visão da maturidade e dos objetivos comuns que cercam as relações interpessoais. Compreensão da natureza humana.
Delegação	Capacidade de desenvolver maturidade nos liderados, atribuindo-lhes poder compatível com ela. Estabelecer limites (controles) e resultados esperados (nível de competência).
Organização	Estruturar e prover os recursos necessários ao bom desempenho dos processos e atividades a serem realizados, em equilíbrio com a relação custo-benefício.
Planejamento	Perceber e decodificar o futuro, estabelecendo rotas, estratégias, planos de ação e alternativas para a obtenção dos resultados esperados.
Racionalidade	Convergir relações interpessoais com comportamentos focados em processos, ferramentas estruturadas e adequadas à situação-problema, mensurando e quantificando a resultante das ações realizadas.
Detalhes	Capacidade de interação com inúmeras atividades e facilidade no diagnóstico dos aspectos importantes e daqueles pouco significativos para a solução dos problemas.
Mobilidade física	Gosto e identificação com atividades que exijam grande movimentação física.
Criatividade	Capacidade de enxergar a solução dos problemas de forma diferente, fora dos padrões, assumindo riscos e responsabilidades.

Capítulo 6 Habilidades e Competências Virtuais

Um estudo das habilidades

Um banco de renome nacional fez um interessante estudo sobre a questão das habilidades. Selecionou seus 20 principais gerentes de agência pelo critério de resultados obtidos no ano-referência da pesquisa, ou seja, exercício de 2001. Da mesma forma, relacionou os 20 gerentes de pior desempenho no mesmo período. Seu abrangente conceito de resultado icluía, entre outros, os seguintes critérios:

1. Resultado financeiro da agência
2. Porcentual de acréscimo no volume de captação de depósitos e investimentos
3. Porcentual de crescimento no número de clientes
4. Redução da inadimplência com os empréstimos realizados
5. Nível geral de satisfação dos clientes (pessoa física)
6. Nível de satisfação dos clientes (pessoa jurídica)
7. Clima organizacional da agência
8. Nível de absenteísmo
9. Imagem da agência na região de abrangência
10. Participação dos gerentes na vida comunitária

Entre os 20 gerentes de elevado desempenho e pontuação no *mix* de fatores que compunham o resultado, constatou-se um conjunto de habilidades comuns exercidas com muita competência. Observou-se também que as deficiências comuns a todos eram justamente as habilidades consideradas essenciais para a concretização de altos níveis de resultados. Vejamos as coincidências:

A. Principais habilidades comuns aos 20 gerentes de alto desempenho:

- Cumprimento dos prazos e cronogramas agendados com os clientes
- Comunicação e relacionamento interpessoal
- Agilidade no processo decisório, seja ele positivo ou negativo para o cliente

B. Principais deficiências comuns aos 20 gerentes de baixo desempenho:

- Baixa interação com os clientes (relacionamento)
- Comunicação deficiente, principalmente no tocante ao "ouvir" as necessidades dos clientes e criar junto a eles a devida empatia
- Dificuldades no processo decisório e não cumprimento dos prazos agendados

Fonte: W&W Consultores

Já na questão das competências, um conceito muito aderente ao da própria liderança é o de que a competência é um conjunto harmônico e integrado de conhecimentos, vivências, habilidades, capacidade de visão, motivação e comprometimento, de que se vale uma pessoa para enfrentar *determinado desafio*, respeitando os aspectos éticos e a cultura organizacional, bem como obtendo resultados diferenciados. A vinculação da competência a *determinado desafio* significa que ninguém é competente em tudo o que faz e que a competência guarda forte relação com a capacidade do indivíduo de mudar, de se adaptar a novos desafios.

Com todos esses fatores ambientais intervenientes, a competência também passa a ser virtual à medida que qualquer um deles, seja qual for o motivo, deixa de ser aderente à necessidade em jogo. Sabemos, ademais, que qualquer coisa viva só se transforma e modifica à medida que percebe, nessa mudança, um meio de preservar a si própria, ou que a conduza a um maior nível de conforto/felicidade. Mas será que essa mudança nos ajudará a ser quem queremos ser? Terá ela significado para nossa identidade e nossas expectativas?

Com atenção ao tema das competências elegemos, junto a diversos participantes de nossos seminários, as principais perguntas que eles gostariam de fazer a seu líder no começo da relação líder *versus* liderados. Eis as questões selecionadas:

1. Qual o rumo do barco em que juntos navegamos sob sua liderança?

2. Você tem plena convicção de que seus liderados reconhecem sua competência para conduzir esse barco?

3. O que objetivamos com esta jornada?

4. Qual o papel esperado de cada liderado e o respectivo nível de expectativas do líder?

5. As informações disponíveis neste momento e as que forem geradas na própria trajetória serão compartilhadas com transparência?

6. Quais os limites exigidos do comportamento dos liderados na busca do objetivo, relativamente aos princípios e valores que deverão ser observados?

7. Há algum plano de contingenciamento para o caso de ocorrerem imprevisibilidades?

8. Qual será a atitude do líder quando os liderados se defrontarem com situações e desafios desconhecidos?

9. As sugestões dos liderados serão ouvidas e, se procedentes, serão acatadas pelo líder, mesmo que contrárias à sua visão?

10. O destino final de nossa jornada prevê ganhos comuns?

As habilidades comportamentais servem de fundamental complemento às competências técnicas. Os resultados obtidos via sinergia e comprometimento das equipes/times envolvidos na busca de objetivos comuns passam pelas qualificadas relações estabelecidas entre líderes e liderados.

Capítulo 7

A Visão Quadridimensional do Líder

$$\underline{MPL} = (C + E + H + V)\,M/Et$$
MPL = Maturidade Para a Liderança
V = Visão

Visão é a capacidade de enxergar as coisas antes que se tornem óbvias. É a consciência da evolução complexa dos macrocenários em mudança, desde o nível mundial ao interior de si mesmo, passando por nações, organizações e times de trabalho. É perceber o imperceptível para a maioria das pessoas.

É compreender que cada pessoa, por ser única, tem o direito de perceber as coisas de forma diferente e sob o prisma de seus valores, competências e paradigmas.

O líder sabe que a construção de uma visão verdadeiramente compartilhada, para ser legítima e gerar amplo comprometimento, passa pelo desenvolvimento da maturidade de seus pares.

De nada vale uma visão que não seja adotada, referendada e assumida por todos. Muitos líderes visionários não conseguiram realizar seus sonhos por não conseguir praticar a habilidade de compartilhar e construir a várias mãos aquilo que pretendiam atingir. Ou a capacidade de aventurar-se fora dos limites de seu mundo referencial. De explorar novos horizontes, ser um astronauta do desconhecido. De transformar seu time numa tripulação ao estilo *Jornada nas Estrelas*, do Capitão Kirk. A introdução da série televisiva nos ajuda a construir visões corajosas: "esta é a história da nave estelar Enterprise, construída para cumprir a sua missão de cinco anos, visando pesquisar novos mundos e novas civilizações, audaciosamente indo onde nenhum ser humano jamais esteve."

Essa é a coragem necessária para o sucesso em nossos dias. Visões claras, focadas, transparentes e apoiadas por todos. Nós sabemos que um líder só é líder verdadeiro quando a sua visão contempla benefícios comuns. É por isso que muitos líderes foram apoiados entusiasticamente ao longo da história. Nem tanto pela pessoa em si, mas principalmente pela sua visão de propósitos que faziam sentido para muitos liderados. Jan Carlzon, ex-presidente da companhia aérea escandinava SAS e introdutor de um revolucionário conceito de liderança, sublinha o árduo papel do líder visionário: "visão e confiança, sim, mas com lealdade, exigências rigorosas e medidas direcionadas para o usuário. Objetivos firmes e claros, dirigidos para o atendimento ao cliente e calculados para incentivar a competição entre as unidades, aceleram a marcha para o progresso. O novo líder tem que estabelecer o tom e manter a visão geral da empresa."

O líder sabe que deve exercitar a visão em quatro níveis, conforme Figura 7.1.

Alguns aspectos da visão global que o líder deve dominar com competência e atualidade:

- Globalização, blocos econômicos, alianças e uniões monetárias
- Fortalecimento da social democracia e suas conseqüências na sociedade produtiva

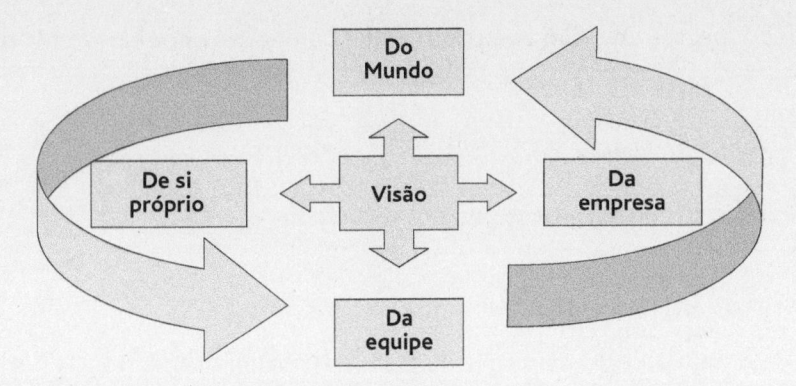

Capítulo 7   A Visão Quadridimensional do Líder   65

Figura 7.1   Os quatro níveis de visão do líder.

- Produtividade, competitividade e privatizações

- Impactos tecnológicos nos processos produtivos, comerciais e nas comunicações

- Má distribuição de renda e do conhecimento

- Novas alianças mundiais, terrorismo e conflitos religiosos

- Crise no mercado norte americano, queda do dólar e das bolsas; falência de bancos; surgimento da Índia como produtora de bens e serviços, tornando-se uma grande consumidora, nos mesmos moldes do desenvolvimento chinês

- Perspectivas inflacionárias no Brasil, desabastecimento, empresas tradicionais perdendo até 70% do seu valor nominal, queda vertiginosa no preço das *commodities*

- Crise mundial de alimentos, crise financeira européia e asiática, com a injeção de bilhões de dólares no mercado e valorização dos biocombustíveis

Alguns aspectos da visão empresarial que o líder deve conhecer em amplitude:

- O foco no negócio

- Os macro-objetivos estratégicos

- As metas e estratégias

- As potencialidades organizacionais (pessoas, tecnologias, capital, mercado e outras)

- As deficiências (desvio de foco, retrabalhos, custos, parcerias equivocadas e outras)

- As interdependências (transformar a empresa numa equipe única e não mais em uma colcha de retalhos)

- Os valores organizacionais (quais os balizadores da ética empresarial e se estão sendo seguidos)

- As expectativas dos acionistas

- O valor de mercado e as estratégias definidas pelas alterações do ambiente econômico

Alguns aspectos da visão da equipe que o líder deve conhecer:

- Como a equipe está enfrentando os desafios e qual é o seu nível de produtividade

- Quais são os talentos disponíveis e se estão escalados nas posições corretas

- Seus níveis de motivação, modelos mentais e necessidades de poder

- Qual é o nível de comprometimento que os une, entre si e com o seu líder

- Se existem talentos e líderes potenciais na equipe

- Qual o nível de atualização técnica e processual dos seus membros

- Se existem conflitos interpessoais inter e intra-áreas ou com a própria liderança

Alguns aspectos da visão de si mesmo (autoconhecimento) que o líder deve conhecer:

- Seus sonhos e objetivos

- Suas potencialidades

- Suas deficiências

- Seus modelos mentais

- Suas limitações técnicas

- Suas dificuldades de relacionamento interpessoal

- Os processos de crescimento profissional que deve se envolver

- Seus valores e como se coadunam com os da empresa

- Suas necessidades de poder

Vamos refletir um pouco mais sobre a questão do autoconhecimento. A própria busca da felicidade pelo homem deve ser feita no seu interior e não no ambiente externo. Os líderes costumam enfrentar dificuldades nesse campo pelo instinto de preservação e autoestima. Eles falham porque não querem colocar na mesa as suas dificuldades para que os outros as vejam. Mas é só falando abertamente sobre si mesmos que podem receber o apoio dos seus liderados, via *feedback* construtivo. Quanto maior a maturidade dos liderados, maior o nível de contribuição que os líderes receberão. O problema é que isso exige uma minuciosa autoanálise, a que muitos líderes resistem, pois preferem se proteger.

E os modelos mentais?

Uma de nossas ilusões mais persistentes, e talvez a mais limitadora, é a de que as coisas são exatamente como as vemos (situações, problemas, circunstâncias e imagens).

Nossas visões são freqüentemente colocadas em xeque quando nos defrontamos com outros modelos e formas de pensar. Não colocando em dúvida a nossa forma de pensar, defendemos a nossa visão até as últimas conseqüências, até que sejamos convencidos, via argumentos lógicos, dos contornos da verdadeira e real visão.

A nossa visão será sempre moldada e configurada a partir de nossos conhecimentos, paradigmas e valores, desenvolvidos a partir do nosso nascimento, reforçados ao longo da vida pela educação familiar, influência de amigos, dos líderes, da religião, das experiências e da cultura organizacional.

A expressão modelos mentais, conforme o conceito de Yoran Wind, Colin Crook e Robert Gunther, da Warthon School, é utilizada para descrever os processos cerebrais que usamos para dar sentido ao mundo em que vivemos. A neurociência reconhece que o cérebro tem uma estrutura interna complexa, determinada geneticamente e moldada pela experiência.

É esse mundo interno de neurônios, sinapses, neuroquímica e atividade elétrica, com sua estrutura incrivelmente complexa – funcionando de uma maneira que compreendemos apenas parcialmente – que chamamos de modelo mental. Ou seja, um pensamento molda aquilo que vemos. Se o que vemos é o que pensamos, a maior parte do que vemos está em nossa mente.

Nossa capacidade de discernir é diferente da capacidade de ver. Nosso comportamento é, muitas vezes, fruto de nossa visão das coisas que podem não ser realmente o que vemos. Cada cérebro cria o seu próprio mundo. Quando o cérebro confronta uma nova experiência ou mudança, ele faz entrar em ação uma ação neural complexa, ou modelo mental. Quando os ambientes mudam de forma significativa, corremos o risco de ficar com um modelo completamente irrelevante/ distorcido para a nova situação. Para transformar as nossas vidas, temos que adaptar a nossa mente, pois nossos modelos mentais determinam o que somos capazes de ver e, conseqüentemente, fazer.

A visão humana é como uma vidraça de categoria inferior, onde a imagem do outro lado sempre se apresenta distorcida da realidade. A única forma que temos para refinar essa visão distorcida é pela discussão, pelo debate e pela aceitação do pensamento contraditório, não como conflitos em nível interpessoal, mas como a maneira mais madura e consciente de refinamento da visão.

É claro que uma visão construída desta forma terá todas as chances de aceitação e comprometimento maior.

Os estudos da neurociência indicam que a sensação que temos das coisas externas está baseada em pequena parte no que vemos fora de nós e em grande parte dos padrões localizados em nossa mente.

Cada um de nós cria o seu próprio mundo, internamente consistente e completo. Num ambiente de permanente mudança, podemos transformar a nós mesmos ou ser transformados. Para transformar nossas vidas, temos de adaptar a nossa mente.

No ambiente complicado e incerto dos dias atuais, os maiores perigos estão em nossa própria mente, na incapacidade de ver nossos limites e de ver as coisas sob outra perspectiva. Não há um modelo absolutamente certo para todos os tempos, apenas há o modelo certo para um determinado momento.

Se a sua formação é em engenharia, você tenderá a ver os problemas como problemas de engenharia de forma lógica, cartesiana e racional. Se sua formação é em finanças, você será induzido a enxergar a discussão em termos financeiros: retorno do investimento, fluxo de caixa, etc. O problema é que para que um possa se comunicar com o outro, cada um deles tem de ser capaz de ver o mundo com os olhos do outro.

Grande parte do tempo nós ignoramos a maior parte do mundo à nossa volta. Como já disse o futurologista John Naisbitt (1994), "estamos nos afogando em informações, porém sedentos de conhecimento."

O correio eletrônico está fluindo próximo a 1 trilhão de mensagens anuais. O conhecimento dobra a cada 10 anos, e as informações geradas nos últimos 10 anos supera a gerada nos últimos 5 mil anos.

Parece-nos que quanto mais informações nos são disponibilizadas, menos entendemos. Temos que nos concentrar em processos que nos permitam filtrar naquilo que realmente agrega valor no meio dessas torrentes de conhecimento.

Nossa forma de pensar e enxergar o mundo é uma fronteira com cercas eletrificadas onde o pensamento alheio não pode entrar.

Quanto mais sabemos sobre o cérebro, mais sabemos que a maioria dos aspectos fundamentais da mente permanece em total mistério.

Francis Crick, físico e bioquímico bitânico, diz: "O que você vê realmente não está lá; mas o que o seu cérebro acredita estar lá... Ver é um processo ativo de construção. Seu cérebro faz a melhor interpretação que consegue de acordo com sua experiência anterior e as limitadas e ambíguas informações fornecidas pelo seu olhar."

O líder eficaz sabe que a sua própria visão desses múltiplos e complexos cenários estarão distorcidos pela sua forma de decodificar as informações. Por isso, ao promover o crescimento da maturidade de seus liderados, ele, o líder, estará edificando uma excelente estrutura informal de *feedback* para refinar a própria visão. É o estímulo ao exercício aberto e transparente do contraditório.

Se nos tornássemos verdadeiros líderes, buscaríamos as surpresas, o imprevisível, outras formas de enxergar as coisas, pois esse caminho de surpresas é a única rota para a descoberta e novos aprendizados. O novo universo requer que fiquemos abertos ao desconhecido e às novas formas de pensar. Executivos importantes reconhecem que muito dos esforços despendidos em compreender a forma de pensar dos outros malograram. E esse fracasso histórico tem suas origens na excessiva valorização de abordagens dominantemente técnicas e mecanicistas.

Copio, na íntegra, o pensamento do Rabino Lawrence Kushne, que é professor e autor de mais de uma dúzia de livros sobre misticismo e espiritualidade judaicas.

"Este é o primeiro passo. Deixar tudo para trás.

Deixar o ambiente social. Os preconceitos, as definições.

A linguagem. O campo de visão estreito. As expectativas.

Deixar de esperar que os relacionamentos, as lembranças, as palavras ou as letras signifiquem o que costumavam significar. Ser, numa palavra, aberto."

A Figura 7.2 ilustra com maestria uma forma de visão distorcida.

Figura 7.2 Quantas colunas tem a foto acima? Elas são retangulares ou redondas?

Na discussão de um projeto, na percepção de uma visão de futuro ou um problema qualquer, é assim que as pessoas enxergarão seus contornos. E, como conseqüência, com denodo e convicção, os defenderão até o fim.

Lembre-se:

A visão humana é distorcida pelos nossos paradigmas e valores, pela nossa formação e cultura. Somente pela troca de percepções contraditórias, de forma transparente e com o verdadeiro espírito da liderança, chegaremos à visão mais aproximada da real.

Em um grupo, há tantas interpretações diferentes quantas forem as pessoas no grupo. Como ensinam a teoria quântica e a biologia, não há duas pessoas que vejam o mundo exatamente da mesma maneira.

Não aceitamos uma visão, uma mudança, uma reformulação, simplesmente porque alguém nos diz que é assim e que é necessária. Aceitamos quando enxergamos que essa mudança, essa reformulação contribui para aquilo que julgamos realmente ter algum significado.

Quando compartilhamos a mesma visão ou um sonho comum, tudo é deixado para trás e as pessoas se dispõem a trabalhar juntas.

É o valor, e não o volume, a forma motriz da inteligência. A inteligência competitiva é a informação tão bem analisada que já pode servir de base para decisões fundamentais. Levar a informação a tal estágio constitui o valor.

Capítulo 8

Motivação e Comprometimento

$$\underline{MPL} = (C + E + H + V)\,M/Et$$

MPL = Maturidade para a Liderança
M = Motivação

> Estamos aqui para defender esta ilha até o limite de nossas forças. Precisamos nos dedicar inteiramente a essa tarefa. (...) Não podemos permitir que o inimigo nos capture. Se nossas posições forem invadidas, atiraremos bombas, granadas e até nos atiraremos sobre os tanques para destruí-los. Infiltraremo-nos nas linhas inimigas para exterminá-las. Nenhum homem deve morrer sem que tenha matado pelo menos dez norte-americanos. Intimidaremos o inimigo com ações de guerrilha até que o último de nós pereça. Longa vida ao imperador!
>
> — Memorando do General Kuribayashi aos defensores de Iwo Jima.

A frase que epigrafa o presente capítulo justifica-se plenamente pela importância dos dois temas de que ele trata: motivação e comprometimento. Com efeito, ambos invariavelmente serão consequência de uma visão de liderança e de quão legitimamente o líder a compartilhou com seus liderados.

Com respeito à motivação, diz-nos Abrahan Maslow em seu diário: "Não existe o Nirvana. As pessoas são seres insaciáveis e imprevisíveis. Quanto mais recebem, mais querem" (Maslow, 2000)

Em romance de Charles R. Morris (2006) sobre a vida dos imigrantes, uma mãe relata por que, depois de ela e suas filhas estarem trabalhando, decidiu substituir os "trapos velhos" por toalhas normais e começar a adquirir pratos e talheres: (...) para que todos pudéssemos nos sentar à mesa ao mesmo tempo e comer como gente. (...) Nós nos acostumamos tão rápido às toalhas normais que agora queríamos escovas de dentes. (...) Conseguimos escovas de dentes e passamos a desejar pó para escovar os nossos dentes, em vez de cinzas. E quanto mais tínhamos, cada vez queríamos mais coisas."

No tocante ao comprometimento das pessoas, devemos tentar compreender as razões mais profundas que geram esse tipo de comportamento tão intenso. Que poder será esse exercido pelo comprometimento, em que os liderados não se importam em consagrar a própria vida à realização da visão proposta (afinal, comprometer-se é ir muito além da própria motivação)? Milhões de indivíduos ofereceram sua vida para concretizar a visão de propósitos comuns e dar-lhes sentido. Que resultante diferenciada será essa que promove o sucesso de algumas empresas e o desaparecimento de outras? É que a motivação e o comprometimento, embora de grande importância, nem sempre são totalmente compatíveis com o que se espera em termos de resultados.

Na fórmula da maturidade para a liderança, a motivação aparece como a bateria energética indutora de comportamentos competentes e eficazes. Para que ela se traduza em resultados diferenciados, primeiro é necessário que os liderados tragam dentro de si conhecimentos, vivências, habilidades e visão relativamente desenvolvidos. Só assim poderão oferecer o que se espera deles. Líderes eficazes sabem que pessoas motivadas mas incompetentes causam estragos às vezes difíceis de reverter. Em compensação, os danos provocados por indivíduos extremamente capacitados, mas sem motivação, são ainda maiores, pelo exemplo negativo que promovem a seu redor.

O comprometimento, por outro lado, deve ser a resultante legítima de um ato de fé nas propostas do líder. Não deve redundar de processos fantasiosos, desvirtuados e manipulativos, levados a efeito por líderes sem escrúpulos. De fato, líderes que agem assim abrem mão do principal alicerce de sua liderança: a sólida e consistente confiança dos liderados. Sem ela, não terão a menor possibilidade de conservar-se nesse papel nem de contar com o apoio eficaz e o comprometimento duradouro de todos.

Em todas as religiões do mundo, na política, nos clubes esportivos, na prestação de serviços, nas ONGs, nas famílias, nas organizações públicas e privadas, ao longo de todos os tempos, a motivação e o comprometimento sempre estiveram relacionados à perspectiva de atingir uma meta. O ser humano é incapaz de viver sem sonhar, sem ter a chance de buscar aquilo que ele próprio definiu como caminho para a felicidade. Some-se a esse desejo a genética preocupação com a sobrevivência sua e dos seus, presente desde o tempo das cavernas, e teremos os dois pólos de energia geradores dos complexos e nem sempre compreensíveis comportamentos humanos.

Com efeito, a motivação e o comprometimento estimulam uma conduta pessoal ou grupal diferenciada, responsável por produzir resultados muito acima do esperado. Trata-se de uma distinção essencial para a competitividade dos turbulentos dias de hoje, marcados por profundas e velozes mudanças, em que a concorrência se acirra de forma exponencial em todos os campos. Nesse contexto, vale dizer, algumas empresas sobreviverão e outras, não.

O estudo do comportamento humano, aprofundado após a Segunda Guerra Mundial mas relativamente recente na esfera organizacional, oferece-nos incontáveis exemplos de como é fundamental que as instituições (privadas, públicas, militares, civis em geral) tenham em seus quadros pessoas realmente decididas a fazer a diferença.

Ademais, talvez não haja em toda a literatura mundial de administração uma área cujas pesquisas e publicação de tratados e teorias sejam tão numerosas quanto as da motivação e do comportamento humano. O que se sabe de convergente entre a imensa maioria de estudos do tema é o seguinte:

- As pessoas são diferentes entre si. Cada uma delas é um universo à parte, contemplando, com maior ou menor intensidade, características próprias, necessidades distintas, valores pessoais desenvolvidos e privilegiados desde a infância, identificações e sonhos emoldurados de forma poucas vezes convergentes.

- As necessidades humanas mais intensas são aquelas com maior poder de induzir o comportamento. Como as pessoas têm perspectivas próprias "em relação ao que alcançar", é comum que os fatores motivacionais (estímulos/necessidades) também sejam diversificados – e mesmo que eventualmente iguais, apresentam intensidades diferentes.

- Toda necessidade humana (sonho/ambição) atendida total ou parcialmente deixa de gerar comportamento intenso em sua busca, e a segunda necessidade mais intensa, que era secundária, assume seu lugar na indução do comportamento.

Esses três fatores combinados (além de outros não mencionados) conduzem o estudo e a compreensão da motivação humana a um terreno complexo e, às vezes, paradoxal.

Apesar disso, cumpre acrescentar a esse quadro de complexidade alguns outros fatores, se não novos, pouco compreendidos em sua amplitude e interdependência, sobretudo pelos responsáveis pela gestão das empresas. São eles:

1. Necessidade de diagnósticos periódicos dos fatores motivacionais de cada membro da equipe, realizados de forma individualizada, com o objetivo de definir que medidas serão mais adequadas para estimular o comportamento dos indivíduos.

2. Necessidade de conhecimento profundo e atualizado dos valores, objetivos e metas organizacionais a serem buscados pela equipe de forma compartilhada.

3. Necessidade de alinhamento mínimo entre o mundo dos sonhos (pessoas) e o mundo dos resultados (empresa), conforme demonstra a Figura 8.1, a seguir:

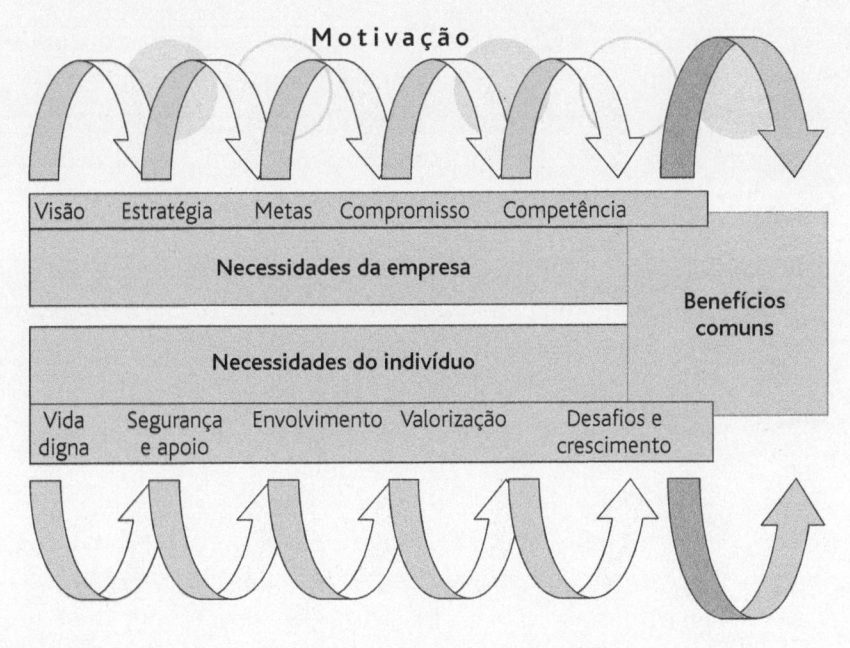

Figura 8.1 *Mix* virtuoso do alinhamento das necessidades da empresa e dos indivíduos.

4. Necessidade de um processo permanente de desenvolvimento e capacitação dos recursos humanos, tendo em vista dar-lhes condições de interagir tecnicamente com os problemas organizacionais e compreender a dinâmica dos relacionamentos interpessoais. Indivíduos pouco preparados têm pequena participação na dinâmica organizacional, pois desconhecem os processos, são inseguros e têm dificuldades para integrar-se com os grupos e adotar atitudes inovadoras e criativas, o que pressupõe muitas dificuldades em assumir riscos.

5. Necessidade de aprimoramento do processo de seleção e "escalação" do profissional ou gestor que vai estar à frente da equipe, tanto em matéria de conhecimentos e relacionamento quanto de habilidades pessoais para as tarefas a desempenhar. A pessoa certa no lugar certo, eis o lema a adotar. Desvios de competência geram baixo desempenho e, consequentemente, insegurança e pouca motivação.

6. Necessidade de transformação da gestão tradicional, abandonando a filosofia do "manda quem pode, obedece quem precisa" em favor da formação e do desenvolvimento de habilidades em liderança. Chefes inspiram competição e medo; líderes geram comprometimento, que é a sublimação da motivação individual e coletiva.

7. Necessidade de proporcionar às pessoas da equipe condições de aprofundar-se no campo do autoconhecimento (*quem sou eu e o que quero atingir com meu trabalho?*), em contraposição ao conhecimento daquilo que a empresa poderá viabilizar (*será que esse é realmente meu lugar? Será essa a empresa que irá contribuir para a concretização dos meus sonhos?*).

8. Necessidade de jamais deixar o desânimo deter a equipe. Embora pareça inofensivo, o desânimo é o mais perigoso dos inimigos, porque é o mais traiçoeiro. Reza uma velha lenda que o diabo pôs à venda todas as suas armas. Colocou-as sobre uma mesa. Ali estavam o ódio, a malícia,

a inveja, o desespero, a enfermidade, a sensualidade, entre as muitas outras. No entanto, igualmente deposta sobre a mesa, mas separada das demais, havia uma arma que parecia inofensiva e que levava o nome de "desânimo". Era uma arma muito velha, mas seu preço de longe superava o das demais. Perguntado sobre a razão da diferença, respondeu o diabo: "É que posso usá-la mais facilmente que as outras. E, quando me introduzo nas almas por meio do desânimo, posso utilizar todas as outras armas". Essa, naturalmente, é apenas uma lenda, mas pode nos dar uma boa ideia da capacidade destrutiva do desânimo e da falta de motivação.

9. Necessidade de buscar a felicidade. Ao que parece, o derradeiro objetivo da própria existência humana. O problema, no que diz respeito à motivação para preencher esse objetivo, é que costumamos discordar consideravelmente sobre o conceito de felicidade. Alguns cientistas sociais recentemente apontaram que o progresso material verificado nas sociedades ocidentais não aumentou o bem-estar subjetivo. De acordo com o cientista social Barry Schwartz, do Swarthmore College, na Pensilvânia, a partir da década de 1970 o número de norte-americanos que se descrevem como muito felizes diminuiu em 5%, e, mais recentemente, o índice de depressão clínica aumentou de maneira substancial. É justo dizer que a sociedade está confusa sobre o que seja a felicidade. No discurso cotidiano, ela normalmente é associada a um estado psicológico positivo. De modo que, se alguém lhe perguntasse se você está feliz, sua resposta poderia ser "sim, estou". Embora ter prazer na vida seja parte da felicidade, ela é um estado de espírito mais abrangente, que inclui uma ampla gama de satisfações – sentimentos, atitudes e julgamentos positivos que não envolvem o prazer. Ao menos inicialmente, podemos definir a felicidade como a disposição psicológica de manter atitudes positivas, estado de espírito e avaliações geralmente positivas, a respeito da vida como um todo. Assim, tudo se explica pela satisfação de nossos desejos (necessidades) mais importantes (intensos).

A hierarquia de necessidades

Ao longo de todos esses anos que tenho atuado como consultor e instrutor no campo da liderança, creio jamais ter indicado outro livro tantas vezes e com tanta ênfase quanto o já citado Maslow (2000), tais são o respeito e a admiração que o estudioso, o pesquisador e – por que não dizer? – o cientista maior do comportamento humano sempre despertou em mim.

Não obstante, atrevo-me a contribuir com seu estudo acrescentando e comentando alguns aspectos evolutivos que percebi ao aplicar testes de motivação em milhares de participantes de meus seminários de liderança. Tais aspectos são descritos adiante e demonstrados nas Figuras 8.2 e 8.3:

1. Quanto às necessidades fisiológicas, além de todos os fatores tradicionais enumerados por Abraham Maslow, inclusão da educação básica até pelo menos a conclusão do ensino fundamental.

2. Quanto às necessidades de segurança, inclusão dos chamados processos de mudança em todos os níveis, não só organizacionais como também estruturais, políticos, econômicos e religiosos, justificados por sua contingência, profundidade, velocidade e constância.

   À época de Maslow a velocidade das mudanças era muito menor e menos contundente. Em matéria de segurança, a principal exigência era manter garantidas as fontes que supriam as necessidades fisiológicas.

   Hoje, pela própria massificação dos processos informativos globalizados, o número de eventos negativos, acidentes, tragédias, aquisições e desaparecimento de empresas passou a ser de conhecimento comum e generalizado.

I. Intensidade das necessidades humanas geradoras de comportamentos até a década de 1980

Fatores e intensidade relativa   **Estrutura organizacional**

Autorrealização →   Estratégico

Autoestima →

Sociais →   Tático

Segurança →

Fisiológicas →   Operacional

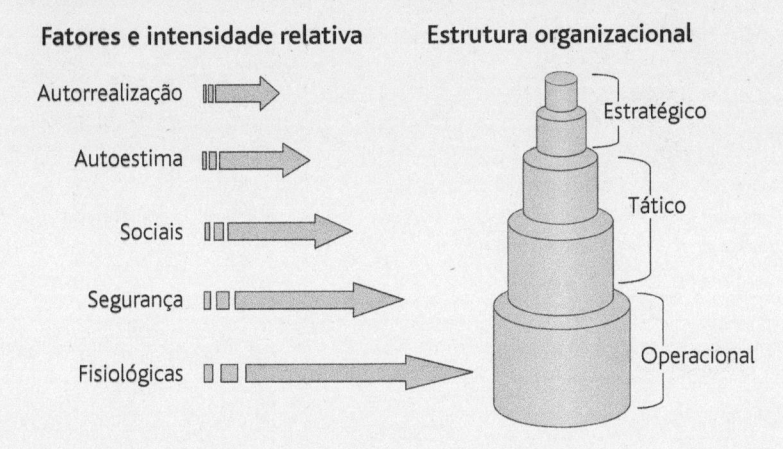

Figura 8.2 Hierarquia das necessidades humanas de acordo com a estrutura organizacional.

O crescimento demográfico, principalmente nos países emergentes e naqueles do chamado Terceiro Mundo, em confronto com as novas tecnologias substitutivas de mão-de-obra, a globalização, o terrorismo e outros incontáveis fatores, têm levado o ser humano a reativar de seu DNA um dos mais profundos e arraigados comportamentos: lutar pela própria sobrevivência e pela sobrevivência dos seus.

3. Quanto às necessidades de natureza social, ou seja, o sentimento de sentir-se parte do grupo, da tribo, da empresa, há um fenômeno mundial, a internet, sobre o qual ainda parece cedo tirar conclusões definitivas, mas que, de todo modo, lança um alerta preocupante, expresso no seguinte diálogo, bastante característico:

— Fulano, preciso conversar um assunto de extrema importância com você.

— Ah é?, Então me manda um *e-mail*, por gentileza.

II. Intensidade das necessidades humanas geradoras de comportamentos a partir da década de 1990 até nossos dias.

Fatores e intensidade realativa   **Estrutura organizacional**

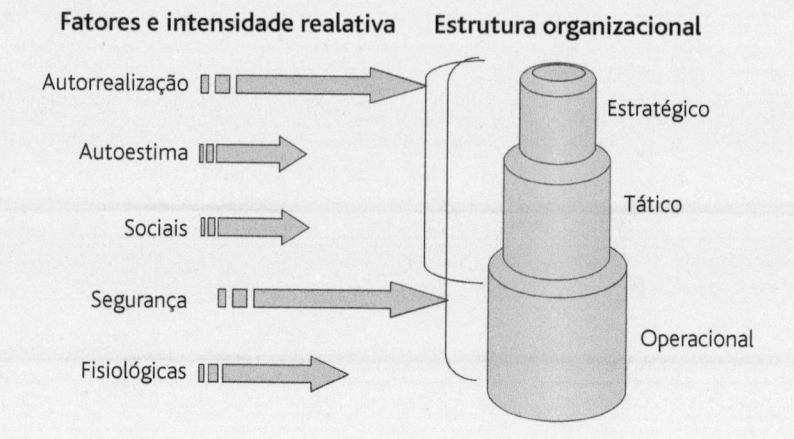

Autorrealização → Estratégico
Autoestima →
Sociais → Tático
Segurança →
Fisiológicas → Operacional

Figura 8.3   Rearranjo da hierarquia de necessidades a partir dos processos de reengenharia organizacional.

Esse tipo de comunicação não só tem isolado as pessoas que formam a cadeia sistêmica de valor, empurrando-as para a frente da telinha do computador, como também afastado delas os ganhos representativos do sentimento de time, de equipe, que transformam esses relacionamentos humanos em ações sinérgicas e diferenciadas.

Em algumas empresas clientes minhas, a orientação tem sido de proibir terminantemente a circulação de *e-mails* internos, exceção feita a unidades distantes umas das outras.

4. Quanto às necessidades de autoestima, cabe apenas ressaltar o peso significativo que esse sentimento tem exercido sobre o comportamento das pessoas.

Acredito mesmo que a migração do foco da qualidade total para a qualidade em [determinados] serviços tenha ocorrido pela percepção dos estudiosos da transformação da sociedade quanto ao "gostar de si mesmo". Para ter uma ideia, as estatísticas indicam que, dos clientes que abriram mão de um negócio, 15% o fizeram porque o produto era caro, 15% porque sua qualidade não era a melhor e 70% porque não foram bem atendidos ou valorizados como clientes, como pessoas!

Como Maslow estratificava as necessidades por níveis, esta, especialmente, situava-se quase no ápice de sua pirâmide. Percebe-se hoje que a necessidade de sentir-se importante e valorizado permeia toda a estrutura organizacional, exercendo influência desde a atividade mais simples e comum até a mais estratégica ou complexa da empresa.

Nos programas de liderança, quando debatemos a questão da autoestima, costumo reproduzir a seguinte cena hipotética, a título de exemplo: pela manhã, bem cedo, uma pessoa que trabalha numa empresa qualquer está fazendo a barba diante do espelho do banheiro. De repente, ela para e, olhando fixamente sua face refletida, diz: "Meu Deus, como estavas inspirado no dia em que me fizeste! Eu me amo! Como é que as pessoas na minha empresa não percebem isso? Por que será que só eu vejo o quanto sou um profissional capacitado, excelente, o melhor? Por que será que não se lembram de mim para aquele cargo importante? Pois o novo dirigente ou líder que eles tanto procuram está bem aqui, apontando para si mesmo no espelho".

Outro exemplo relacionado à questão da autoestima encontramos naquele antigo comercial de tevê em que uma linda menina loira, de olhos azuis, 6 ou 7 anos de idade, apresentava um produto infantil dizendo simplesmente: "Eu tenho... você não tem! Eu tenho... você não tem!" Essa peça publicitária, após curto espaço de tempo, foi retirada do ar por motivos óbvios. A justificativa para essa medida radical tinha por base o seguinte exemplo: uma mãe, preocupada com a tristeza da filha pelo fato de "não ter" o referido brinquedo, fez um grande sacrifício para comprá-lo, já que seu custo era praticamente proibitivo pela renda da família. A mãe, contente pela possibilidade de fazer a filha feliz, entrega-lhe o brinquedo e percebe em seus olhos um brilho de intensa alegria, bem próprio das crianças. Mas qual não foi sua surpresa quando a menina largou o brinquedo num canto da sala e saiu à rua para brincar. Intrigada, como não poderia deixar de ser, ela chama a menina e lhe pergunta: "Filha, você não vai brincar com o brinquedo novo?" Ao que a garotinha responde: "Não quero brincar, mãe! Mas não fique triste, agora posso dizer para todas as minhas amigas: *eu também tenho*".

5. A autorrealização, ápice das necessidades humanas, e que se manifestava quase tão-somente quando as demais já estavam praticamente atendidas, continua, em minha percepção, sem grandes alterações.

O que se nota, em relação aos nossos dias, é uma tendência não só de superação de si mesmo em matéria de desafios complexos, de abandonar a rotina e o trabalho repetitivo e sem criatividade, como também de realização de tarefas que proporcionem altos níveis de satisfação pessoal. É fazer o que se gosta, independentemente de isso estar ou não relacionado com os demais fatores, inclusive os dois que compõem as necessidades mais básicas, as fisiológicas e as de segurança.

Dois exemplos ligados à autorrealização que estão muito presentes nos dias hoje são a prestação de serviços comunitários e o abandono de determinadas carreiras de sucesso, muitas vezes definidas sem uma maior reflexão em consequência da pouca maturidade de adolescentes que escolheram rumos profissionais não raro induzidos por seus pais ou amigos.

Comparativo relativo entre as motivações à época de Maslow e atualmente

As conclusões a seguir foram teorizadas a partir de mais de 10 mil aplicações de testes de motivação realizadas no período de 1989 a 2007. O público participante era oriundo do ramo industrial, comercial e de serviços, e seus integrantes compunham as estruturas formais de poder, incluindo-se desde supervisores e líderes de projetos aos presidentes das organizações.

A alteração percebida nas necessidades humanas que combinam motivos de autorrealização com segurança advém, principalmente, da aceleração dos processos de mudança, globalização, competitividade e implantação dos conceitos de "valor agregado". Dada a profunda automação na base da pirâmide produtiva, os médios e altos executivos, normalmente bem melhor remunerados pelas organizações, entram na chamada "zona de perigo" para a manutenção de seu *status quo*.

A Columbia University vem rastreando o relacionamento entre as práticas de recursos humanos (motivação) e os indicadores econômicos desde 1986, tendo como parceiros nessa pesquisa a Fundação Alfred P. Sloan, a Carnegie Mellon University e o Banco Mundial. Dois dos estudos resultantes da parceria produziram provas bastante empolgantes. O primeiro deles, conduzido por David Levin, incluiu 495 organizações e chegou às seguintes conclusões:

- As empresas que compartilham lucros e ganhos com os funcionários apresentam melhor desempenho financeiro do que as que não o fazem.

- As empresas que compartilham informações de forma ampla e que possuem programas abrangentes de envolvimento de funcionários (os pesquisadores definem envolvimento como *áreas de participação intelectual*) apresentam melhor desempenho do que aquelas de perfil autocrático.

- Projetos de trabalho flexíveis (horas flexíveis, rotação e ampliação do trabalho) estão significativamente relacionados ao sucesso financeiro das organizações.

- Treinamento e desenvolvimento são fatores que exercem um efeito positivo sobre o desempenho financeiro do negócio.

- Dois terços do impacto verificado sobre o resultado final se devem ao efeito combinado dos fatores participação econômica do grupo, participação intelectual, projeto de trabalho flexível, treinamento e desenvolvimento.

A possibilidade de as empresas serem um caminho viável e concreto para o atendimento de boa parte das necessidades humanas integra as reais esperanças e expectativas dos seres humanos. Sabemos que as palavras *esperança* e *expectativa* mantêm entre si uma forte afinidade, mas convém destacar que não são sinônimas. Enquanto *esperança* refere-se a algo que podemos concretizar por nossos próprios meios, até com certa facilidade, *expectativa* é algo cuja consecução não depende apenas de nós, mas de outras pessoas ou eventos que nos cercam.

O desenvolvimento de um conjunto harmônico de todos os fatores que compõem a maturidade profissional – conhecimento, experiências/vivências, habilidades, visão e motivação – tem proporcionado ao homem, ao longo da história, a realização de grandes feitos. Sempre que penso nisso, vem-me à memória uma obra humana extraordinária, considerada a maior e a primeira das sete maravilhas do mundo, a Pirâmide de Quéops.

Segundo Kolosimo, se empilhássemos tudo quanto já se escreveu sobre a Grande Pirâmide, teríamos erigido um edifício de documentos maior que seus 146 metros de altura pelos 233 metros que formam cada um de seus lados. Com folga a Basílica de São Pedro e a Catedral de São Paulo em Roma encontrariam lugar dentro dela.

A par do monstruoso desafio que o magnífico poliedro deve ter representado para seus operários e construtores em matéria de engenharia, experiência, habilidade, visão e motivação, os dados a seguir nos permitem deduzir o elevado conhecimento técnico de que deviam ser dotados:

Capítulo 8 Motivação e Comprometimento

Data de construção da pirâmide:
2.500 a.C.

Número de blocos de mármore com 16 toneladas cada um: 25 mil blocos.

Peso estimado: 40 milhões de toneladas.

Motivação:
Trabalho não escravo (conforme as novas descobertas arqueológicas) contínuo e dedicado por mais de 30 anos.

1. A altura da pirâmide, multiplicada por 1 bilhão, corresponde à distância entre a Terra e o Sol.

2. Um meridiano que passe pelo centro da pirâmide divide continentes e oceanos em duas metades exatamente iguais.

3. O perímetro da base da pirâmide, dividido pelo dobro de sua altura, resulta no importante número matemático de Ludolf: Pi = 3,1416.

4. A pirâmide fornece cálculos sobre o peso e a densidade da Terra.

5. Situa-se no centro de gravidade dos continentes.

6. Fornece o cálculo da superfície da Terra.

7. Permite conhecer os equinócios, a duração de um ano solar e o número de dias de um ano.

8. Suas quatro faces estão orientadas segundo os quatro pontos cardeais, com precisão assombrosa.

A motivação nunca é causa. Sempre é consequência de um processo estruturado e que os líderes conhecem bem. Começa pela visão do líder, legitimamente compartilhada com todos, pela escolha das pessoas que possuem as competências inerentes ao desafio, pela alocação dos recursos necessários e, finalmente, pelo sentimento das pessoas de se verem contempladas na resultante. O alinhamento entre o que a empresa e os indivíduos buscam atingir gera o comportamento diferenciado para o sucesso. A este comportamento chamamos motivação.

Capítulo 9

Os Valores e a Ética

MPL = (C + E + H + V) M/Et
MPL = Maturidade para a Liderança
Et = Ética

> A competência ética não é uma questão de impor algo a alguém, mas de ampliar o alcance de nossa atenção social. A ética nos negócios, como na administração pública, é uma dimensão de uma gerência política reflexiva. Os participantes de uma sociedade de mercado possuem interesses distintos, legítimos, mas amiúde não facilmente compatíveis. Eles têm direitos perfeitamente justificados, mas às vezes abertamente conflitantes. Para encontrar um equilíbrio mútuo e moralmente aceitável entre direitos e interesses, a ética pode ser especificamente apoiadora. Não pela imposição de regras e regulamentos, mas pela elevação explícita do ponto de vista moral.
>
> — Henk van Luijk, presidente da European Business Roundtable – EBEN (Rede de Ética Empresarial Europeia)

Os valores pessoais, qualidades humanas a que atribuímos importância em cada uma das áreas de nossas vidas, estão fundamentados em crenças. A exemplo delas, são assimilados a partir de nossa própria experiência, mas também dos modelos e exemplos que nos fornecem os membros de nossa família, os amigos e os integrantes da sociedade em que vivemos.

Associados a princípios, eles podem ser identificados a determinados padrões de natureza ética e espiritual (integridade, honestidade, respeito, etc.). Não obstante, podemos também associá-los a determinados estados emocionais (amor, felicidade, coragem, fé).

Alguns valores são de natureza permanente e comuns a todas ou à maioria das facetas da vida, pelo que podem ser chamados centrais. Outros, entretanto, são transitórios e mais dependentes do contexto; a esses chamamos simplesmente critérios. Nesse sentido, o que nos é importante no âmbito familiar pode não o ser, por exemplo, no ambiente profissional.

Agimos de maneira congruente quando atuamos conforme nossos valores e critérios, os quais definem que tipos de objetivos e metas consideramos válidos. A incongruência de muitos ao proceder contrariamente a seus valores e sua ética tem se apresentado como um importante obstáculo ao exercício da liderança, pois um dos pilares mais consistentes desse processo é a confiança que devem ter os liderados em seus líderes. Mais que por uma simples declaração de crenças e princípios, os valores se revelam pelas atitudes e comportamentos que adotamos diante dos desafios que enfrentamos ao longo de nossa existência.

Com efeito, os valores e critérios são a fonte de nossa motivação e a força propulsora por trás de tudo o que fazemos. O principal papel dos valores organizacionais consiste em limitar a abrangência da visão e as ações para sua concretização dentro de princípios éticos aceitáveis. Urge às empresas, pois, desenvolver um código de ética pelo qual possam pôr um freio em suas políticas do "vale tudo" e fomentar uma maior responsabilidade social, tanto pela vertente interna (clientes internos) quanto externa (clientes externos, ambiente, fornecedores).

Alguns valores universais que são incessantemente citados pelos líderes como sendo os mais significativos para uma conduta ética no exercício da liderança.

- Integridade
- Honestidade
- Amor
- Coragem
- Fé
- Autoestima
- Disciplina
- Saúde
- Paz de espírito
- Trabalho
- Verdade
- Gratidão
- Segurança
- Desafio
- Aventura
- Liberdade

Peter Senge, em sua brilhante obra *A Quinta Disciplina – Caderno de Campo* (1995), apresenta um exercício muito interessante de hierarquização de valores pessoais. A seguir, transcrevemos esse exercício resumidamente, a fim de oferecer uma atividade prática e vivencial no campo dos valores. Este processo individual de ordenamento "forçado" proporcionará uma vivência rica tanto nos aspectos pessoais fora da empresa quanto no ambiente organizacional.

Da lista de 47 valores apresentada a seguir (considerados tanto no âmbito do trabalho quanto na vida social), selecione os três que em sua opinião são os mais importantes como guias de conduta ou componentes de um estilo apreciado de vida.

Após realizar a seleção dos três valores que considera mais significativos, reflita sobre as dificuldades vivenciadas no descarte dos valores que são importantes para você. A seguir, imagine uma organização que não valorizasse ou respeitasse os mesmos valores que os seus e, de certa forma, o induzisse a rechaçá-los em seu trabalho e nas atividades do dia-a-dia. Seguramente qualquer pessoa questionaria a própria permanência nessa organização.

O QUE EU MAIS VALORIZO:

Realização	Ética	Envolvimento	Qualidade pessoal
Aventura	Excitamento	Conhecimento	Reconhecimento
Amor	*Know-how*	Liderança	Religião
Artes	Fama	Lealdade	Reputação
Trabalho	Relacionamento	Autoestima	Segurança
Serenidade	Liberdade	Competência	*Status*
Cooperação	Família	Perseverança	Poder
País	Criatividade	Ordem	Verdade
Firmeza	Honestidade	Desafio físico	Riqueza
Democracia	Independência	Prazer	Sabedoria
Ecologia	Harmonia	Segurança	Eficiência
Eficácia	Integridade	Pureza de espírito	

Fonte: adaptado de Peter Senge

1.	2.	3. ....

Os valores crescem com as pessoas e se confundem com a personalidade e o caráter de cada uma delas. Rejeitá-los seria uma violência transcendente, já que fazem parte da própria alma humana.

Entretanto, por serem um ingrediente tão forte das individualidades, de nada adianta uma empresa adotar um conjunto de valores se não houver a respectiva adesão dos recursos humanos que a integram. Como ensina o Papa Bento XVI, "progresso sem discernimento leva o homem ao abismo. Não basta ir em frente, é necessário ver para onde se vai. Não basta o progresso se não existem pontos de referência. Deus não abandona o homem no caminho".

Capítulo 10

Poder Formal e Poder Pessoal

> Todavia, o príncipe deve ser poderoso em seus julgamentos e em suas ações, sem temer o seu próprio poder, e proceder de modo equilibrado, com prudência e benevolência, de sorte que a larga confiança [que nos outros deposita] não faça dele um incauto e que a sua excessiva desconfiança não o torne intolerável. Nasce daí o debate: se é melhor ser amado que temido ou o inverso. Dizem que o ideal seria viver-se em ambas as condições, mas, visto que é difícil acordá-las entre si, muito mais seguro é fazer-se temido que amado, quando se tem de renunciar a uma das duas.
>
> — Maquiavel, *O príncipe*

O ser humano sempre foi fascinado pelo poder. Ele o exerceu por meio da força física, das habilidades, dos conhecimentos específicos, das artimanhas, da tecnologia, do poder das armas, das manipulações e de muitas outras formas. Invariavelmente o uso do poder alcançado por meio da coação das pessoas não logrou sucesso em termos de perenidade e benefícios mútuos. O bem-estar, a satisfação de todos e o apoio incondicional (comprometimento) são concretizados pela utilização consciente do poder pessoal (liderança). Com o acirramento da competitividade em todos os campos da atuação humana, o grande diferencial para o sucesso é a forma como as pessoas são envolvidas no processo produtivo. O como e o por quê substituem o quê e o quando. As duas últimas, de impositivas no uso do poder formal passam a ser negociáveis no campo da liderança, pois o como e o por que democratizam a participação de todos e criam o aprendizado. As diferenças são ilustradas na figura a seguir:

Diferença entre poder formal e liderança

O poder flui de cima para baixo.

Hierarquia X Liderança

O poder flui de baixo para cima.

Hierarquia: é o exercício do poder formal, concedido pela organização com vistas a atingir as metas esperadas e cuja maior resultante é a obediência.

Liderança: é o exercício do poder pessoal, concedido pelos liderados e cujos resultados diferenciados são obtidos pelo envolvimento de todos. Sua maior resultante é o comprometimento.

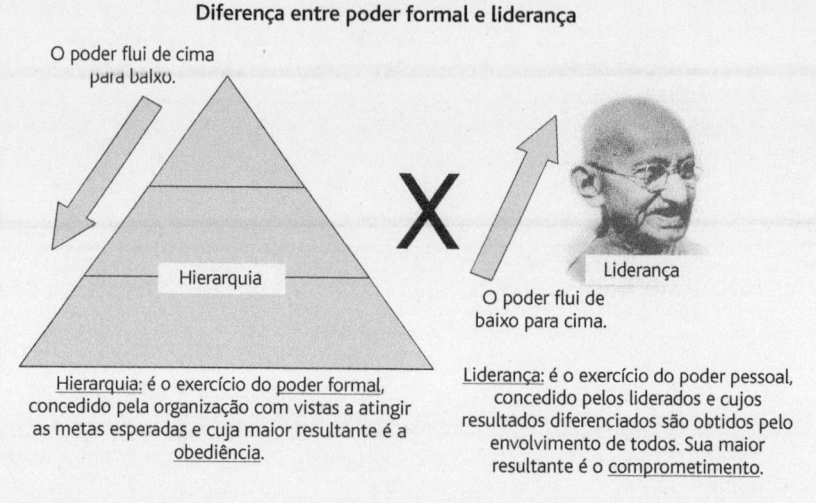

Figura 10.1 Diferença entre poder formal e liderança com as suas resultantes.

O exercício da liderança é historicamente relacionado ao poder formal. Toda vez que se fala em líder – seja no âmbito político, militar, familiar ou empresarial –, o que de imediato vem à nossa mente é uma posição de destaque na hierarquia formal. Lógico que essa visão permanece e ninguém duvida de sua validade. Entretanto, convém distinguir o exercício do poder por meio da posição na estrutura hierárquica (formal) e o poder da autêntica liderança, o que pode ser constatado em algumas situações distintas, como por exemplo:

Situação A: A pessoa ocupa destacada posição na estrutura organizacional e pode não ser um líder. Nesse caso, ela se identifica mais com o uso do poder formal, outorgado pelo capital.

Situação B: A pessoa ocupa essa posição de destaque e também conta com o apoio e o comprometimento de seus liderados. Soma-se, assim, à outorga da empresa, o chamado poder pessoal, concedido pelos liderados.

Situação C: A pessoa não ocupa função em qualquer nível da hierarquia organizacional, não usufruindo, portanto, do poder concedido formalmente pelo capital, mas se caracteriza como líder por receber o apoio de seus pares pela via do poder pessoal.

Em algumas empresas em que atuo como consultor, é comum as pessoas citarem entre os líderes mais conhecidos mundialmente o nome de seu diretor-presidente. Em alguns casos, inclusive, esse presidente não exerce mais a função de primeiro executivo, mas ainda assim é lembrado. Isso corrobora a visão de que a liderança ainda pode estar relacionada ao poder formal. A Figura 10.1 ajuda a ilustrar as situações supramencionadas.

O importante a observar é que o poder formal tem a característica de ser concedido de cima para baixo, em doses que vão diminuindo conforme mais se aproxima da base. Na liderança ocorre o inverso: o poder é concedido de baixo para cima e pode ser retirado a qualquer momento, em função de alguma atitude inconsistente do líder, por exemplo. Ou seja, cabe aos liderados conceder e retirar o poder de seu líder.

Se o líder usufruir da outorga formal do poder hierárquico, os liderados não poderão destituí-lo diretamente, mas tentarão fazê-lo mediante a retirada do comprometimento antes concedido. A resultante maior, nesse caso, são a queda de desempenho e a torcida, quase generalizada, para que o antigo líder, agora apenas chefe, cometa os equívocos patrocinados por seu individualismo ou autoritarismo.

A meu ver, o verdadeiro e legítimo líder é aquele que, não usufruindo do poder formal, consegue granjear apoios e o comprometimento com uma causa comum. No entanto, acredito também que o líder mais eficaz deva ser aquele que, além do poder pessoal, conta com a outorga do poder formal. Unindo essas duas facetas do poder, ele poderá apresentar um desempenho e uma eficácia acima do esperado, pois dispõe de todos os recursos possíveis e conta com o apoio de seus liderados.

A história das Casas Bahia nos oferece um belo exemplo disso.

Gratidão demonstrada

Sempre que podia, Samuel Klein [diretor-presidente] procurava demonstrar de forma concreta a gratidão que sentia. Tanto que era comum chamar em sua sala José Roberto Fernandes, na época [1993] responsável pelo setor de custos da empresa, para falar sobre um novo benefício destinado a quem não media esforços pelo sucesso das Casas Bahia. Uma dessas iniciativas aconteceu em 1978. Samuel chamou José Roberto, que trabalhava com ele desde 1972. No meio da conversa e de forma despretensiosa, Samuel perguntou: "O que representaria para você ganhar um salário extra? Como iria gastá-lo?" De início, José Roberto demonstrou certa inibição: "Bem, Sr. Sanuel, ainda estou construindo a vida e tenho muitas necessidades. Neste momento, com um salário extra, poderia iniciar uma reforma na minha casa. Algo que faz tempo que pretendo mas não consigo", respondeu o funcionário. Samuel apenas abriu um sorriso e disse: "Pois então pode programar a tal reforma. A partir deste ano, instituiremos um prêmio que será proporcional aos resultados alcançados na temporada. Quero que todos o recebam, independentemente de salário ou função". José Roberto deu de ombros e respondeu: "Se é assim que o senhor quer, assim será feito. O senhor tem um grande coração. Não se importa em deixar de ganhar um pouco para beneficiar seus funcionários. Pode estar certo de que eles ficarão extremamente gratos por isso".

Depois que o homem retirou-se, Samuel ficou pensativo por alguns minutos, imaginando o que cada um de seus funcionários faria com o salário extra. Com certeza, essa atitude despertaria neles uma vontade ainda maior de contribuir com a empresa. Objetivos compartilhados alavancam desempenhos diferenciados. Todo líder atento e com visão compreende isso (Awad, 2003).

A utilização de todas as formas de poder coercitivo, principalmente embasado nas estruturas formais, tende a criar dependência e baixo senso de responsabilidade entre os subordinados. Algumas pessoas, que caracterizamos como de baixa maturidade profissional, aceitam este tipo de relação autoritária e pouco participativa por receio de assumir atitudes próprias. Na maioria das vezes sentem-se despreparados para os desafios profissionais, não são estimulados ao desenvolvimento pessoal e, como consequência, submetem-se ao sistema de forma pacífica, aliviados de todas as culpas por futuros equívocos, pois alguém decide tudo por eles.

O exercício do poder pessoal (liderança) promove exatamente o contrário. Primeiro, porque o poder emana dos liderados, que percebem no líder as condições de conhecimento e relacionamento adequados à jornada a ser empreendida. Em segundo lugar, os liderados, percebendo o conjunto das competências necessárias em seu líder, o apoiam e lhe dão sustentação. Fechando o ciclo, o comprometimento de todos com os resultados torna-se resultante, pois como o poder emana dos liderados para o líder (de baixo para cima), há a convicção de que os objetivos a serem alcançados contemplam a todos (organização, líder e liderados).

Capítulo 11

O Desafio dos Talentos

No ano de 2004, tive o prazer de ser um dos coordenadores de um debate muito interessante sobre talentos, liderança, cultura organizacional e cadeia de valor. Faziam parte do grupo convidado cerca de 50 presidentes das maiores e mais representativas empresas da região Sul do país nos ramos industrial, comercial e de serviços.

O objetivo do evento era decodificar e compreender o pensamento estratégico do principal líder das organizações a respeito de diversos temas interligados. Em geral, tais processos, mais direcionados ao sistema psicossocial, não fazem parte das preocupações diárias, ao menos como prioridade, desses dirigentes. Na verdade, as preocupações dessas lideranças com seus talentos internos focavam-se mais em torno do tema *competências*, tanto em relação a seu conceito formal, quanto ao conjunto de fatores que o compunham.

Dois foram os motivos que me levaram a incluir aqui o conteúdo do debate:

1. Trazer a público o pensamento do primeiro mandatário das organizações convidadas sobre um tema importante, mas não tão prioritário quanto outros mais estratégicos e tradicionais (produção, mercado, planejamento).

2. Proporcionar reflexões profundas e necessárias a todos os profissionais de recursos humanos quanto à visão dos presidentes sobre a ação, o comportamento e as abordagens praticadas pela grande maioria deles. Alertar para o fato de que esses profissionais não evoluíram como deveriam, isto é, de forma aderente aos novos tempos de grande competitividade. Cabe-lhes assumir de uma vez por todas seu papel histórico de principais indutores da mudança; transformar-se na faísca que dá partida ao motor da inovação, do novo, do surpreendente, com mais visão estratégica e a coragem dos pioneiros em correr os riscos inerentes.

Durante o debate foram colocados aos diversos presidentes, de forma estruturada, os desafios citados na Figura 11.1 e sobre os quais vamos discorrer em seguida. Após dois dias de trabalhos ininterruptos, marcados pela entusiasmada participação de todos, chegou-se a uma síntese das conclusões relativas aos diversos desafios propostos.

Desafio 1: Como descobrir e cultivar talentos e profissionais completos? Desenvolvendo ou contratando?

Premissas para a realização do trabalho

1. Definir, de forma consensual, o que é um talento para a organização e o que se está buscando suprir com sua conquista, manutenção e desenvolvimento.

2. Decidir entre recrutamento interno e externo. Em princípio, deve haver um equilíbrio, definido pelo tipo de necessidade. Internamente, priori-

Capítulo 11 O Desafio dos Talentos 103

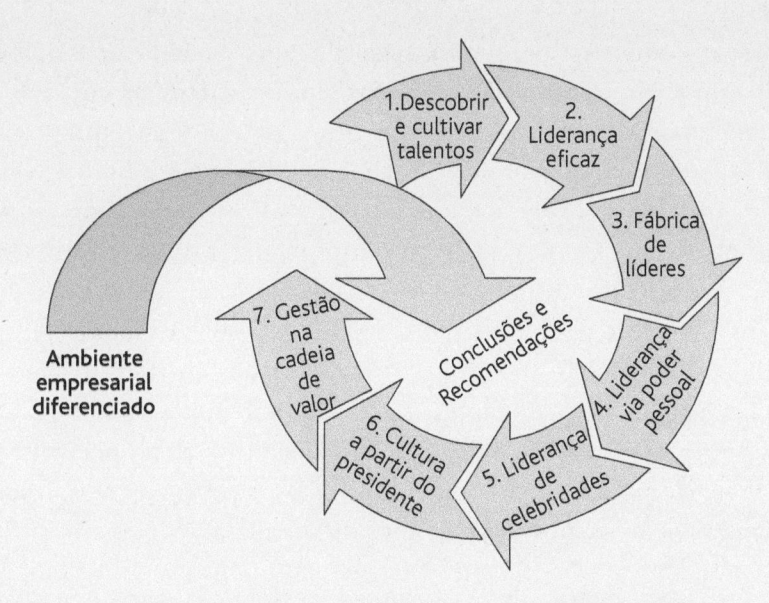

Figura 11.1 Roteiro interligado dos temas sob o crivo dos presidentes.

Diagrama circular com os seguintes elementos: Ambiente empresarial diferenciado; 1. Descobrir e cultivar talentos; 2. Liderança eficaz; 3. Fábrica de líderes; 4. Liderança via poder pessoal; 5. Liderança de celebridades; 6. Cultura a partir do presidente; 7. Gestão na cadeia de valor; Conclusões e Recomendações.

zar a identificação e o mapeamento das competências. A implantação de um banco de talentos, armazenando de forma estruturada a descrição das principais competências internas a fim de demonstrar os estoques atuais e potenciais para o futuro, agregaria consistência e coerência ao recrutamento interno. Externamente, utilizar o potencial do mercado, tendo em vista atrair talentos com novas ideias, propostas, experiências e abordagens diferenciadas para a solução dos problemas, bem como avançar em novos processos de criatividade e inovação.

> *Talentoso é o indivíduo que atinge desempenho diferenciado em determinada situação, com competência, adequação e capacidade de adesão aos valores da organização.*

Esse é o conceito de talento, segundo a definição dos participantes do encontro. Diante dele podemos chegar a algumas constatações: (**1**) o talento é uma condição individual relacionada a um desempenho acima da média obtido por alguém; (**2**) ninguém é talentoso para sempre, pois isso vai depender do nível de excelência do desempenho esperado em determinada situação-problema e de sua própria evolução frente ao desdobramento dessa mesma situação; (**3**) a adequação tem a ver com ganho de oportunidade, ou seja, o melhor desempenho em função do "momento" (relação custo-benefício e velocidade de resposta entre a demanda e a solução são exemplos adequados ao termo); (**4**) os valores da organização são os balizadores da ação do talento humano. Os desempenhos diferenciados que não forem balizados pelos valores e princípios da organização poderão produzir resultados antiéticos, com consequências danosas para a empresa a médio e longo prazo.

Ações de identificação de talentos internos

Definir as habilidades e conhecimentos mais importantes

Para cada desafio são necessários conhecimentos e habilidades diferenciadas. A empresa é quem deve definir que conhecimentos e habilidades são essenciais. Dessa escolha parcimoniosa deve advir um perfil desejado. Deverá haver tantos perfis quantos forem os desafios e as necessidades de busca da excelência. Exploramos esses aspectos em profundidade no Capítulo 13.

Criar perspectivas transparentes e regras claras

Assim como a empresa tem seus objetivos e metas, também as pessoas têm seus sonhos e aspirações, necessidades e desejos. É natural que os líderes assumam essa carência comum e a tomem como sua responsabilidade. Afinal, quem define as estratégias maiores da empresa? Peter Senge (1995), na já citada obra *A Quinta Disciplina – Caderno de Campo*, convence-nos da necessidade de as organizações criarem visões legitimamente compartilhadas, a fim de obter, como resultante maior, o comprometimento, a dedicação e a motivação de todos. O que realmente a empresa espera de mim? Quais são os valores e regras estabelecidos para meu crescimento interno? Ela pode suprir minhas necessidades e sonhos? Nos seminários de Peter Senge, é trabalhada a questão da congruência entre os diversos cenários da busca pela felicidade humana no trabalho. O primeiro estudo promove a visão do mundo (ameaças e oportunidades para empresas e indivíduos); o segundo trabalha sonhos/objetivos dos seres humanos; o terceiro, se há condições de investir/dedicar esforços nesta busca dentro da empresa com chances reais de "chegar lá"; em quarto lugar, se os valores/princípios da empresa se enquadram nos meus princípios e valores (por exemplo: meio ambiente/políticas de remuneração e valorização do capital humano) e, por último, se existe uma preocupação dos líderes empresariais em criar este alinhamento entre empresa e capital humano? Qual a empresa que, no momento da identificação de talentos internos (e mesmo externos), propõe essas questões de forma transparente e clara?

Diagnosticar e descobrir os talentos

Michael Jordan, maior astro do basquetebol em todos os tempos, tentou por mais de um ano jogar beisebol e provar que também podia ser competente nesse esporte. No entanto, após várias tentativas frustradas, ele finalmente aceitou o conselho de seus treinadores e amigos para que retornasse ao basquete, onde seu conhecimento e habilidades o haviam transformado em um ídolo mundial.

O exemplo de Michael Jordan nos ensina que ninguém é talentoso em tudo o que faz e em todas as circunstâncias. Você pode desenvolver um conjunto interessante de competências e mesmo assim não ser considerado um talento. Quem define as habilidades e competências para que alguém seja considerado um talento, são a ambiência, o meio, o desafio, a mudança, enfim, um encaixe perfeito entre o que se espera dele e o que ele realmente tem a oferecer.

Sendo a visão um dos grandes atributos e qualidades da liderança, deve o líder enxergar nitidamente as duas pontas do processo: o que a situação exige e qual o perfil do talento desejado. Cabe a ele mapear claramente os desafios em uma ponta e, na outra, o conjunto harmônico e integrado das competências necessárias. Hoje, existem no mercado tecnologias inteligentes e adequadas para auxiliar o mapeamento tanto dos desafios quanto do perfil ideal do talento buscado.

Cuidado na administração das expectativas dos jovens talentos

Estamos em plena era cibernética, em que paralelamente à evolução dos processos científicos testemunhamos o surgimento de uma nova espécie de profissional: jovem e apressado, fortemente enraizado nessa nova dinâmica tecnológica.

De fato, tudo na sociedade ocidental baseia-se na pressa. Se não puder ser para ontem, como se diz, que seja o mais tardar para amanhã! Os dados revelam que mais de 30% dos jovens universitários desistem de suas carreiras antes mesmo de completar o terceiro semestre de estudos. E muitos dos que concluem sua graduação ingressam diretamente nos cursos de pós-graduação ou MBA, buscando enriquecer o currículo para obter um emprego bem remunerado já na primeira tentativa. Os líderes (e aqui incluo os pais, pelo crucial papel que desempenham) devem saber lidar com essa angústia causada pela pressa e pela enorme competitividade existente em nosso atual mercado de trabalho.

Retenção de talentos

Salário não é fator de retenção

Essa é uma conclusão absolutamente correta. O ser humano é movido por outros estímulos além daqueles gerados pela remuneração ao final do mês. Em se tratando de talentos, podemos supor que haja uma remuneração adequada ao retorno que proporcionam à empresa, ou pelo menos próxima dos padrões estabelecidos pelo mercado em casos assim. O fator salário, isoladamente, perde sua importância na geração de comportamentos diferenciados.

Maslow, em seus profundos estudos sobre o comportamento humano, brindou-nos com uma brilhante descrição das hierarquias das necessidades humanas. Ocorre que na época em que ele propôs sua teoria, ainda aceita e acatada no mundo inteiro, tais necessidades se ajustavam aos níveis hierárquicos da organização. Naquele tempo, as mudanças eram lentas e graduais, o que facilitava a composição de estímulos adequados às necessidades. A pirâmide de Maslow associava os níveis operacionais às necessidades básicas (fisiológicas e de segurança), as chefias intermediárias às necessidades sociais (sentir-se parte) e de autoestima (símbolos de *status* e poder, destaque perante o grupo, e assim por diante), reservando as necessidades de autorrealização (superação de si mesmo, desafios) para os níveis mais elevados da pirâmide. Atualmente, a necessidade básica de segurança se espraia até os níveis estratégicos da organização. Mas onde será mais intenso o sentimento de insegurança: nos níveis operacionais ou nos estratégicos, onde o critério fundamental de avaliação é o ser humano, independentemente da função que execute, como um fator de custos e agregação de valor? Eis a resposta: hoje, quem mais tem preocupação com a segurança no emprego são exatamente os altos executivos. Aliás, conheço pessoas que abdicaram de aumentos salariais por razões de ordem psicológica: quem ganha mais está mais propenso a ser demitido em épocas de crise. O que poderá então reter um talento na empresa? A meu ver, condições claras e planejadas de comum acordo (entre a empresa e o talento) para que ele possa crescer como profissional (cite-se o exemplo das empresas que proporcionam atualização permanente). Ademais, oportunidades para correr riscos, inovar, errar e não ser condenado, mas estimulado a aprender com os próprios erros.

Clima organizacional voltado para desafios e oportunidades retém talentos

Muitas empresas se firmaram e cresceram por meio dos erros estratégicos cometidos anteriormente. Esses equívocos, não tendo sido condenados, proporcionaram o aprendizado necessário para a segunda e terceira tentativas, convertendo-se em fatores cruciais para o sucesso.

Como afirmado no tópico anterior, desafios retêm talentos, desde que esses desafios façam parte da cultura organizacional referendada e incentivada pelos líderes maiores da organização.

O lema "errou, está demitido" paralisa a empresa, criando um clima de conformismo e a chamada "zona de conforto" – primeiro e decisivo passo para a queda do desempenho organizacional.

Sugestões aos profissionais de RH

Visão estratégica

Aos profissionais de recursos humanos sem visão estratégica e que privilegiam unicamente o operacional, recomendo muita atenção! Conhecidos como os maiores "tarefeiros" nas organizações, eles adoram problemas e tarefas específicas, pois têm sua responsabilidade limitada às fronteiras do ocasional e de atividades quase sempre relacionadas a ações burocráticas repetitivas. Sair de seu pequeno e protegido mundo operacional é uma questão de sobrevivência. Para tanto, duas atitudes precisam ser tomadas por seus líderes maiores: valorizar e acreditar na agregação de valor pelas pessoas, bem como deixar de lado o discurso da moda e partir para a ação. Com efeito, o gestor de recursos humanos não só deve ser a primeira pessoa a ser convidada para o planejamento estratégico da empresa, como também negociar, exigir, lutar por isso, em que pesem os riscos implicados nesse gesto.

Nas complexidades inerentes ao modelo organizacional sistêmico, com muitas relações interpessoais e interáreas, almejo profissionais de recursos humanos falando de finanças e financistas falando de psicologia organizacional. Não há outro caminho. A fragmentação organizacional, representada pelas estruturas do passado e que garantia trincheiras de sobrevivência, acabou. Ou os recursos humanos migram para o nível estratégico, ou voltarão a ser o velho e tradicional departamento de pessoal dos anos 1930.

Competências em RH

Uma equipe de pesquisas da Universidade de Michigan liderada por Wayne Brockbank, Dale Lake, Dave Ulrich e Arthur Yeung desenvolveu e testou um modelo de competências em RH baseado em análise cuidadosa da literatura. Em seguida, submeteu-o a testes de campo, cobrindo uma ampla variedade de setores, funções de RH e regiões geográficas. A primeira coleta de dados, realizada em 1988, incluiu quase 11 mil indivíduos de 91 empresas. A equipe chegou à conclusão de que as competências de RH eram classificáveis em três áreas distintas: conhecimento do negócio, fornecimento de práticas de RH e capacidade de gerenciar/liderar a mudança. Curiosamente, os resultados àquela altura indicavam que, das três áreas, a capacidade de gerenciar/liderar a mudança era a mais importante na antecipação da eficácia dos profissionais de RH. Já em 1993, numa coleta que envolveu mais de 5 mil participantes, os resultados salientaram o aumento drástico do tempo que os profissionais de recursos humanos dedicavam a assuntos estratégicos e uma diminuição relativa no tempo dispensado às questões mais operacionais.

Visão mais ampla do negócio

Não só ter a percepção da importância do capital humano para a consecução da atividade produtiva, mas também do composto capital, tecnologia, mercado, processos e demais atividades interligadas.

Maior conhecimento do todo organizacional

Repete-se aqui a necessidade de esses profissionais terem uma visão sistêmica que transcenda à área de recursos humanos. A meta consiste em agregar valor por meio de um ser humano integral. Integral aqui é o conjunto de habilidades que proporcionam conhecimento aprofundado de sua função interna + capacidade de diálogo intra-áreas, capacidade de relacionamento interpessoal (comunicação, *feedback*, negociação, visão do todo, etc.).

> **Desafio 2:** Como o líder pode desempenhar seu papel de forma mais eficaz? Como montar uma fábrica de líderes? Como liderar quem não é subordinado? Como liderar celebridades?

Questões relevantes

O líder é o responsável número 1 pela cultura organizacional

Essa foi uma questão unânime. Os presidentes participantes tomaram para si a responsabilidade pela construção e sedimentação da cultura organizacional ao longo do tempo. Cabe aos presidentes serem os grandes arquitetos na construção da cultura desejada, ainda que, em princípio, não devam ser seus únicos artífices. É bem possível que, repercutindo procedimentos históricos das empresas de contorno familiar, característica ainda muito forte nas empresas brasileiras, estivessem avocando somente para si essa responsabilidade. Esse procedimento hipotético remonta ao autoritarismo familiar do "chefe" (pai/avô/*capo*) e da própria estrutura piramidal chinesa. Quem está no topo manda e quem está abaixo obedece. Muitas empresas, apesar de seu grande porte, ainda mantêm traços da cultura familiar fundadora da empresa. Este tem sido um dos grandes entraves às fusões de empresas com culturas diferentes.

Princípios e valores norteiam todas as ações da empresa

Nenhuma empresa é capaz de sobreviver sem um conjunto de regras e comportamentos éticos aplicáveis tanto a seus relacionamentos internos quanto externos. O objetivo, no primeiro caso, é buscar o comprometimento das pessoas por meio da transparência, de limites claros entre o que se pode e o que não se pode fazer e, principalmente, dos exemplos emanados da liderança da empresa. No segundo, é conquistar e manter clientes e parceiros, não apenas procurando prosperar nos negócios, mas também contribuindo para a construção de uma sociedade mais justa e igualitária.

Missão construída em conjunto

Considerando que a missão de uma empresa é o veículo pelo qual ela viabiliza seu negócio, poderíamos acreditar na geração de um comprometimento do capital humano que não envolvesse a contribuição de todos?

Sem dúvida, esse é um grande desafio para a liderança moderna. Como envolver em tal processo um elevado número de colaboradores dotados de um mínimo de maturidade?

Sob tal aspecto, a estratégia de envolvimento desse contingente humano deve ser considerada o segundo passo a tomar, pois o primeiro estará reservado ao exercício de uma das mais valorizadas habilidades contemporâneas da liderança, que é seu papel de *coaching*/educador. Preparar as pessoas para que possam participar efetivamente do processo de construir a missão, mediante conhecimentos específicos e habilidades relacionadas ao comportamento humano.

Visão disseminada em todos os níveis

Nada pode ser mais frustrante na execução de um trabalho, seja ele intelectual ou operacional, do que as pessoas que o exercem não saberem, não conhecerem, nunca serem informadas do sentido e da importância de seu esforço. Os grandes líderes mundiais não só possuem visão de futuro, mas a disseminam entre seus liderados, como forma de valorizá-los, de conferir-lhes importância e significado como parceiros imprescindíveis para construí-la.

Comunicação para todos (à exaustão)

Dois aspectos valorizam a questão da comunicação. Primeiro: ela eleva a autoestima das pessoas, pois, ao serem comunicadas por seus líderes sobre o que quer que seja, elas se sentem valorizadas e dignas de sua confiança. Tem-se, nesse caso, a devida democratização da informação. Segundo: não havendo um processo maciço de comunicação clara e transparente, mas antes um discurso feito de manipulação ou segundas intenções, como esperar que as pessoas realizem seu trabalho com competência? Como fazer certo da primeira vez, sem retrabalho e desperdício? Se você não souber se comunicar, pouco importa que tenha algo significativo a dizer. Tão importante quanto a informação é seu processo de comunicação. Todos precisam entender a mesma coisa; não pode haver espaço para interpretações distintas ou dúvidas.

Proporcionar oportunidades e desafios

Como vimos no capítulo referente à motivação, os desafios relacionados à autorrealização estão em alta em todos os níveis organizacionais. Por paradoxal que possa parecer, a necessidade de segurança – ou seja, a insegurança – anda de mãos dadas com a necessidade de desafios. Juntas, elas processam no inconsciente das pessoas a seguinte informação: sem agregar valor por meio dos riscos inerentes aos desafios da criatividade e da inovação, não há mais como crescer ou mesmo permanecer vivo nas atividades profissionais.

Formação

Estamos falando aqui da adequação de conhecimentos e habilidades aos desafios exigidos pelo cargo ou função desempenhada.

No passado recente, inovar e criar eram atitudes antagônicas à segurança, pois algo que saísse errado ensejava algum tipo de punição. Desafios e oportunidades de crescer, quando associados, formam uma dupla de sucesso: enquanto um representa adrenalina e risco, o outro implica recompensa à coragem – e dessa relação resulta o binômio motivacional necessidade *versus* estímulo.

As lideranças concordam que o conhecimento técnico formal é fundamental para o desempenho de atribuições cada vez mais complexas. Concordam também que o caráter formativo das pessoas perde muito de sua consistência se não está atrelado a processos de desenvolvimento contínuo e planejado. De fato, o conhecimento tem reduzido velozmente seu curto ciclo de vida. Estimam algumas universidades norte-americanas que, nos campos mais técnicos e relacionados com tecnologia de ponta, esse conhecimento se renova quase totalmente a cada dois anos. Como no exemplo do pau-de-sebo das festas de São João, basta pararmos um pouco para descansar do esforço da subida que logo escorregamos para baixo.

Algumas empresas, no momento de analisar o currículo profissional dos candidatos às suas vagas, atem-se única e exclusivamente a processos de formação e atualização realizados num período que abrange, no máximo, dois ou três anos.

Nos últimos tempos, a grande lacuna verificada entre o ensino universitário nas áreas de administração e correlatas e a real necessidade das organizações vem se aprofundando cada vez mais. Uma das causas mais conhecidas desse problema cuja solução não tem mobilizado grandes esforços é que o desenvolvimento dos currículos de grduação e de pós-graduação acha-se fundamentado na visão e nas abordagens de docentes com muita titulação e pouca vivência. Diante desse fato, cabe a pergunta: quem será que agrega maior valor para o enfrentamento dos complexos desafios do mundo competitivo moderno atual? Doutores e mestres que completaram sua formação há cinco, 10, 15 ou 20 anos, se não mais, ou quem, além de uma formação acadêmica de qualidade, lida diariamente com a problemática organizacional? Uma resposta parcial e distorcida das organizações clientes desses profissionais formados academicamente se deu à força de outro desvio estratégico (visão), com a criação das chamadas "universidades corporativas", cuja intenção era não apenas complementar os estudos universitários de seus profissionais, como também, e principalmente, substituí-los.

Hoje, visando a recuperar o tempo perdido e criar aderência à necessidade de atualização contínua, surge a figura do *coach*, cuja função é primordial para a liderança. A proliferação de MBAs com propósitos mercantilistas tem corroborado essa disfunção entre a abordagem acadêmica e aquela de fato necessária para o enfrentamento da atual problemática organizacional. O *coach* prepara e desenvolve as pessoas tendo como plataforma a realidade do dia a dia organizacional. Os MBAs têm uma estrutura ainda muito teórica, conceitual e difusa. Fazem parte do grande negócio de ganhar dinheiro com o ensino. A maioria desses programas voltados à gestão empresarial não agregam absolutamente nada.

Reconhecimento dos heróis

Os líderes entendem que deve haver o reconhecimento daqueles que se superam, mesmo nos momentos de maior dificuldade, que se arriscam no campo da criatividade e da inovação, que não se satisfazem com o *status quo*, que propõem e implantam as mudanças necessárias de forma participativa e corajosa, que se antecipam aos concorrentes e não se importam com as críticas feitas por serem pioneiros num mundo de rotinas aparentemente mais seguras – enfim, que realmente se destacam e fazem a diferença num universo de pessoas iguais, repetitivas e não raro acomodadas a seu *modus operandi*. A esse propósito, lembro-me de quando, muitos anos atrás, recebi da empresa em que recém havia ingressado o famoso ensaio "Uma mensagem a Garcia", escrito por Elbert Hubbard, filósofo americano. Esse material me foi entregue solenemente, como texto representativo da política de desafios da empresa. Aquela famosa carta, que continha uma missão específica, difícil e complexa, foi levada a bom termo sem perguntas e sem contestação. Acredito que seu texto deveria fazer parte do código de valores de todas as organizações, como exemplo a seus integrantes, contratados para vencer desafios e alcançar objetivos.

Avaliação periódica com critérios claros e conhecidos

O objetivo aqui é reconhecer os competentes e distintos heróis mediante estímulos claros, transparentes e consistentes. Construir uma abordagem técnica, validada pelo conjunto de avaliadores e avaliados, que procure examinar e premiar os méritos internos, num processo justo e por todos conhecido.

Ainda não deparei com um sistema que abrangesse todas essas premissas e que a todos agradasse; pelo contrário, conheço profissionais que, ao se envolver ativamente com tecnologias inovadoras e avançadas para a época (1998), foram avaliados pelos chamados comitês de clientes internos (carreira em Y) e até hoje, mesmo atuando em empresas diferentes, nutrem entre si uma inesgotável lista de desconfortos por causa do processo. Em alguns casos, chegaram a desenvolver uma inimizade profunda e sem chances de reconciliação entre avaliados e avaliadores.

Os líderes sabem que toda avaliação mexe com um patrimônio pessoal e profissional valioso: a nossa autoestima. Toda crítica inspirada por um estado emocional, mesmo quando ofensiva, é muito mais fácil de contornar do que aquela feita de forma racional, embasada em processos reflexivos formais. Assim como a avaliação dos resultados das ações de T&D no campo comportamental transformou-se num dos maiores desafios dos profissionais de recursos humanos, também a avaliação do desempenho tem-se mostrado um grande desafio, ainda não superado.

Discurso coerente com a prática

Depois de mais de 20 anos de estudos, leituras e seminários de liderança Brasil afora, consolidou-se em minha mente a ideia de que um dos piores erros que a liderança pode cometer – e por ele pagar um preço muito alto incluindo a perda da própria liderança – está na incoerência entre o discurso e a prática. Um dos principais alicerces da liderança é a confiabilidade conquistada pelo líder junto a seus liderados. Como poderá ele preservar esse fantástico poder se tem seu comportamento baseado na incoerência? Nesse caso, ele poderá continuar como chefe, mas não mais como líder, e o comprometimento dará lugar à obediência. Para piorar as coisas, os liderados de ontem, agora subordinados e obedientes, estarão torcendo para que as incoerências de seu chefe o levem à ruína.

Conquistar e manter a confiabilidade dos liderados faz parte de uma ação contínua, que deve se estender por toda a vida do líder.

Melhores práticas

Promover a visão envolvendo todos no planejamento

No ano de 1997, vivenciei e coordenei o processo de planejamento estratégico de um banco estatal. Dos 6 mil empregados da instituição, participaram dos trabalhos cerca de mil pessoas. Na época, um envolvimento de tal magnitude parecia algo absurdo. Claro que as coisas levaram um pouco mais de tempo para funcionar, mas acabaram gerando uma motivação e um comprometimento jamais vistos nessa instituição financeira.

Também já participei de planos estratégicos que envolveram tão-somente a cúpula da organização e se transformaram em documentos esquecidos nas diversas gavetas dos que eram responsáveis por sua execução mas não haviam participado do processo.

Uma visão só se torna realidade se for construída de forma compartilhada e abrangente. Essa foi uma das práticas mais recomendadas pelos líderes envolvidos neste trabalho.

Levar as questões, e não as soluções, gerando maior participação

Os níveis estratégicos das organizações sempre foram vistos como os únicos depositários das soluções corretas. Os próprios executivos apreciavam esse exercício tácito do poder, já que lhes garantia a condição de insubstituíveis.

Ocorre que a partir desse comportamento, muito próprio das organizações estruturadas de forma fragmenda, criou-se uma elevada dose de paternalismo, de um lado, e submissão e conforto, de outro. Os executivos (pais) decidiam, e os subordinados (filhos) obedeciam, sem precisar assumir qualquer responsabilidade pelas decisões tomadas. Era comum ouvir diálogos como este: "Acho que isso está errado, mas *eles* decidiram assim. Vamos obedecer".

O líder sabe muito bem que os talentos internos, os que realmente fazem a diferença, contam com um motivador especial, chamado *desafio*. Lembro-me de ter assistido alguns anos atrás a uma palestra de Tom Peters, um dos maiores intelectuais coperativos da nossa era, em que ele narrou a seguinte história:

> ### A importância de criar desafios
>
> Havia já algum tempo que eu desejava entrevistar o todo-poderoso CEO da Sony, Akio Morita. Não tendo conseguido uma entrevista exclusiva por conta da agenda lotada do alto executivo, dei um jeito de arranjar uma poltrona contígua à sua no avião em que ele viajaria de volta de Los Angeles para Tóquio. Se tudo desse certo, aproveitaria as longas horas de voo para entrevistá-lo. Felizmente, tudo saiu como eu queria! Eis uma das perguntas que lhe fiz: "Sr. Morita, com todos os seus afazeres como CEO da Sony, uma das maiores empresas do mundo, quais as suas principais prioridades pessoais no desenvolvimento de suas ações como CEO?" Ao que ele me respondeu, de forma muito tranquila, bem ao estilo japonês: "Como principal executivo da Sony, faço prioritariamente duas coisas: primeiro, visito meus clientes; segundo, crio desafios para meu pessoal. Essas duas atividades, a que me dedico de forma intensa, tomam praticamente todo o tempo que tenho disponível. Creio ser essa a melhor forma que posso contribuir para o sucesso de uma organização que necessita ser, obrigatoriamente, criativa e competitiva para poder sobreviver".

O exemplo de Akio Morita nos diz muito sobre a importância de o líder "criar desafios" que permitam a seus verdadeiros talentos buscar soluções criativas e inovadores, sentindo-se partícipes do desenvolvimento da organização.

Princípios, valores e políticas

Os princípios, valores e políticas devem sair do mural, do aço escovado, da placa de mármore para o coração das pessoas. Qual a empresa que não se orgulha de ter conseguido estabelecer esse caminho, muitas vezes difícil, e de poder observá-lo todos os dias, adornando a entrada principal de seu prédio? Contudo, é preciso saber quantos e com que intensidade esses propósitos (princípios, valores e políticas) são realmente observados e cumpridos? Até que ponto estão internalizados e são aceitos pelo conjunto da organização?

Recordo-me do que disse um bem-sucedido empresário em uma reunião interna com seus principais executivos: "Quero a implantação imediata na empresa de um programa de qualidade da série ISO 9000". Perguntou-lhe então um gerente atento: "Mas, presidente, nossa empresa não exporta nem fornece componentes para parceiros exportadores. Por que a ISO 9000?" Ao que respondeu o presidente: "Não quero mais participar dos almoços de empresários da associação industrial e ter de dizer que ainda não estou certificado pelo programa. Será que nossos princípios, valores e políticas não são apenas um modismo para não ficarmos fora do contexto também?"

Princípios e valores fornecem a base; as políticas, o direcionamento. Se bem elaboradas e internalizadas, constituem-se em fator fundamental para o sucesso da organização.

Programa de trainees/*universidade corporativa*

A meta aqui é implantar e intensificar o programa com jovens e potenciais talentos para seu aproveitamento futuro. Ademais, complementar a formação profissional em todos os aspectos – incluindo-se, nos processos de atualização, os profissionais mais antigos (aqueles que não fazem parte do grupo de *trainees*, já integrando os recursos humanos efetivos da organização). Para cumprir esse objetivo, as empresas devem organizar, internamente, *universidades corporativas*, com os seguintes e principais propósitos:

1. Complementar a educação formal, mediante processos de ensino continuado.

2. Atualizar os talentos conforme as necessidades específicas da organização, tendo em vista uma maior agregação de valor tanto por parte dos indivíduos quanto das equipes.

3. Implantação, adaptação permanente e divulgação da cultura organizacional.

Clima organizacional: melhor lugar para trabalhar

Conscientes de que grande parte do tempo das pessoas é dedicado aos esforços direcionados ao sucesso da empresa, os presidentes concluíram que nada poderia ser mais justo e motivador do que oferecer condições ambientais, relacionais e técnicas que transformem o trabalho em motivo de prazer.

Desafio 3: Como disseminar a cultura da empresa em todos os níveis a partir do presidente?

Tendência ao monopólio do conhecimento

Ainda não está suficientemente inculcado na mente das pessoas que o conhecimento, nos dias de hoje, deve ser tratado como *moeda de troca* – não no sentido mercantilista do termo, mas de uma permuta que gere benefícios comuns.

Compartilhar e não monopolizar o conhecimento é, no mínimo, uma questão de inteligência. Como já salientamos, o aprendizado se esvai a uma velocidade galopante, e nenhum programa formal de desenvolvimento ou treinamento irá proporcionar um remédio eficaz para tal situação. O único caminho é a troca permanente do conhecimento em todos os níveis organizacionais e nas diversas especializações. Esse fórum de trocas acha-se permanentemente organizado nas empresas que atuam de forma sistêmica e matricial. Nele, posições hierárquicas e pessoas com os mais diversos níveis de aprendizado e maturidade trocam percepções o tempo todo. Compete aos líderes transformar essas atividades de convivência profissional também em processos de aprendizado comum.

Dificuldades para o alinhamento cultural

Partindo do pressuposto válido de que cada pessoa, ao longo de sua vida, desenvolveu um conjunto de valores e princípios induzidos por fatores como família, fé, sociedade, amigos e pelas próprias vivências profissionais, alinhá-los aos valores da organização nem sempre é tão fácil quanto se pode imaginar. Apesar de todos os esforços feitos no sentido de divulgar a cultura organizacional, percebemos que não há uma avaliação sobre o nível de entendimento existente entre as mais diversas personalidades que compõem o contingente humano interno das organizações. Como afirmaram os próprios participantes, a cultura da empresa tem de estar sempre sob a guarda do primeiro homem da organização. É algo que não pode ser delegado.

Falta de clareza sobre qual é a cultura

A par da preocupação com as dificuldades de alinhamento cultural, os presidentes suscitaram uma questão que reconhecem como de sua responsabilidade: a falta de clareza quanto à cultura organizacional. Como alinhar uma cultura que não é clara nem mesmo para os maiores líderes da organização? Ao que parece, o problema da cultura organizacional ainda é um tabu a ser desvendado e melhor compreendido, tanto pelos líderes maiores quanto pelos demais membros da organização.

Distanciamento provocado pela hierarquia pouco compartilhada ou rígida

Mesmo com as estruturas matriciais e sistêmicas em pleno desenvolvimento, parece que, em algumas empresas, a hierarquia formal e fragmentada mostra uma sobrevida extraordinária. Apesar de ela ter surgido há mais de 2 mil anos, na China, o jogo do poder que a caracteriza – expresso no domínio da circunstância, nas reluzentes divisas do posto ocupado – permanece seduzindo o ser humano. Como diz Maquiavel em *O príncipe* (2006): "Bom seria ser temido e amado ao mesmo tempo, mas como isso é impossível, antes temido do que amado, pois entre os dois sentimentos, amor e medo, o medo é o mais permanente".

Problemas de comunicação

Como os presidentes podem se fazer compreender? Mesmo com os modernos sistemas de comunicação, parece que ainda existem dificuldades no processo de transmissão e consequente compreensão da visão estratégica. A dúvida que permanece, e que tem origem no passado recente, é saber até que ponto os líderes/chefes intermediários manipulam, fracionam ou escondem as informações. Pelo jeito, eles não se dão conta de que qualquer pessoa que tenha a informação não pode fugir à sua responsabilidade.

Como superar esses obstáculos

1. Criar formas eficazes de comunicação a fim de que as pessoas possam saber exatamente como se beneficiarão incorporando os valores apregoados.

2. Alinhar o discurso e a prática da direção, sobretudo pelo exemplo.

3. Identificar e envolver os formadores de opinião e líderes para que contribuam na disseminação dos valores organizacionais.

4. Propor desafios.

5. Simplificar e democratizar a comunicação. Estimular contatos pessoais que atravessem e transcendam aos níveis hierárquicos.

6. Alinhar o processo de compensação ao sistema de valores da empresa.

7. Criar sistemas de comunicação direta *top-down*, sem intermediários.

Desafio 4: Como maximizar a gestão de pessoas em toda a cadeia de valor?

Como trabalhar a diversidade, o tamanho e o tempo da rede, priorizando escolhas

Essa preocupação dos participantes encontra acolhida e significado na ausência de políticas definidas e transparentes de recursos humanos. Uma vez mais, ressalta-se a possível falta de coerência na gestão de recursos humanos quando nas mãos dos gestores das filiais, unidades ou segmentos mais afastados na matriz. Políticas de *marketing*, financeiras, de mercado, lucratividade e outras consideradas prioritárias marcam presença em praticamente todas as organizações; já as de recursos humanos infelizmente são raras e distantes da realidade.

Falta de proatividade/autogestão

Quanto a essa questão, vejo-me obrigado a citar uma vez mais uma brilhante frase do maior guru da administração, Tom Peters: "Feliz a organização que tiver, como estrutura organizacional, líderes liderando líderes". O próprio poder formal, caracterizado pela hierarquização das estruturas de poder, impediu essa proatividade em autogestão. Hoje, no entanto, ela é um dos poucos caminhos para a produtividade e a criatividade. O desenvolvimento de equipes matriciais internas dotadas de alta maturidade proporcionará as condições ideais para que as empresas implantem processos eficazes de autogestão.

Realidade cultural/educação/customização

Já tendo comentado a questão da cultura e da educação nos quesitos anteriores, os presidentes levantaram o problema da customização. A cultura organizacional e o conhecimento do conjunto do capital humano proporcionado pela educação também devem evoluir. Customizar a cultura e a necessidade de promover uma educação condizente com as necessidades mutáveis da organização é considerado um desafio dos mais importantes e difíceis para a liderança. O aspecto cultural é ainda mais relevante, pois pode dar a entender às pessoas que não há convicção sobre uma cultura por parte da liderança.

Dificuldade de identificar talentos

A verdade é que, ao longo do tempo, sempre se pensou que pessoas talentosas usufruiriam desse conceito de forma permanente, em qualquer situação.

No mínimo, três cenários contribuem para a identificação dos talentos:

1. Leitura e decodificação da ambiência.

2. Necessidades específicas da empresa.

3. Conjunto de competências (conhecimentos, vivências, habilidades, visão e motivação) que o talento deve possuir em função dos itens 1 e 2.

Como superar esses obstáculos

1. Sistematizar a identificação de talentos.

2. Avaliá-los constantemente.

3. Explicitar seu potencial e fidelizá-los.

4. Descentralizar as ações para o desenvolvimento de talentos, por intermédio de todos os gestores.

Melhores práticas sugeridas pelos presidentes

1. Conversa mensal do presidente com todos os funcionários.

2. *Box* para recebimento de mensagens de funcionários endereçadas ao presidente.

3. Caminhada diária.

4. "Mão na massa".

5. Teatro sobre atividades de outros departamentos.

Conclusões e recados/alertas aos profissionais de recursos humanos

1. Reposicionar a função de RH na estrutura organizacional.

    Essa conclusão, explicitada na Figura 11.2, foi a primeira a que chegaram os presidentes participantes do debate, ao menos no discurso comum. Afinal, na visão dos líderes, as pessoas constituem o recurso mais importante para o sucesso ou insucesso das organizações.

```
                    ┌─────────────┐
                    │  Presidente │
                    └──────┬──────┘
                           │         ┌──────────┐
                           │         │ Recursos │
                           │         │ Humanos  │
                    ┌──────┴──────┐  └──────────┘
                    │   Diretor   │
                    │  executivo  │
                    └──────┬──────┘
```

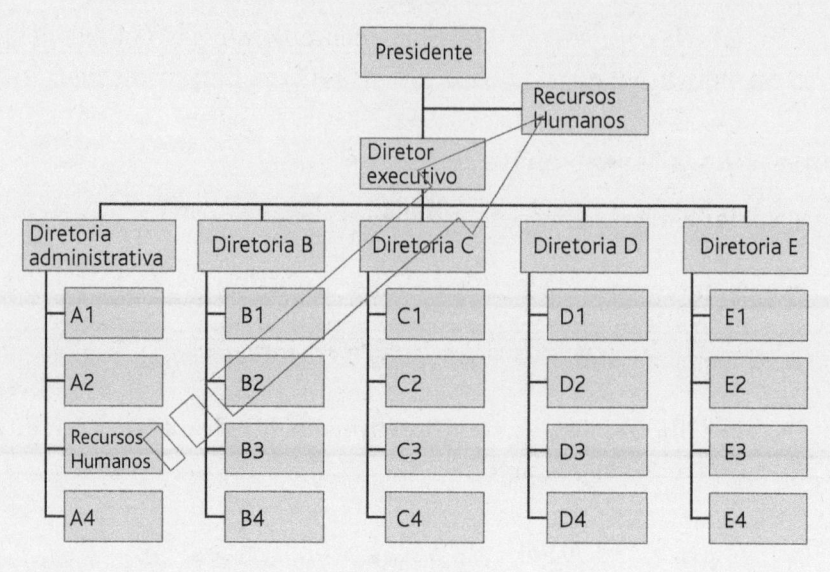

Figura 11.2 Posicionamento estratégico de RH.

Eis outras recomendações avalizadas pelos presidentes participantes quanto às novas posturas e atitudes esperadas dos líderes responsáveis pelo fator humano:

2. Ampliar o envolvimento com as atividades estratégicas.

    Historicamente, o lento e gradual avanço da visão dos recursos humanos como seção de pessoal até a posição em que se vislumbra hoje cristalizou nos clientes internos um pensamento distorcido quanto a essa função, caracterizada meramente como uma prestadora de serviços internos. Por motivo de acomodação e baixa autoestima, na maioria das vezes o estereótipo era aceito sem contestação por seus membros.

3. Reduzir o exercício interno de processos focados no poder formal (chefia) e priorizar comportamentos centrados no poder pessoal (liderança).

O fulgurante passado das funções de produção, *marketing* e finanças ofuscou o limitado brilho da gestão de recursos humanos, até porque os executivos dessas outras funções se consideravam *experts* no assunto *recursos humanos*. Engenheiros de produção dominavam produção e entendiam de recursos humanos, especialistas em *marketing* entendiam de mercado e também de pessoas, economistas compreendiam perfeitamente as complexas equações financeiras e de gente, mas os especialistas em gente, na visão desses executivos, só entendiam de contratações e demissões.

Por conta dessa ampla e quase unânime cultura organizacional, restava aos gestores de RH imitar os procedimentos adotados nas funções mais reluzentes da empresa: manda quem pode e obedece quem pretende continuar no cargo. Mas o recado dos presidentes é bastante claro: queremos líderes, e não mais gestores de recursos humanos.

4. Promover maior agilidade no processo decisório.

É claro que a reação consciente ou mesmo inconsciente dos profissionais de recursos humanos consistia em procrastinar ao máximo a solução das demandas dos clientes internos. Tudo era difícil, levado na base do "bem, depende", do "vamos ver". Consolidava-se, assim, uma forma distorcida de relacionamento e jogo de poder.

Hoje, contudo, a pior das decisões é não decidir. Assumir riscos, propor mudanças, mostrar comprometimento e tomar posições claras e transparentes com relação aos conflitos internos são qualidades de liderança que os profissionais da área devem, obrigatoriamente, assumir com a coragem que se espera. Ou eles caminham nesse sentido, ou correm sério perigo.

5. Aumentar o relacionamento com os clientes, diminuindo as atividades de gabinete.

Como num guichê de banco, grande era a parcela dos profissionais de recursos humanos que se limitavam a esperar a chegada das demandas internas. "Só fazemos o que nos pedem ou determinam." Mesmo nas muitas vezes em que se desconhecia a razão da demanda encaminhada, a cultura era a de atendê-la exatamente conforme pedido. Com efeito, o melhor gestor de recursos humanos era o que obedecia sem questionar.

O recado dos presidentes parece claro e contundente: "Vá visitar seus clientes internos e estabeleça com eles estratégias válidas para a gestão de excelência desses recursos fundamentais à existência da organização que são as pessoas e os assuntos a elas pertinentes".

6. Desenvolver a capacidade de comunicação (ouvir).

O que se salienta neste tópico é que escutar é muito diferente de ouvir. Os profissionais de RH sempre foram muito atentos às demandas dos clientes internos, mas raramente ouviam suas reais necessidades.

Confusão entre causa e efeito, mensagens não exteriorizadas, manipulações, fuga da responsabilidade e outras distorções perceptivas não eram devidamente diagnosticadas e questionadas para o legítimo exercício de uma relação de ajuda consciente e participativa. Na maioria das vezes, a demanda já vinha com a receita: "Estou com um problema de motivação em minha equipe. Organize uma palestra de motivação". E com a resposta: "Com certeza, mais alguma coisa?".

7. Equilibrar mais os relacionamentos (racionalidade e emoção).

Lidar com pessoas envolve sentimentos distintos e muitas vezes conflitantes. Os profissionais de recursos humanos adotavam invariavelmente uma postura paternalista – ora protetora, ora punitiva. Simpatias e antipatias imiscuíam-se mesmo nos momentos que deveriam ser de pura racionalidade. O dr. Joseph Juran, pioneiro da qualidade total no Japão, juntamente com seu admirável colega, o prof. W. Edwards

Deming, falava de forma contundente sobre um problema muito comum aos gestores de recursos humanos. Dizia ele:

As pessoas nas organizações utilizam a dialética equivocada na justificativa de suas visões e projetos. Elas se esquecem de que a linguagem para cima (nível estratégico) deve ser sempre a linguagem do dinheiro (custos, retorno/investimento, lucratividade, relação custo-benefício), ao passo que a linguagem para baixo (nível operacional) deve ser sempre a linguagem das coisas (metro, tonelada, batelada, peças, homem/hora).

De fato, uma linguagem equivocada levará à incompreensão dos propósitos visados e acarretará, como consequência óbvia, resistências ao que se pretende alcançar. Em minha percepção pessoal e, neste caso, dos presidentes, a linguagem desses profissionais, na maioria das vezes, não condiz com essa regra. Ademais, eles carecem de uma boa formação econômica, financeira, mercadológica e processual que os ajude a agir de maneira mais racional, equilibrando a balança entre o sensitivo e o lógico.

8. Melhorar a visão sistêmica em detrimento dos pequenos detalhes.

Com a reengenharia organizacional e a consequente valorização das organizações sistêmicas, a função dos recursos humanos ficou emaranhada numa teia difícil de romper. Toda uma cultura voltada para o fragmentário, para o pontual e para as demandas localizadas é desafiada a uma grande mudança: enxergar o todo sem perder o referencial histórico. É chegada a hora das políticas e das estratégias de recursos humanos. O restante foi entregue, como custo fixo que representava, a parceiros confiáveis e competentes, com a vantagem de serem custos variáveis. O recado dos presidentes é claro: "Queremos estrategistas, e não mais operadores de folha de pagamento".

9. Reduzir a resistência às mudanças com mais criatividade e risco.

A princípio, pode parecer que o pensamento e as visões expressos tanto pelos presidentes quanto por mim constituem uma crítica demasiado contundente aos profissionais de recursos humanos. Mas não é bem assim, e os leitores que exercem ou já exerceram essa atividade, salvo raríssimas exceções, sabem do que estamos falando.

A percepção desses presidentes como líderes maiores de suas empresas, tendo atuado por mais de 20 anos como gerentes e diretores de recursos humanos, é a de que os gestores de RH eram invariavelmente as pessoas mais resistentes aos processos de mudança. O motivo? Talvez por ter sido essa a área mais atingida pelos processos de reengenharia e terceirização de suas empresas. Mas mesmo que isso possa em parte ser verdade, o que nos parece ser a causa mais forte de tal resistência é a eterna dificuldade do setor de RH em dialogar tecnicamente com as demais áreas [fim e meio] de suas empresas.

Criatividade com risco não será um privilégio a preocupar apenas a função de RH. Esse risco já faz parte, há bastante tempo, das áreas produtivas, de *marketing*, finanças, logística, planejamento, etc.

10. Definir e valorizar mais seu espaço profissional.

Olhar para si mesmo, gostar do que vê e demonstrar a todos os parceiros da organização as razões de sua renovada e elevada autoestima. Lidar com esse bem mais precioso, o maior diferencial da competitividade em nossos dias, deve ser por todos valorizado e apoiado. Focar o estratégico, aquilo que realmente agrega valor, e lutar por seu espaço de influência e liderança, eis o que os presidentes esperam.

Capítulo 12

A Visão dos Liderados

> Enquanto a verdade é a plenitude da alma que pode às vezes transbordar na pura insipidez da linguagem, pois nenhum de nós pode jamais expressar a exata medida de suas necessidades ou de seus pensamentos ou de suas tristezas, e a fala humana é como um tambor rachado em que tamborilamos ritmos ásperos para os ursos dançarem, desejaríamos compor uma música que derretesse as estrelas.
>
> — Lamento de Flaubert em *Madame Bovary*

Para conhecer a visão dos liderados sobre liderança, nada melhor que expor as conclusões de um grupo significativo deles. Tive a oportunidade de conhecê-las e coletá-las em dois grandes eventos, realizados no Rio Grande do Sul, em que a liderança foi um dos temas centrais. Falo da 7ª e 8ª edições do Congresso Internacional do Programa Gaúcho da Qualidade e Produtividade, realizadas na sede da Federação das Indústrias do Estado do Rio Grande do Sul, nos anos de 2006 e 2007. O PGQP conta com aproximadamente 8 mil empresas associadas. Desses dois seminários participaram 2 mil empresas representativas de todos os setores produtivos, comerciais, de serviços e do terceiro setor.

Neste capítulo são apresentados os pontos mais interessantes sobre o tema liderança de competências, debatido em grupos e no plenário, durante os dois eventos. Trata-se de reflexões dotadas de pleno sentido e com inegável fundamentação prática e acadêmica.

Conceitos/reflexões consolidados no 7º Congresso de Qualidade e Produtividade

1. Competência é a resultante de um conjunto harmônico dos seguintes fatores: conhecimento e habilidades situacionais e decodificação clara das demandas ambientais – os quais, por sua vez, resultam em desempenhos diferenciados, exercidos de acordo com os parâmetros balizadores estabelecidos pelos valores organizacionais.

2. O líder eficaz é aquele que exerce suas habilidades técnicas e comportamentais em equilíbrio.

3. O sistema de competências migra do tradicional (conhecimento + experiências) para o integrado (conhecimento + experiências + habilidades + visão + motivação/comprometimento com ética).

4. A liderança competente é aquela que age de acordo com o diagnóstico da maturidade dos liderados *versus* os estilos de liderança mais adequados.

5. A visão é a competência número um do líder. Deve estar alinhada aos valores construídos e validados pela sociedade foco da liderança (família, empresa, sociedade civil, governo).

6. A visão humana é distorcida por seus valores e paradigmas.

7. As pessoas agem conforme pensam.

8. Somente uma dialética adequada levará à construção de uma visão comum.

9. Compartilhar a visão é um ato de compreensão mútua e humildade.

10. A sobrevivência de nações, empresas e pessoas estará diretamente ligada à capacidade de compartilhamento da prosperidade, construção de parcerias e envolvimento sistêmico.

11. A única equipe que sobrou após a reengenharia organizacional foi a empresa como um todo. A empresa é uma equipe única, em que o pior desempenho setorial ou mesmo pessoal define seu conceito de excelência.

12. Estruturas fragmentadas requerem chefes e estão em extinção; estruturas sistêmicas exigem líderes e se encontram em franca ascensão.

13. O ambiente é o que define as habilidades necessárias, o conhecimento apropriado e, em essência, o próprio líder.

14. Os novos cenários para o exercício da liderança são constituídos de competição mundial, concorrência organizacional e pessoal, mudanças e relacionamentos.

15. O poder formal busca a obediência; a liderança, o comprometimento. O primeiro é exercido de cima para baixo; a segunda, de baixo para cima.

16. Necessidades organizacionais e pessoais devem fazer parte da mesma visão.

17. O principal papel do líder nos níveis de maturidade baixa/média é o de condutor/educador.

18. O líder deve se deixar influenciar por pessoas de maturidade alta.

19. O líder deve ser o construtor primeiro de novas lideranças.

20. Líderes liderando líderes deve ser a visão do cenário maior para a competitividade.

21. Resultados diferenciados são a resultante do maior nível de comprometimento obtido pelo líder.

22. O líder nato ficou no passado.

23. O conhecimento técnico integrado às habilidades de relacionamento humano em determinadas situações define o nível de maturidade do grupo.

24. Se a maturidade muda, o estilo de liderança também deve mudar.

25. A organização deve ter, obrigatoriamente, um orçamento específico para garimpo, seleção, desenvolvimento e manutenção de líderes.

26. O líder deve construir pontes entre as expectativas dos clientes, dos liderados e dos acionistas.

27. Os valores pessoais devem balizar o comportamento dos líderes em termos éticos.

28. Sem valores claros praticados por todos, prevalecerão a intriga, a desconfiança, a manipulação e o jogo do poder.

Conceitos/reflexões consolidados no 8° Congresso Internacional sobre Qualidade e Produtividade

1. Competência quem define é a ambiência, o momento. Sem valores, a competência nada vale.

2. Líder é um desequilibrado atuando em equilíbrio.

3. O sistema de competências mudou. Quem não enxergar isso está morto.

4. É preciso ser um líder diferente a cada situação.

5. Um líder sem visão é como um cego guiando outros cegos. Todos acabarão num buraco. Acima da visão, só os valores.

6. Toda visão humana é falha e distorcida.

7. As pessoas pensam conforme veem e agem conforme pensam.

8. Só uma dialética adequada e um comportamento humilde levarão à construção de uma visão comum.

9. Compartilhar a visão é um ato consciente de compreensão mútua.

10. De toda a estrutura organizacional, só sobrou uma equipe. Essa equipe é a própria empresa.

11. Estruturas fragmentadas são o cenário do chefe. A empresa sistêmica é o cenário do líder.

12. A ambiência é o que define os conhecimentos, as habilidades e o comportamento mais adequado. Aliás, é ela que define o próprio líder.

13. Competição mundial + concorrência organizacional e pessoal por espaços + mudanças e relacionamentos = cenário da liderança contemporânea.

14. O poder formal exige obediência; a liderança busca o comprometimento. O primeiro é exercido de cima para baixo; a segunda, de baixo para cima.

15. As necessidades organizacionais e pessoais devem fazer parte da mesma visão.

16. Não há outro papel mais importante para o líder, nos níveis de maturidade baixa e média, que o de educador. Já em grupos de maturidade alta, ele deve ser o maior aprendiz.

17. O líder deve ser o principal mentor e construtor de novas lideranças.

18. Líderes liderando líderes deve ser a visão do cenário maior para a competitividade.

19. O líder nato ficou no passado.

20. As empresas contemplam um orçamento específico para as despesas de limpeza e ajardinamento. É chegada a hora de ter um orçamento específico para garimpo, seleção, desenvolvimento e manutenção de líderes.

21. O líder deve ser um construtor de pontes entre as expectativas dos clientes, dos liderados e dos acionistas.

22. Por maior a competência que um líder possa ter, os valores é que devem balizar seu comportamento.

É realmente empolgante acreditar que o conjunto da sociedade produtiva está encarando o tema da liderança de uma perspectiva moderna, contextualizada, pragmática e menos filosófica, para uma visão ampla de como gostariam de ser liderados e de como devem exercitá-la. Deixando claro como gostaria de ser liderada e de ver a liderança sendo exercida. A única preocupação é que suas conclusões não fiquem apenas no campo das intenções, mas migrem para o terreno das ações práticas.

O grupo-referência [que participou de ambos os eventos] é uma equipe diferenciada, acostumada e constantemente envolvida com processos de treinamento e desenvolvimento. Sensibilizados até a alma com a questão da qualidade e da produtividade, seus componentes têm profunda visão do mercado e dos clientes, encarando o exercício da liderança como um expediente realmente fundamental para agregar valor por intermédio das pessoas.

Afinal, os participantes dessa equipe são protagonistas de um dos mais legítimos relacionamentos que pode existir entre líderes e liderados, aquele que se estabelece mediante atividades matriciais, cenário maior para a busca dos objetivos do programa. Aa filosofia do programa é a de que os níveis hierárquicos tradicionais não são fundamentais para o seu sucesso, pois ele é integrado por pessoas de níveis de poder de mando diferenciado, conhecimentos diversificados e altamente representativos na sua essência (empresas dos mais diversos setores produtivos). Na atividade matricial o poder da liderança emana de seus "pares" por escolha livre e soberana, independentemente do porte da empresa e outros fatores adjacentes. O líder é escolhido pela sua competência, capacidade de relacionamento, motivação e ética.

Trabalhar e desenvolver-se em conjunto, compartilhando visão e valores com tenacidade e disciplina, eis o objetivo da liderança. Um exemplo extraordinário de compromisso com a visão nos é dado pelo monge budista e filósofo japonês Yamamoto Tsunetomo (2004):

> O Caminho do Samurai é encontrado na morte. Entre ela e qualquer outra coisa, não há dúvida: a escolha deve ser a morte. Todos nós desejamos viver. E, na maioria das vezes, construímos nossa lógica de acordo com o que gostamos. Mas não atingir nosso objetivo e continuar a viver é covardia. Essa é uma linha muito tênue e perigosa. Morrer sem conquistar seu objetivo é uma morte de cachorro, é fanatismo. Se uma pessoa tem o coração preparado todas as manhãs e tardes para viver como se seu corpo já estivesse morto, ela ganha liberdade no Caminho. Toda a sua vida será livre de culpa e ela terá sucesso em seu ofício.

Somos criaturas em busca de significados. Também eles nos conferem a noção de competência: sentimo-nos desamparados e confusos perante eventos fortuitos, aleatórios; buscamos ordená-los e, ao fazê-lo, obtemos sobre eles um senso de controle. Um conjunto de paradigmas arraigado em nossos modelos mentais bloqueia nosso pleno conhecimento de outros modelos e a aceitação do outro. Somos e agimos conforme pensamos. Pensamos e formatamos nossas imagens de acordo com nossos modelos mentais. Só que a visão individual é parcial e não representa a realidade dos diversos significados. Principalmente quando eles são coletivos. Neste momento devemos compartilhar a visão elaborada por outros modelos e que criaram outros significados. Desta convergência teremos uma visão mais nítida e fácil de promover comprometimento.

Aníbal era cego de um olho, mas logrou enxergar o futuro e ficou feliz com o que viu: a libertação da Itália e o fim da tentativa de Roma de reger o mundo. Ele já realizara o que os romanos consideravam impossível: cruzar os Alpes à frente de seus exércitos – que incluíam manadas de elefantes de guerra – e recrutar os ferozes gauleses. Agora ele sabia que estava a ponto de realizar seu sonho. Visão, eis a mais importante e primeira habilidade dos líderes.

Vejamos a descrição de um grande líder, contida na carta enviada pelo presidente da Judeia, Públio Lêntulo, ao imperador Tibério César:

A descrição de um grande líder

Sabendo que desejais conhecer quanto vou narrar-vos, escrevo-vos esta carta. Nestes tempos apareceu na Judeia um homem de virtudes singulares, que se chama Jesus e que pelo povo é chamado de O Grande Profeta. Seus discípulos dizem ser ele o Filho de Deus. Em verdade, ó César, a cada dia, dele se contam raros prodígios: ressuscita os mortos, cura todas as enfermidades e tem assombrado Jerusalém com sua extraordinária doutrina. É de estatura elevada e nobre, e há tanta majestade em seu rosto, que aqueles que o veem são levados a amá-lo ou a temê-lo. Tem os cabelos cor de amêndoa madura, separados ao meio, os quais descem ondulados sobre os ombros, ao estilo dos nazarenos. Tem fronte larga e aspecto sereno. Sua pele é límpida e corada: o nariz e a boca são de admirável simetria. A barba é espessa e tem a mesma cor dos cabelos. Suas mãos são finas e longas e seus braços de uma graça harmoniosa. Seus olhos são plácidos e brilhantes, e o que surpreende é que resplendem no seu rosto como raios de sol, de modo que ninguém pode olhar fixo o seu semblante, pois, quando refulge, faz temer e quando ameniza, faz chorar. É alegre e grave ao mesmo tempo. É sóbrio e comedido em seus discursos. Condenando e repreendendo, é terrível; instruindo e exortando a sua palavra é doce e acariciadora. Ninguém o tem visto rir. Muitos, porém, o têm visto chorar. Anda com os pés descalços e com a cabeça descoberta. Há quem o despreze vendo-o à distância, mas estando em sua presença não há quem não estremeça com profundo respeito. Dizem que este Jesus nunca fez mal a ninguém, mas, ao contrário, aqueles que o conhecem e com ele tem andado afirmam ter dele recebido grandes benefícios e saúde. Afirma-se que um homem como esse nunca foi visto por estas partes. Em verdade, segundo me dizem os hebreus, nunca se viram tão sábios conselhos e tão belas doutrinas. Há, todavia, os que o acusam de ser contra a lei de Vossa Majestade, porquanto afirma que reis e escravos são iguais perante Deus. Vale, da Majestade Vossa, fidelíssimo e obrigadíssimo.

Fonte: Inscrição encontrada pelos monges lazaristas em 1928.

A liderança será tão mais eficaz quanto for verdadeiramente compartilhada em todas as suas fases: visão contemplando os modelos mentais de todos os envolvidos; atuação como verdadeiras equipes matriciais que se complementam em conhecimentos e habilidades; líderes mutáveis que se revezam na liderança em função da complexidade das mudanças e das competências específicas de cada um. Líderes liderando líderes na busca de resultados que contemplem e representem a vontade das diversas parcerias envolvidas (líderes, liderados e organizações).

Capítulo 13

Os Líderes e as Habilidades mais Valorizadas

Nos eventos de que participei foi solicitado aos grupos envolvidos que fossem listadas as cinco principais habilidades de um líder e os cinco principais líderes mundiais, ou mesmo regionais, vivos ou mortos, em qualquer área de atuação humana. As percepções dos participantes e o consenso a que chegaram são listados a seguir, de que constam as 80 habilidades e os 40 líderes mais citados.

Alguns aspectos importantes sobressaíram nas diversas discussões realizadas:

1. A liderança nunca foi, e seguramente nunca será, uma unanimidade.

2. Ídolos são admirados; líderes são seguidos.

3. Nos últimos 10 anos quase nunca houve citação de políticos brasileiros entre os líderes.

4. Há forte tendência das pessoas em se fixar em nomes famosos, sejam eles vultos históricos ou, eventualmente, figuras da mídia nacional.

5. Causa certa perplexidade, até desconforto, em alguns executivos o fato de a grande maioria de líderes citados nos grupos ser formada por estrangeiros, raramente constando personalidade nacionais.

A seguir, são apresentados os 15 líderes mais citados e as 10 habilidades mais importantes referendadas pelos 10 mil participantes:

Líderes *(em ordem alfabética)*

1. Alexandre, O Grande (356-323 a.C.)

   O mais célebre conquistador do mundo antigo. Homem de excelente visão e muitas habilidades, Alexandre tinha apenas 20 anos quando seu pai, Felipe II, foi assassinado. Reputado por sua simpatia e extrema habilidade em ser conciliador e caridoso para com os inimigos derrotados. Em 11 anos de lutas, jamais perdeu uma batalha.

2. César Augusto (63 a.C.–14 d.C.)

   Fundador do Império Romano e um dos personagens centrais da História. Pôs termo às guerras civis que desorganizaram a república romana durante o século I a.C., mantendo a paz e a prosperidade durante dois séculos.

3. Jesus Cristo (8-4 a.C.–29-36 d.C)

   O impacto de Jesus na história da humanidade é tão grande que sempre será lembrado. Jesus formulou os princípios éticos fundamentais do cristianismo, bem como suas principais ideias pertinentes à conduta humana. Dotado de marcante personalidade, impressionava profunda e permanentemente quem o conhecesse. "Todas as vezes que O busquei, Ele me ouviu..." (Salmo 33).

4. Winston Churchill (1874-1965)

   Crítico maior do regime nazista, previu um futuro ataque alemão ao território inglês. Foi eleito primeiro-ministro nove meses após a invasão da Polônia e considerado o grande herói inglês da Segunda Guerra Mundial. Entre 24 e 28 de maio de 1940, decidiu manter a Grã-Bretanha em guerra contra o Terceiro Reich, ganhando tempo para que os alemães cavassem suas próprias sepulturas nas estepes geladas da antiga União Soviética. Emergiu perante seus concidadãos, fossem eles plebeus ou o próprio rei, como o líder certo na hora incerta.

5. Mahatma Gandhi (1869-1948)

   Excepcional líder do movimento em prol de uma Índia independente. Sua técnica de desobediência civil não violenta foi adotada com persistência e acabou surtindo efeito. Será sempre lembrado pela eterna luta que travou em prol da não violência. Tal postura, conforme afirmava, advinha das leituras de Thoreau, Tolstói, do Novo Testamento e de escritos hindus antigos.

6. Mikhail Gorbachev (1931)

   Dirigiu os últimos seis anos do comunismo russo. Reuniu-se diversas vezes com Ronald Reagan e consegui assinar o Tratado de Limitação de Armamentos, o primeiro a reduzir de fato o número de armas nucleares das grandes potências, sendo eliminada uma classe inteira de mísseis nucleares de médio alcance. Sua maior reforma foi a *glasnost* (transparência informativa), a partir da qual a antiga União Soviética passou a contar com maior liberdade de imprensa e eleições com voto secreto.

7. Adolf Hitler (1889-1945)

   Aos 30 anos de idade, filiou-se ao partido nazista (Partido Nacional Socialista dos Trabalhadores) em Munique. Aos 44, nomeado chanceler da Alemanha, instalou imediatamente uma ditadura. Reduziu o desemprego e recuperou a economia do país, conduzindo a Alemanha a conquistas que redundariam na Segunda Guerra Mundial. Dizia ele:

"A ideia da luta é tão antiga quanto a própria vida. A vida só é preservada porque outros seres vivos perecem durante a luta.(...) Essa luta é vencida pelos mais fortes, pelos mais capazes, enquanto os menos capazes, os mais fracos, perdem. A luta é mãe de todas as coisas (...) Não é seguindo os princípios da humanidade que o homem vive ou torna-se capaz de superar o mundo animal, e sim utilizando os meios da luta mais brutal". Foi responsável pela morte de mais de 36 milhões de pessoas. Abalou o mundo com suas ideias de super-raça e a tentativa de extermínio dos judeus.

8. Joana D'Arc (1412-1431)

    Encarregada de uma missão "divina" que salvaria a França do domínio inglês (socorrer Delfim e coroá-lo rei da França), cumpriu-a com grande êxito, tendo liderado os exércitos franceses com apenas 16 anos de idade. Mais tarde, seria traída e queimada viva, já que fora acusada (injustamente) de bruxaria.

9. João Paulo II (1920-2005)

    Carismático, comunicativo e poliglota, sempre voltado para as questões doutrinárias, foi "o papa viajante". A grande erudição e presença marcaram indelevelmente sua passagem como sumo pontífice e líder de mais de dois bilhões de cristãos. Mesmo sofrendo um atentado em 13 de maio de 1981, não arrefeceu em suas visitas pastorais a todos os cantos do mundo, onde o esperavam enormes multidões.

10. John F. Kennedy (1917-1963)

    Presidente dos EUA de 1961 a 1963, ano em que foi assassinado. Tendo apoiado e incentivado a ida do homem à lua, no histórico 11 de julho de 1969 os astronautas da Apolo 11 deixaram suas pegadas em solo lunar. Administrou a crise dos mísseis soviéticos em Cuba com grande determinação e coragem, num tempo de intensa corrida armamentista e nuclear. Após negociações com o então *premier* russo Nikita Kruschev, ambos chegaram a um acordo de não agressão e retirada dos mísseis do solo cubano.

11. Martin Luther King (1929-1968)

    Pastor e ativista político norte-americano, tornou-se um dos maiores líderes da militância pelos direitos civis nos EUA e no mundo, feita por meio de campanhas de não violência. Tornou-se a pessoa mais jovem a receber o Prêmio Nobel da Paz, em 1964. Autor do histórico discurso conhecido popularmente como "Eu Tenho Um Sonho". Nas eleições presidenciais dos EUA de 2008, Barack Obama, primeiro presidente negro eleito pelos americanos, realizou o tão esperado sonho de Luther King.

12. Madre Teresa (1910-1997)

    Regeu toda a sua vida por aquilo que acreditava, pelo amor universal e incondicional que dedicava aos seres humanos e por uma total e desinteressada capacidade de dádiva. Eis algumas frases que resumem toda a sua grandeza: "Não procurem coisas grandes, apenas façam coisas pequenas com grande amor" (carta por ela enviada ao arcebispo Périer, em 1958); "Oh, Ma, venha nos ver outra vez! O seu sorriso trouxe sol a esta casa." (carta a ela endereçada por uma família muito pobre de Calcutá, Índia); "Madre, você foi uma fonte de luz neste mundo de escuridão"(cartaz exposto em seu funeral).

13. Moisés (c. 1500 a.C.)

    Hoje, passados cerca de 32 séculos de sua morte, Moisés é reverenciado por judeus, cristãos e muçulmanos, merecendo também o respeito de muitos agnósticos. Foi o grande líder e profeta do Êxodo, 13 séculos antes de Cristo. Recebedor e depositário dos Dez Mandamentos.

14. Nelson Mandela (1918)

    Principal representante do movimento de oposição ao *apartheid*, foi um guerreiro na luta pela liberdade. Ganhador do Prêmio Lênin da Paz de 1990 e do Prêmio Nobel de 1993 por sua luta pelos direitos humanos. Considerado um dos maiores líderes da história moderna, apesar de ter ficado preso com seus correligionários por mais de 26 anos, sempre defendeu a paz.

15. Napoleão Bonaparte (1769-1821)

    Célebre general e imperador francês, recebeu o comando do exército do país na Itália, onde, entre 1796 e 1797, obteve uma série de vitórias espetaculares, retornando a Paris como herói. Com apenas 30 anos de idade já era o soberano da França, posição que manteria por mais de 14 anos. Promoveu enormes mudanças na administração e no sistema legal francês.

As habilidades mais importantes

1. Comunicar/ouvir (transparência e interesse pela visão dos outros)

2. Motivar (incentivar a busca de resultados)

3. Vislumbrar objetivos comuns (empresa e indivíduos)

4. Atuar como *Coach* (formador de novas lideranças)

5. Conhecer (dominar tecnicamente o assunto e o foco da liderança)

6. Negociar (buscar uma relação "ganha-ganha", com visão de todos os interesses)

7. Ser paciente (no desenvolvimento da maturidade dos liderados)

8. Ter paixão/comprometimento (pelo que faz, a todos contaminando)

9. Ter empatia (compreende a complexidade do ser humano, quer como indivíduo, quer em grupo)

10. Ter segurança (saber o que faz e qual o melhor rumo a seguir. Desenvolver alternativas com facilidade e faz o grupo crescer em maturidade)

Capítulo 13 Os Líderes e as Habilidades mais Valorizadas

A Tabela 13.1, a seguir, apresenta em termos porcentuais a desconfiança dos liderados em relação a seus líderes, conforme pesquisa realizada pelo World Public Opinion em 2008:

Tabela 13.1 19.751 entrevistados em 20 países (o Brasil não foi incluído)

Líderes	País/Instituição	Desconfiança
George W. Bush*	Estados Unidos	67%
Perez Musharraf	Paquistão	54%
Vladimir Putin*	Rússia	49%
Nicolas Sarkozy	França	49%
Hu Jintao	China	43%
Gordon Brown	Grã-Bretanha	43%
Ban Ki-moon	ONU	38%

* Ex-presidentes.

Na Tabela 13.2, adiante, é avaliado (em notas de 1 a 7) o desempenho dos principais chefes de Estado e governo das Américas e da Península Ibérica quanto ao quesito *confiabilidade*, conforme pesquisa realizada pelo instituto chileno Latinobarómetro referente a 2008:

Tabela 13.2

País	Governante	País	Governante
Brasil	Luiz Inácio Lula da Silva (5,9)	Uruguai	Tabaré Vásquez (5)
Espanha	Rei Juan Carlos (5,7)	Bolívia	Evo Morales (4,8)
Espanha	Primeiro-ministro José L. R. Zapatero (5,5)	Argentina	Cristina Kirchner (4,7)
Chile	Michelle Bachelet (5,5)	Peru	Alan Garcia (4,3)
Paraguai	Fernando Lugo (5,5)	Venezuela	Hugo Chávez (4,3)
Colômbia	Álvaro Uribe (5,2)	Cuba	Fidel Castro (4,2)
Equador	Rafael Correa (5)	EUA	George W. Bush (4,2)
México	Felipe Calderón (5)	Nicarágua	Daniel Ortega (4)

A história nos revela uma convergência extraordinária de algumas habilidades comuns ao longo do tempo entre líderes tão diferentes (características pessoais) e que exerceram de forma brilhante a liderança em áreas também diversas (militar, política, empresarial, religiosa, esportiva). São elas: a capacidade de diagnosticar as necessidades e carências humanas em determinado momento, criando, compartilhando e divulgando amplamente aos liderados esta visão comum. Este conjunto harmônico constituiu-se, sem dúvidas no ponto de referência maior do reconhecido sucesso por eles obtido. Nos tempos atuais este processo sistêmico do exercício da liderança com alto comprometimento (diagnosticar necessidades, formatar uma visão de objetivos comuns, compartilhá-la e divulgá-la amplamente entre todos os envolvidos) não é diferente daquele que a história e os líderes citados nos ensinaram.

Capítulo 14

Perfil de Habilidades do Líder Brasileiro

Vamos abordar neste capítulo as principais habilidades inerentes à liderança, apontadas em questionários respondidos por 10 mil gestores participantes em diversos eventos de desenvolvimento de líderes.

Antes, porém, é necessário compreender os critérios conceituais adotados para os seguintes termos:

⇒ ambiência é o conjunto de fatores externos ao líder e que influenciam a sua capacidade de diagnóstico, comportamento aderente e resultados esperados.

⇒ habilidades são todas as competências relacionadas às relações humanas e que influenciam os resultados esperados em determinada situação.

As habilidades foram medidas quanto à sua intensidade, classificadas em baixa, média e alta (Figura 14.1 e Tabela 14.1).

Tabela 14.1 Grau de relevância das diferentes habilidades necessárias ao líder face à ambiência

Habilidades	Intensidade BAIXA 1 – 2 – 3 Pouca significância*	Intensidade MÉDIA 4 – 5 – 6 Relativa significância*	Intensidade ALTA 7 – 8 – 9 Muita significância*
	Descritivo	Descritivo	Descritivo
Planejamento	Baixa necessidade de habilidades de planejamento, visão, organização e atividades correlatas	Média necessidade de habilidades de planejamento, visão, organização e atividades correlatas	Alta necessidade de habilidades de planejamento, visão, organização e atividades correlatas
Controle	Baixa necessidade de habilidades no exercício de controle sobre pessoas e processos	Média necessidade de habilidades no exercício de controle sobre pessoas e processos	Alta necessidade de habilidades no exercício de controle sobre pessoas e processos
Processo Decisório	Baixa necessidade de habilidades nos processos decisórios	Média necessidade de habilidades nos processos decisórios	Alta necessidade de habilidades nos processos decisórios
Prazos e Cronogramas	Baixa necessidade de habilidades visando o cumprimento de prazos	Média necessidade de habilidades visando o cumprimento de prazos	Alta necessidade de habilidades visando o cumprimento de prazos
Criatividade / Inovação	Baixa necessidade de habilidades criativas e inovadoras	Média necessidade de habilidades criativas e inovadoras	Alta necessidade de habilidades criativas i inovadoras
Mobilidade física	Baixa identificação e necessidade de habilidades que exijam grande movimentação física	Média identificação e necessidade de habilidades que exijam grande movimentação física	Alta identificação e necessidade de habilidades que exijam alta movimentação física
Delegação	Baixa necessidade de habilidades de delegação de poder	Média necessidade de habilidades de delegar poder	Alta necessidade de habilidade de delegar poder
Relacionamento	Baixa necessidade de habilidades de relacionamento interpessoal	Média necessidade de habilidades de relacionamento interpessoal	Alta necessidade de habilidades de relacionamento interpessoal
Comunicação / Ouvir	Baixa necessidade de habilidades em comunicação interpessoal	Média capacidade de habilidades em comunicação interpessoal	Alta necessidade de habilidades em comunicação interpessoal
Feedback	Baixa necessidade de habilidades em promover *feedback*	Média necessidade de habilidades em promover *feedback*	Alta necessidade de habilidades em promover *feedback*

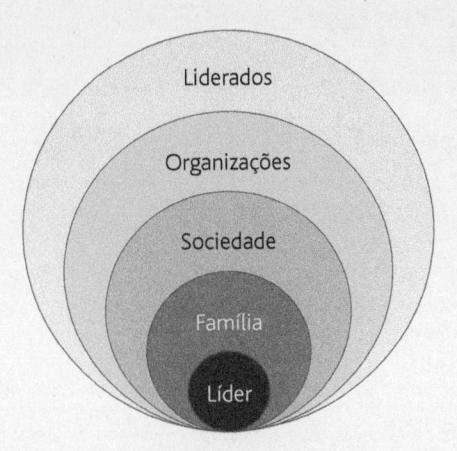

Capítulo 14   Perfil de Habilidades do Líder Brasileiro   149

Figura 14.1   A ambiência sistêmica da liderança.

O conjunto dos fatores ambientais (externos ao líder) demandam um conjunto de habilidades pessoais diferenciadas e com intensidades diferentes. Podemos citar como exemplo a habilidade de comunicação. Numa ambiência aderente ao mercado, vendas, recursos humanos, *coaching* e similares, a intensidade da habilidade de comunicação (competência) deve ser alta, tendo em vista as próprias características demandantes da ambiência específica. Entretanto, a habilidade de comunicação interpessoal deve ter uma intensidade (utilização na sua plenitude) nas ambiências relacionadas à demanda de processos mais sigilosos ou que requeiram altos índices de segurança, tipo: contabilidade, auditoria e controladoria, por exemplo. Outras ambiências, tipo tecnologia da informação, a competência de comunicação pode ter uma intensidade mediana, ou seja, alguns cuidados com a divulgação/comentários sobre os aspectos tecnológicos em si (*know how* da empresa) e a necessidade de internalização dos procedimentos.

Como ilustra a Figura 14.1, a ambiência, fator que afeta diretamente o conjunto de habilidades necessárias a uma liderança eficaz, constitui-se de quatro níveis. O primeiro deles é ocupado pela família, o primeiro "time/equipe" a ser liderado. No nível seguinte aparecem as características, valores e relações mantidas com a sociedade civil (religião, clubes, leis, economia, ONGs). As organizações produtivas em geral, lucrativas

Por sexo
32% / 68%
- Masculino
- Feminino

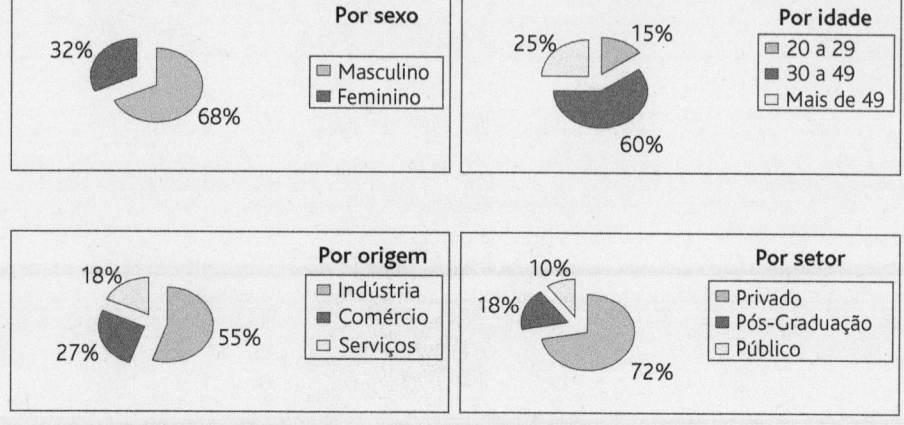

Por idade
25% / 15% / 60%
- 20 a 29
- 30 a 49
- Mais de 49

Por origem
18% / 27% / 55%
- Indústria
- Comércio
- Serviços

Por setor
10% / 18% / 72%
- Privado
- Pós-Graduação
- Público

Fonte: Banco de Talentos & Competências – W&W – Human Technology.

Figura 14.2 Segmentação do público alvo que participou dos testes de habilidades para a liderança.

ou não, constituem o terceiro nível. Por fim, encerrando o ciclo estão os próprios liderados. Dividimos a ambiência nessas quatro camadas apenas para facilitar a visão pretendida, de modo que não há uma ordem direta de importância na disposição proposta, tampouco ambientes isolados. Cada qual possui características próprias, mas todos interagem sistêmica e permanentemente.

Solicitou-se aos participantes que ponderassem um perfil de liderança ampla, compreendendo todas as áreas da gestão, do presidente da empresa ao último nível de supervisão das empresas industriais comerciais e de serviços representadas nos seminários. Para a tabulação dos pontos foi considerada a média aritmética simples, com um desvio-padrão de +1 ou −1 em todas as habilidades. Vejamos uma a uma:

Planejamento: A alta habilidade (7) exigida nesse quesito evidencia que a visão estruturada de futuro é uma responsabilidade da liderança.

Capítulo 14 Perfil de Habilidades do Líder Brasileiro 151

Habilidades	Baixa			Média			Alta		
	1	2	3	4	5	6	7	8	9
Planejamento (A)						○	●	○	
Controle (B)				○	●	○			
Prazos (C)					○	●	○		
Criativ./inovação (D)						○	●	○	
Mobilidade física (E)				○	●	○			
Processo decisório (F)						○	●	○	
Delegação (G)						○	●	○	
Relacionamento (H)							○	●	○
Comunicação (I)							○	●	○
Feedback (J)						○	●	○	

○─○ Limites do perfil genérico definido pelos participantes
● Média 10.000 participantes Desvio-padrão +1-1

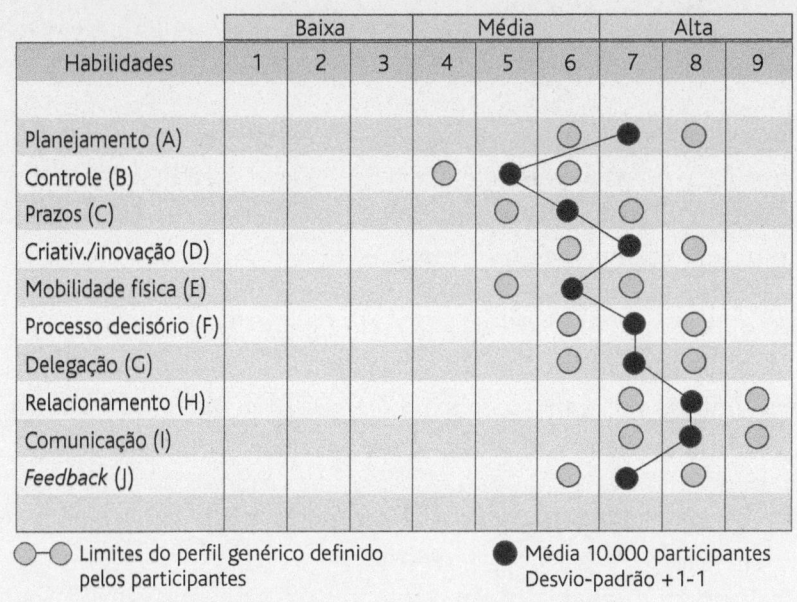

Fonte: Banco de Talentos & Competências – W&W – Human Technology.

Figura 14.3 Perfil desejável genérico e seus limites, na visão dos 10 mil executivos participantes.

Controle: Nesse quesito, comprovou-se a necessidade de líderes que tenham flexibilidade e saibam ajustar a intensidade de seu controle à maturidade do profissional que recebeu a respectiva delegação. Para maturidades baixas, o controle deve ser alto; para altas, deve ser minimizado.

Prazos: A intensidade aqui definida (6) revela quão necessário é cumprir e, se possível, até antecipar um pouco os prazos e cronogramas acertados. Bom para o cliente interno e excelente para o externo.

Criatividade e inovação: A importância de solucionar problemas de uma maneira nova e criativa, maximizando resultados, torna essa habilidade altamente requisitada (7). Já dizia Joseph Juran: "Problema tem memória. Se ele não for bem solucionado, volta. Competente não é aquele que resolve o problema, mas sim aquele que impede que ele retorne".

Mobilidade física: Outra habilidade que mereceu amplitude maior que o desvio-padrão normal, pois algumas atribuições, cargos e funções de liderança exigem intensa movimentação física (vendas, por exemplo), enquanto outras, menos (finanças, por exemplo).

Processo decisório: Aqui se exige alta habilidade (7) em decidir com rapidez, consequentemente correndo-se alguns riscos. Para demandas urgentes num mundo veloz, nada mais importante para obter resultados que a capacidade de decidir de forma aderente aos novos tempos.

Delegação: Habilidade cuja necessidade varia de média a alta, pois, a exemplo da habilidade *controle*, o grau com que será exigida dependerá da maturidade do liderado. Quanto maior ela for, maior a delegação e, consequentemente, menor o controle por parte do líder.

Relacionamento: Habilidade com peso muito alto (8), pois constitui um dos pilares básicos da liderança. Líderes com dificuldades de relacionamento interpessoal são líderes com dificuldades de se manter na liderança. Com isso não se está defendendo um líder de características paternalistas (protetor ou punitivo), mas que seja justo e transparente, e que ofereça um *feedback* positivo ou negativo, conforme o caso. Fatores aleatórios como simpatia, beleza ou lealdade pessoal não devem fazer parte de um relacionamento sadio.

Comunicação/ouvir: Não tiveram os grupos a menor dúvida quanto à extrema importância dessa habilidade (8). Contudo, o binômio comunicar-se/ouvir é um dos mais difíceis de ser praticado. Falamos à velocidade do som e pensamos à velocidade da luz. Isso desenvolve na maioria das pessoas um nível de impaciência elevado, prejudicando-lhes a habilidade de ouvir. As tentativas de substituição estão ocasionando uma reversão indesejada nos relacionamentos interpessoais, de tal forma que algumas das ferramentas desenvolvidas (e-mails/intranet e outras) estão sendo minimizadas na sua utilização massiva em boa parte das empresas.

Feedback: Foi elevada (8) a importância atribuída à habilidade de dar e receber *feedback*, seja ele positivo ou negativo. Hoje, essa é uma das mais importantes ferramentas para a mudança e melhoria do comportamento e desempenho humanos. De fato, não há *coaching* sem *feedback*. Cabe ao líder ser habilidoso e competente no uso desse procedimento comportamental, sobretudo porque que ele repercute diretamente na autoestima das pessoas – como se sabe, nossa parte mais sensível.

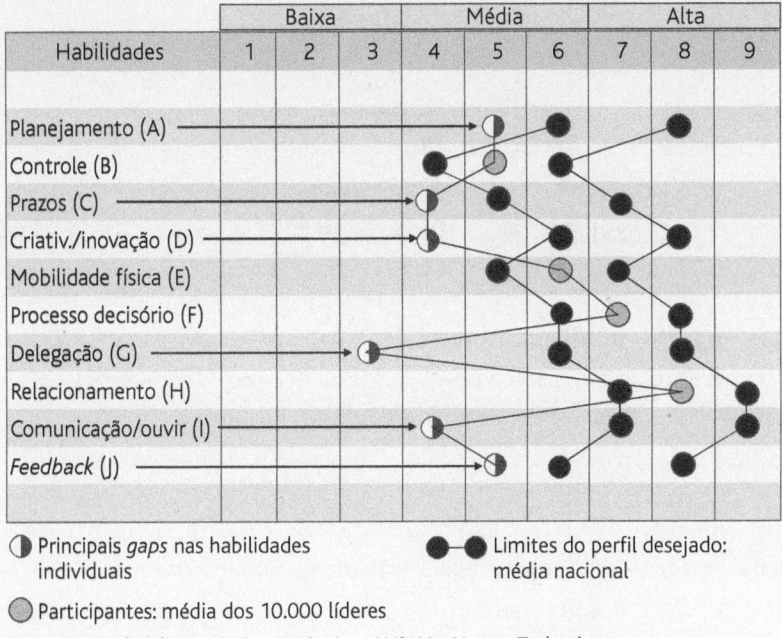

Habilidades	Baixa			Média			Alta		
	1	2	3	4	5	6	7	8	9
Planejamento (A)									
Controle (B)									
Prazos (C)									
Criativ./inovação (D)									
Mobilidade física (E)									
Processo decisório (F)									
Delegação (G)									
Relacionamento (H)									
Comunicação/ouvir (I)									
Feedback (J)									

◐ Principais *gaps* nas habilidades individuais

●—● Limites do perfil desejado: média nacional

◯ Participantes: média dos 10.000 líderes

Fonte: Banco de Talentos & Competências – W&W – Human Technology.

Figura 14.4 Perfil desejado construído pelos líderes *versus* média dos perfis e áreas de dificuldades (*GAPS*).

Ainda no tocante ao perfil genérico desejado, a confrontação da média nacional com os perfis individuais revelou alguns desvios quase comuns entre os participantes. Como o processo se restringia à autopercepção, tanto maior é a validade dos dados apresentados *supra*. Senão, vejamos:

Planejamento: A grande maioria afirma que ainda planeja um pouco menos do que deveria.

Prazos: Os prazos são cumpridos no limite do estabelecido, havendo pouca preocupação em antecipá-los, mesmo quando viável. Os comentários apontam três razões básicas para isso: (1) excessivo perfeccionismo; (2) falta de delegação, com o decorrente acúmulo de tarefas centralizadas; e (3) ausência de prioridades.

Criatividade e inovação: Nesse quesito, os líderes reconhecem haver ainda certa dificuldade em trabalhar os aspectos comportamentais relacionados com a resistência às mudanças, tanto por parte de seus liderados quanto de sua parte. Consciente ou mesmo inconscientemente, eles compreendem que as atividades repetitivas do dia-a-dia os levam a manter essa chamada "zona de conforto".

Delegação: Atribuir e dividir o poder ainda é um dos maiores tabus da liderança. As experiências generalistas do tipo "eu delego para todos" e "eu não delego para ninguém" desgastaram esse valioso procedimento da liderança. Delegar convenientemente é, atrevo-me a dizer, um "estado da arte" em gestão".

A compreensão de que não existem extremos, ou seja, delegar para todos (permissividade) ou não delegar para ninguém (centralismo absoluto) como regra geral é difícil para quem não conhece os níveis de maturidade de seus liderados em cada situação exigida. Por exemplo, para uma situação A, digamos, como são necessárias as competências X, Y e Z, o líder mais indicado será o fulano. Para a situação B, como as competências são outras, beltrano é o que reúne as melhores condições para um bom desempenho. Fica claro, pois, que uma mesma pessoa pode ser líder para a situação A, mas não para a B; ou seja, a delegação de poder dependerá, como a própria liderança, de fatores externos e internos à pessoa a quem desejamos atribuir poder. Mesmo que fulano esteja exercendo a contento a responsabilidade que lhe foi delegada, poderá perder ou ter reduzido esse poder se não atualizar seus conhecimentos ou deixar de desenvolver/atualizar suas competências. Some-se a esse conjunto de complexidades o fato de que o desenvolvimento dos liderados, para que possam receber a delegação, é de responsabilidade do próprio líder, mediante a atividade de *coaching*, e compreenderemos as dificuldades que os atuais líderes enfrentam para delegar poder.

Comunicação/ouvir: A grande maioria dos 10 mil participantes admite dificuldades para ouvir e comunicar-se com seus liderados. Não obstante, afirmam que devem promover melhorias pessoais e urgentes nessa que é uma habilidade essencial para o exercício da liderança.

Feedback: ênfase principalmente na técnica em si e que envolve um conjunto de passos estruturados e, mais especialmente, no *feedback* positivo que, historicamente, não é uma prática comum. A prática tem sido o *feedback* negativo. É preciso perceber o *feedback* como uma prática de ajuda, e não como "lavar roupa suja", procedimento em que predominam a agressividade e a violência contra a autoestima. O *feedback* é uma necessidade reconhecida por todos.

No intuito de complementar este painel de habilidades de liderança, transcrevemos a seguir uma série de perfis desejados para o líder eficaz, considerando as características de cada área. Trata-se de uma média simples dos pontos advindos das percepções desse imenso grupo de participantes dos programas de liderança. Não incluímos margens de tolerância/desvio-padrão em função do propósito deste livro, que é o de proporcionar uma visão prática do tema, bem como debates e reflexões mais aprofundadas no campo acadêmico e científico. Os perfis desejados sempre são desenhados com desvio-padrão para contemplar, de forma diferenciada, a importância relativa de cada habilidade. Cada habilidade tem um peso diferenciado, dependendo do exercício do cargo, da função ou da tarefa a ser realizada.

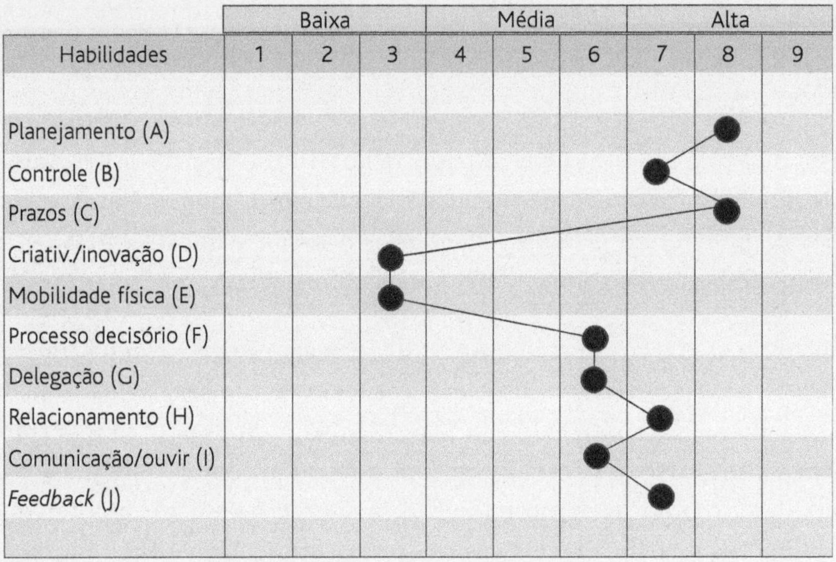

Habilidades	Baixa			Média			Alta		
	1	2	3	4	5	6	7	8	9
Planejamento (A)								●	
Controle (B)							●		
Prazos (C)								●	
Criativ./inovação (D)			●						
Mobilidade física (E)			●						
Processo decisório (F)						●			
Delegação (G)							●		
Relacionamento (H)							●		
Comunicação/ouvir (I)						●			
Feedback (J)							●		

● Referência: média dos 10.000 líderes – Sem desvio-padrão
Fonte: Banco de Talentos & Competências – W&W – Human Technology.

Figura 14.5 Perfil das habilidades do líder financeiro.

Um líder financeiro deve, em princípio, empregar uma abordagem focada na racionalidade, com alto nível de planejamento e preocupação com prazos e cronogramas. Criatividade, inovação e mobilidade física alta não fazem parte das principais exigências para a liderança no campo financeiro. As demais habilidades, se bem que importantes, situam-se num nível intermediário, em virtude das características da função, mais voltada para normas rígidas e regulamentos editados pelo governo ou pelo mercado de capitais.

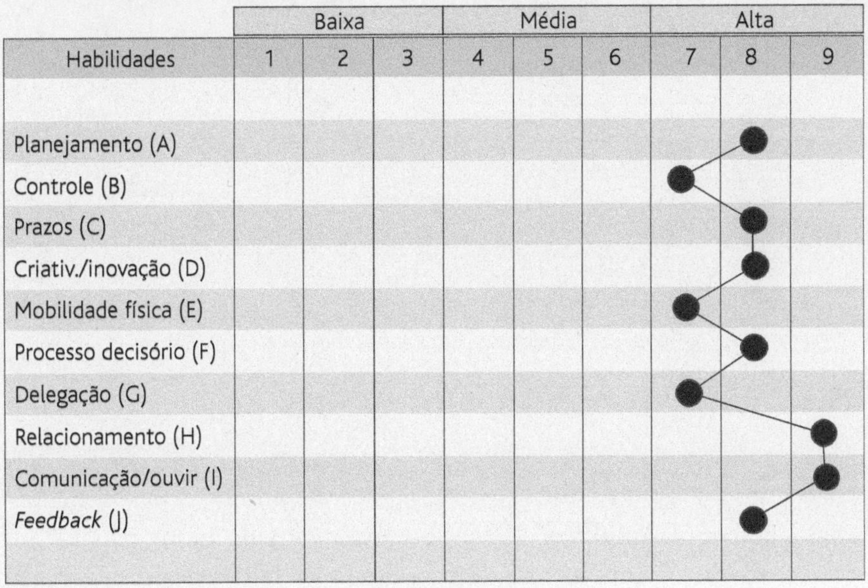

Habilidades	Baixa			Média			Alta		
	1	2	3	4	5	6	7	8	9
Planejamento (A)								●	
Controle (B)							●		
Prazos (C)								●	
Criativ./inovação (D)								●	
Mobilidade física (E)							●		
Processo decisório (F)								●	
Delegação (G)							●		
Relacionamento (H)									●
Comunicação/ouvir (I)									●
Feedback (J)								●	

● Referência: 10.000 líderes – sem desvio-padrão
Fonte: Banco de Talentos & Competências – W&W – Human Technology.

Figura 14.6 Perfil das habilidades do líder comercial.

Para o líder comercial, cujo foco é mais voltado para o mercado, ao contrário do líder financeiro, mais centrado em processos rígidos, são necessárias habilidades bem desenvolvidas nas áreas de comunicação/ouvir, bem como no campo do relacionamento interpessoal. Ademais, é necessária alta competência nas demais habilidades relacionadas com comportamentos mais emocionais e menos racionais.

	Baixa			Média			Alta		
Habilidades	1	2	3	4	5	6	7	8	9
Planejamento (A)									●
Controle (B)							●		
Prazos (C)								●	
Criativ./inovação (D)					●				
Mobilidade física (E)			●						
Processo decisório (F)						●			
Delegação (G)						●			
Relacionamento (H)							●		
Comunicação/ouvir (I)								●	
Feedback (J)							●		

● Referência: 10.000 líderes – sem desvio-padrão

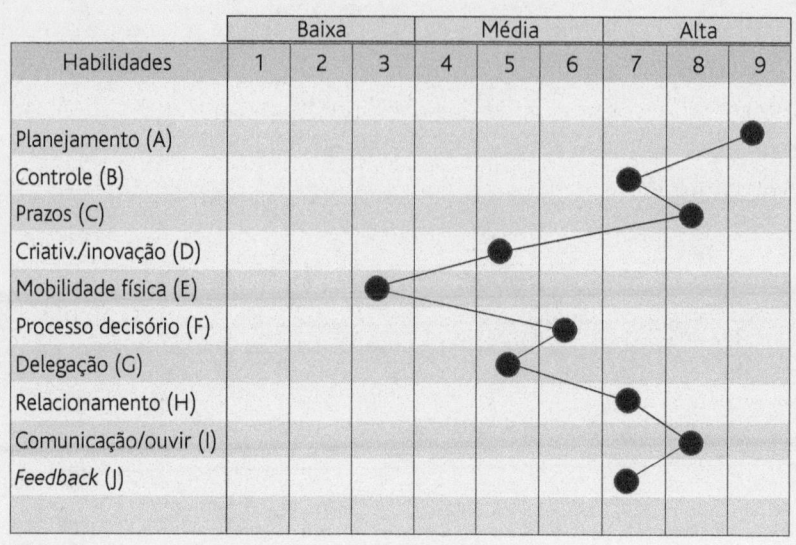

Fonte: Banco de Talentos & Competências – W&W – Human Technology.

Figura 14.7 Perfil das habilidades do líder de projetos.

Para o líder de projetos, foram contempladas, com muita intensidade, as habilidades representativas do pensamento racional, como planejamento e cumprimento de prazos. O quesito alta mobilidade física não desponta aqui como uma habilidade fundamental, visto que os projetos se desenvolvem, na maioria das vezes, no âmbito interno da própria organização.

Capítulo 14 Perfil de Habilidades do Líder Brasileiro

Habilidades	Baixa			Média			Alta		
	1	2	3	4	5	6	7	8	9
Planejamento (A)							●		
Controle (B)						●			
Prazos (C)							●		
Criativ./inovação (D)									●
Mobilidade física (E)							●		
Processo decisório (F)					●				
Delegação (G)						●			
Relacionamento (H)									●
Comunicação/ouvir (I)									●
Feedback (J)							●		

● Referência: 10.000 líderes – Sem desvio-padrão

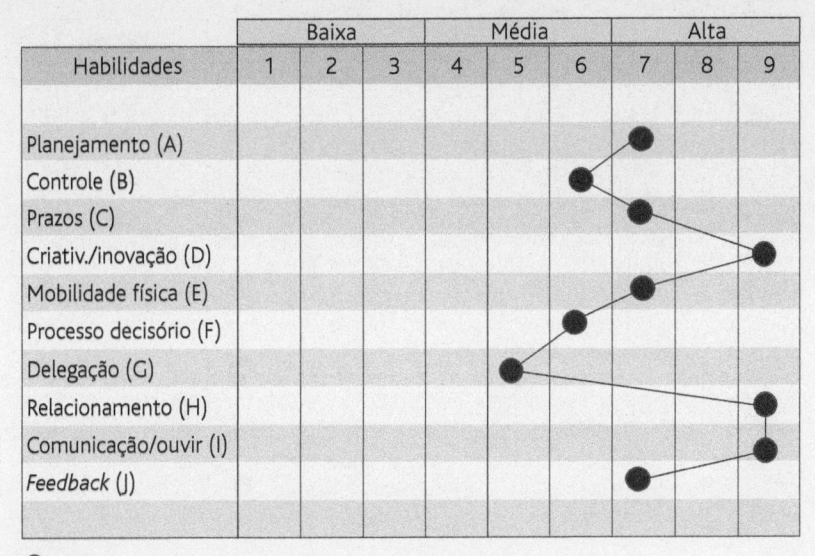

Fonte: Banco de Talentos & Competências – W&W – Human Technology.

Figura 14.8 Perfil das habilidades do líder de *marketing*.

Para o líder de *marketing*, a exemplo do líder comercial, tendem a ter menor relevância as habilidades relacionadas ao pensamento racional. Trata-se de uma atividade espacial, ampla e com múltiplos relacionamentos internos e externos, razão pela qual a criatividade, a inovação, o relacionamento interpessoal e a capacidade de comunicar-se e de ouvir são considerados mais importantes.

	Baixa			Média			Alta		
Habilidades	1	2	3	4	5	6	7	8	9
Planejamento (A)								●	
Controle (B)								●	
Prazos (C)								●	
Criativ./inovação (D)					●				
Mobilidade física (E)						●			
Processo decisório (F)							●		
Delegação (G)						●			
Relacionamento (H)							●		
Comunicação/ouvir (I)							●		
Feedback (J)						●			

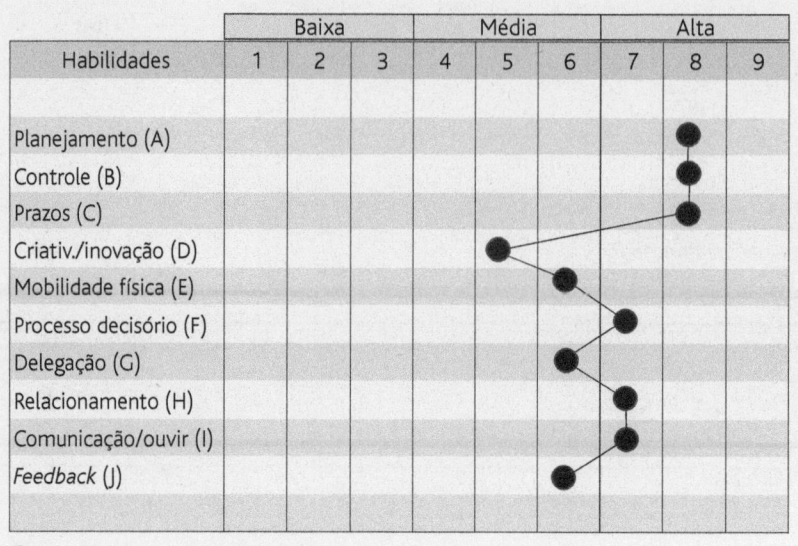

● Referência: 10.000 líderes – Sem desvio-padrão

Fonte: Banco de Talentos & Competências – W&W – Human Technology.

Figura 14.9 Perfil de habilidades do líder de engenharia da produção.

A engenharia da produção, como toda atividade científica, contempla aspectos racionais elevados, bem como planejamento, controle e prazos. Como se trata de uma atividade na maioria das vezes linear e preestabelecida mediante planejamento, as habilidades de criatividade e inovação não foram consideradas essenciais.

Habilidades	Baixa			Média			Alta		
	1	2	3	4	5	6	7	8	9
Planejamento (A)							●		
Controle (B)						●			
Prazos (C)							●		
Criativ./inovação (D)					●				
Mobilidade física (E)								●	
Processo decisório (F)							●		
Delegação (G)							●		
Relacionamento (H)									●
Comunicação/ouvir (I)									●
Feedback (J)								●	

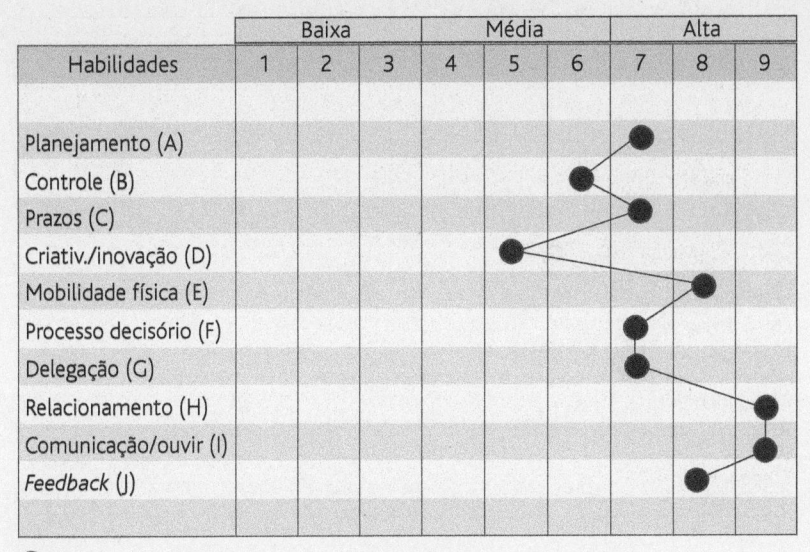

● Referência: 10.000 líderes – Sem desvio-padrão

Fonte: Banco de Talentos & Competências – W&W – Human Technology.

Figura 14.10 Perfil de habilidades do líder de recursos humanos.

Para o líder de recursos humanos, foi definido um perfil bastante voltado às pessoas e suas múltiplas relações. Comunicar-se, ouvir e manter relacionamentos interpessoais, principalmente com os clientes internos, foram habilidades contempladas com a máxima pontuação. Qualidades relacionadas ao pensamento racional e inovador foram definidas como de média intensidade. Ressalta-se, no presente perfil, a alta mobilidade física necessária para tirar esse líder de seu ambiente de trabalho em direção a seus principais tomadores de serviços. Alta capacidade de *feedback* tendo em vista não apenas aprimorar determinado processo, mas também oportunizar aprendizado às demais áreas da empresa.

Habilidades	Baixa			Média			Alta		
	1	2	3	4	5	6	7	8	9
Planejamento (A)								●	
Controle (B)								●	
Prazos (C)									●
Criativ./inovação (D)	●								
Mobilidade física (E)					●				
Processo decisório (F)							●		
Delegação (G)				●					
Relacionamento (H)						●			
Comunicação/ouvir (I)								●	
Feedback (J)					●				

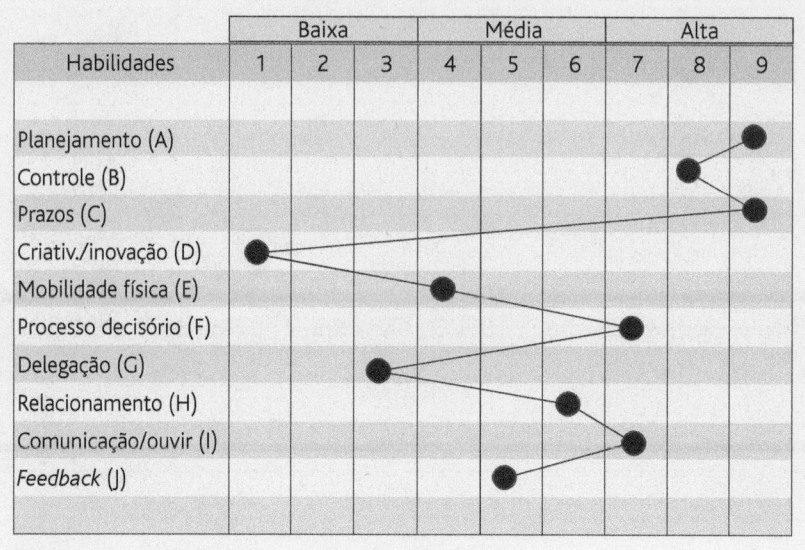

● Referência: 10.000 líderes – Sem desvio-padrão

Fonte: Banco de Talentos & Competências – W&W – Human Technology.

Figura 14.11   Perfil de habilidades do líder de controladoria.

Para o líder de auditoria/controladoria, foi definido um perfil voltado sobretudo aos processos mais característicos de sua atividade, bem como ao pensamento racional. Planejamento, controle e prazos constituem os pilares básicos das habilidades exigidas para essa função. As habilidades relacionadas ao pensamento emocional, criativo e inovador foram definidas como de baixa intensidade. As demais são contempladas com intensidade média.

Capítulo 14 Perfil de Habilidades do Líder Brasileiro

Habilidades	Baixa			Média			Alta		
	1	2	3	4	5	6	7	8	9
Planejamento (A)					●				
Controle (B)								●	
Prazos (C)							●		
Criativ./inovação (D)				●					
Mobilidade física (E)								●	
Processo decisório (F)						●			
Delegação (G)				●					
Relacionamento (H)							●		
Comunicação/ouvir (I)							●		
Feedback (J)					●				

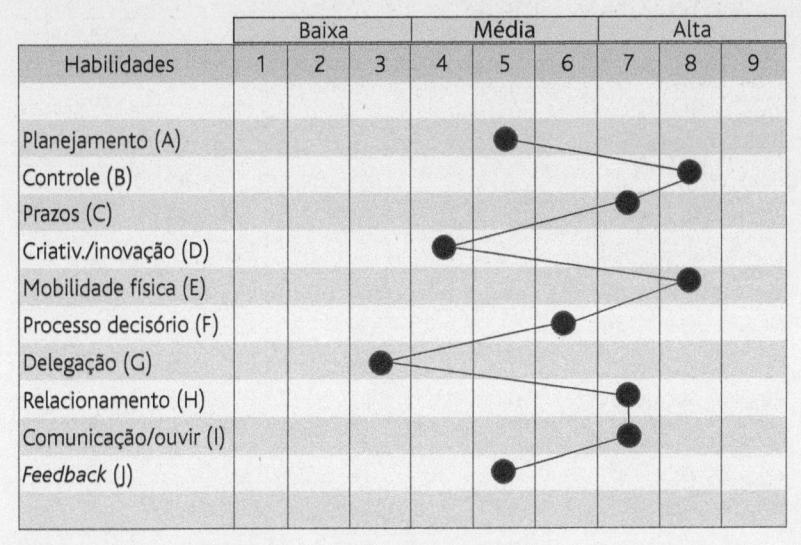

● Referência: 10.000 líderes – Sem desvio-padrão

Fonte: Banco de Talentos & Competências – W&W – Human Technology.

Figura 14.12 Perfil de habilidades do líder de supervisão de produção.

Ao perfil do líder supervisor de produção foram relacionadas grande mobilidade física e capacidade de controle das pessoas e dos processos fabris. Por ser esse um dos níveis hierárquicos mais próximos do operacional e as tarefas terem uma característica repetitiva, as habilidades de delegação de poder e criatividade foram consideradas pouco relevantes.

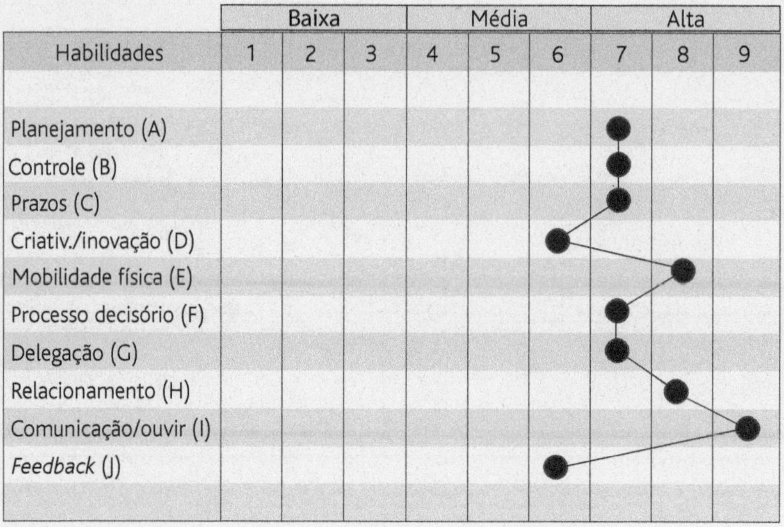

164 Afinal, Onde Estão os Líderes?

Habilidades	Baixa			Média			Alta		
	1	2	3	4	5	6	7	8	9
Planejamento (A)							●		
Controle (B)							●		
Prazos (C)							●		
Criativ./inovação (D)						●			
Mobilidade física (E)								●	
Processo decisório (F)							●		
Delegação (G)							●		
Relacionamento (H)								●	
Comunicação/ouvir (I)									●
Feedback (J)						●			

● Referência: 10.000 líderes – Sem desvio-padrão
Fonte: Banco de Talentos & Competências – W&W – Human Technology.

Figura 14.13 Perfil das habilidades do líder de qualidade e produtividade.

Para o líder de um programa ou projeto de qualidade e produtividade, as habilidades de comunicação/ouvir, mobilidade física, relacionamento interpessoal e *feedback* foram consideradas importantes, devendo ser exercidas com muito talento. Como normalmente se trata de uma atividade sem as características do poder formal/hierarquia, e sim do poder pessoal, os desafios são mais contundentes. Podemos notar, pelo traçado do perfil, que o conjunto das 10 habilidades apresenta um distanciamento bem menor que o dos perfis de liderança que também envolvem o poder formal.

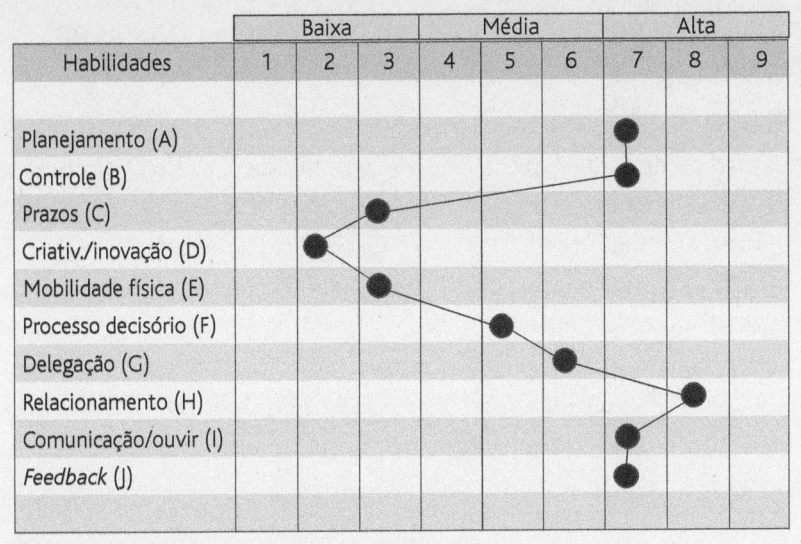

Habilidades	Baixa			Média			Alta		
	1	2	3	4	5	6	7	8	9
Planejamento (A)							●		
Controle (B)							●		
Prazos (C)			●						
Criativ./inovação (D)		●							
Mobilidade física (E)			●						
Processo decisório (F)					●				
Delegação (G)						●			
Relacionamento (H)								●	
Comunicação/ouvir (I)							●		
Feedback (J)							●		

● Referência: 10.000 líderes – Sem desvio-padrão
Fonte: Banco de Talentos & Competências – W&W – Human Technology.

Figura 14.14 Perfil das habilidades do líder de laboratório e pesquisa.

Esse exemplo de uma função de liderança mais específica (mais focada) também está aberto a reflexões e discussões pelas características mais exatas do que comportamentais da função. De um líder com tais características o que se espera são resultados exatos, matemáticos, lógicos e racionais obtidos por intermédio de sua equipe, motivo pelo qual as habilidades ligadas à racionalidade e a relacionamentos interpessoais receberam elevada pontuação. No entanto, pela característica dos desafios presentes nessa área, criatividade/inovação, prazos e mobilidade física não figuram como fundamentais.

Comparativo de perfis para efeito de análise relacional entre líderes com diferentes habilidades

Nas Figuras 14.15, 14.16 e 14.17, a seguir, demonstraremos alguns exemplos comparativos de alguns perfis, a título de ilustração. Pretendemos comprovar que líderes atuando em ambientes distintos devem ter habilidades com importância e impacto também distintos. Por exemplo, se os líderes de *marketing* e engenharia da produção tiverem os perfis de habilidades aderentes aos da Figura 14.15, podemos imaginar algumas das dificuldades que poderão enfrentar em seus relacionamentos ou na construção de uma visão comum. A diferença mais acentuada se dá no campo criatividade/ inovação, duas habilidades bastante apropriadas e pertinentes a um profis-

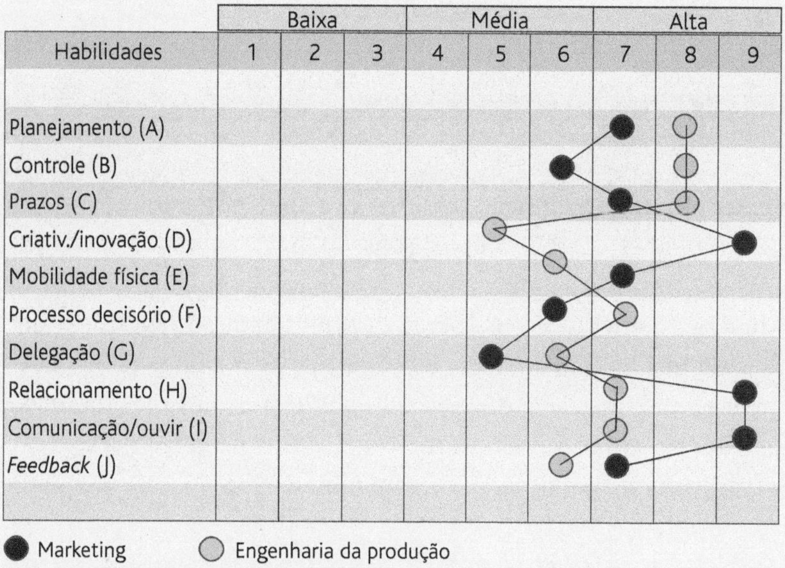

Habilidades	Baixa			Média			Alta		
	1	2	3	4	5	6	7	8	9
Planejamento (A)							●	○	
Controle (B)						●		○	
Prazos (C)							●	○	
Criativ./inovação (D)					○				●
Mobilidade física (E)							●	○	
Processo decisório (F)					●		○		
Delegação (G)						● ○			
Relacionamento (H)							○		●
Comunicação/ouvir (I)							○		●
Feedback (J)							● ○		

● Marketing   ○ Engenharia da produção

Fonte: Banco de Talentos & Competências – W&W – Human Technology.

Figura 14.15 Diferenças na intensidade das habilidades entre *marketing* e engenharia da produção.

Capítulo 14 Perfil de Habilidades do Líder Brasileiro

	Baixa			Média			Alta		
Habilidades	1	2	3	4	5	6	7	8	9
Planejamento (A)							●	○	
Controle (B)						●	○		
Prazos (C)							●	○	
Criativ./inovação (D)			○		●				
Mobilidade física (E)			○					●	
Processo decisório (F)						○	●		
Delegação (G)						○	●		
Relacionamento (H)							○		●
Comunicação/ouvir (I)						○			●
Feedback (J)							○	●	

● Recursos humanos   ○ Financeiro

Fonte: Banco de Talentos & Competências – W&W – Human Technology.

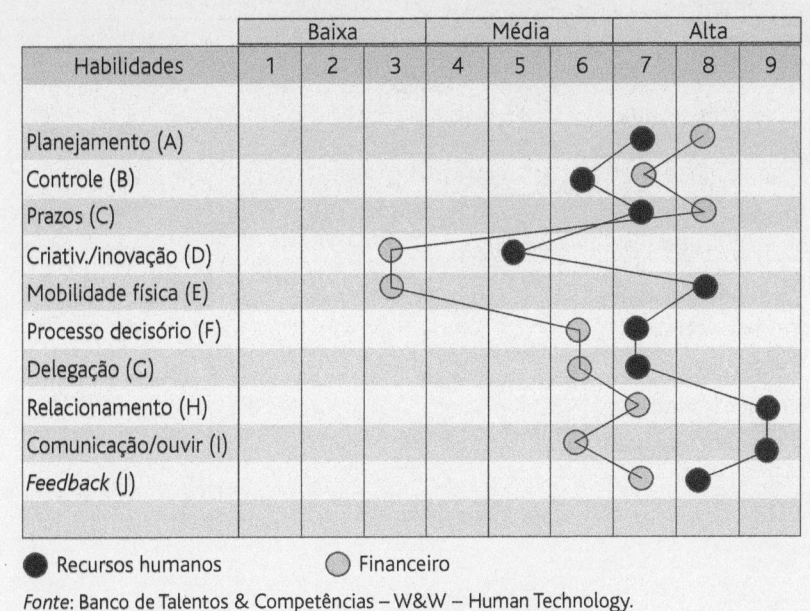

Figura 14.16 Diferenças na intensidade das habilidades entre recursos humanos e financeiro.

sional de *marketing*, mas pouco relevantes para a formação e o pensamento racional do líder da engenharia da produção. A mesma discrepância se aplica a outros líderes com atribuições diferentes, conforme veremos nas figuras subsequentes.

A Figura 14.18 nos mostra a intensidade porcentual relativa aos 10 mil líderes pesquisados. Nos quadros escuros podemos constatar o maior percentil de incidência – como se percebem – e o traçado do perfil do líder gerado.

Habilidades	Baixa			Média			Alta		
	1	2	3	4	5	6	7	8	9
Planejamento (A)								●	○
Controle (B)								●○	
Prazos (C)								●	○
Criativ./inovação (D)	○							●	
Mobilidade física (E)				○			●		
Processo decisório (F)							○	●	
Delegação (G)				○				●	
Relacionamento (H)						○			●
Comunicação/ouvir (I)							○		●
Feedback (J)				○				●	

● Comercial   ○ Auditoria

Fonte: Banco de Talentos & Competências – W&W – Human Technology.

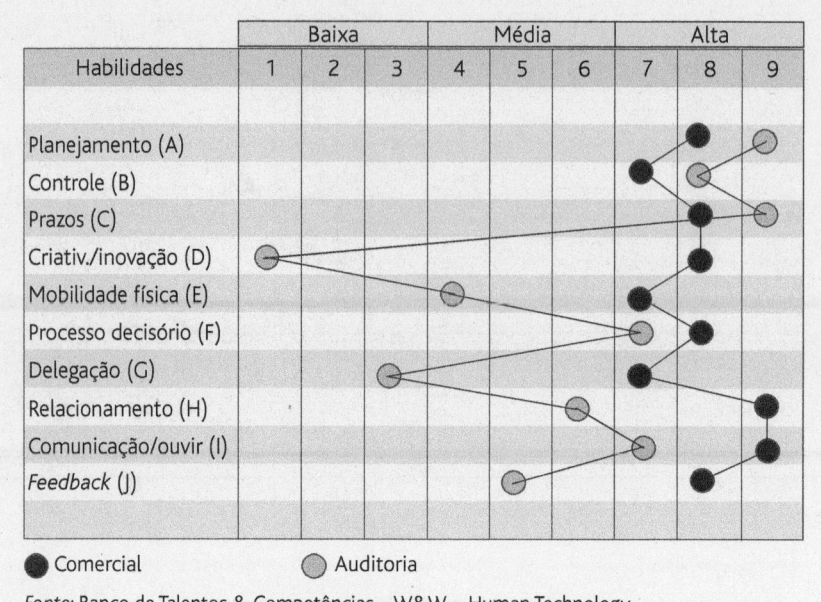

Figura 14.17 Diferenças na intensidade das habilidades entre comercial e auditoria/controladoria.

Teste de habilidades para a liderança

Responda às 45 perguntas a seguir, optando obrigatoriamente por uma alternativa em cada questão. Mesmo que em algumas situações isso seja difícil, force sua escolha, pois nenhuma questão poderá ficar sem resposta. A soma final deverá ser de 45 pontos, conforme a matriz de tabulação ao final do questionário. Responda sempre como se estivesse em uma situação de trabalho, levando em conta não como você gostaria de ser, mas como se percebe atualmente. Vale dizer: não há respostas certas ou erradas, boas ou ruins. Bom trabalho.

Capítulo 14 Perfil de Habilidades do Líder Brasileiro

Habilidades	Baixa				Média				Alta	
	0	1	2	3	4	5	6	7	8	9
Planejamento (A)	0%	4%	6%	9%	11%	19%	20%	25%	5%	1%
Controle (B)	0%	0,5%	3%	5%	13%	17%	37%	18%	5,5%	1%
Prazos (C)	0%	0%	0%	11%	13%	58%	14%	3%	1%	0%
Criativ./inovação (D)	0%	0%	0,5%	5%	17%	20%	22%	29%	5%	1,5%
Mobilidade física (E)	0%	1%	5%	7%	11%	12%	20%	20%	20%	6%
Processo decisório (F)	0,5%	1,5%	8%	9%	11%	13%	38%	38%	10%	1%
Delegação (G)	0,5%	1,5%	3,5%	1,2%	3,5%	22%	18%	5%	2%	0,5%
Relacionamento (H)	0,0%	0,2%	1%	7%	15%	17%	21%	21%	6,8%	5%
Comunicação/ouvir (I)	0%	1%	7%	9%	12%	32%	21%	10%	5%	3%
Feedback (J)	2%	4%	10%	12%	14%	19%	19%	10%	4%	0%

Intensidade →

Fonte: Banco de Talentos & Competências – W&W – Human Technology.

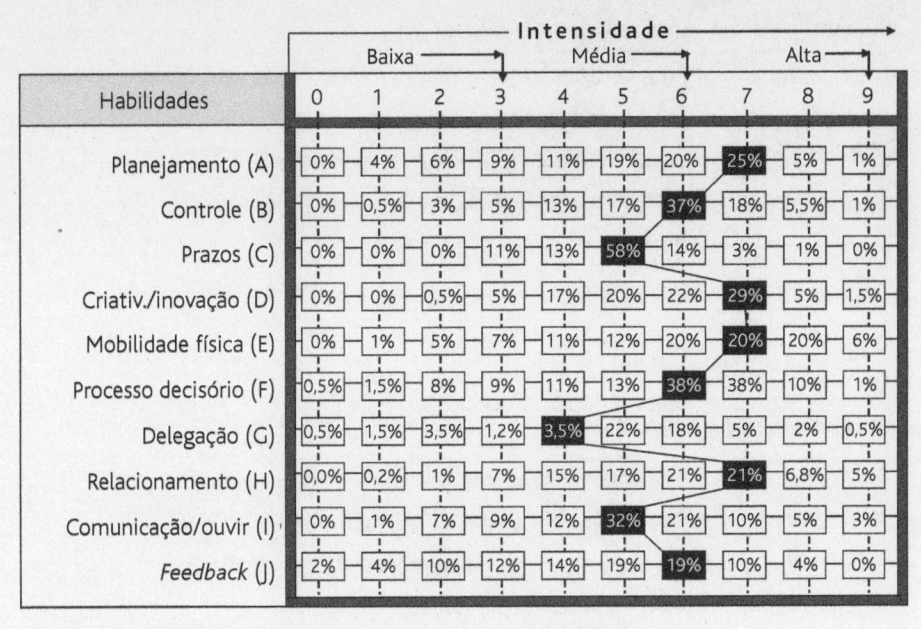

Figura 14.18 Mapa das habilidades com destaque para as mais intensas.

Número	Descritivo	Opção
1	Aprecio dialogar com as pessoas e ouvir seus pontos de vista	I
	Aprecio dizer aos meus colaboradores o que devem fazer e onde estão equivocados	J
2	Aprecio cumprir e fazer cumprir os prazos e os cronogramas estabelecidos	C
	Aprecio novidades e mudanças frequentes no trabalho	D
3	Aprecio trabalhar e decidir em equipe todos os assuntos de forma participativa	H
	Aprecio atividades e trabalhos que exijam movimentação física	E
4	Aprecio decidir com rapidez e espero que os outros também o façam	F
	Aprecio confiar nas pessoas e ver que assumem suas responsabilidades	G

Número	Descritivo	Opção
5	Aprecio organizar e sistematizar as tarefas sob minha responsabilidade	A
	Aprecio definir e acompanhar de perto o que deve ser feito	B
6	Aprecio atividades e trabalhos que exijam movimentação física	E
	Aprecio dialogar com as pessoas e ouvir seus pontos de vista	I
7	Aprecio definir e acompanhar de perto o que deve ser feito	B
	Aprecio cumprir e fazer cumprir os prazos e os cronogramas estabelecidos	C
8	Aprecio confiar nas pessoas e ver que assumem suas responsabilidades	G
	Aprecio trabalhar e decidir em equipe todos os assuntos de forma participativa	H
9	Aprecio organizar e sistematizar as tarefas sob minha responsabilidade	A
	Aprecio decidir com rapidez e espero que os outros também o façam	F
10	Aprecio atividades e trabalhos que exijam movimentação física	E
	Aprecio novidades e mudanças frequentes no trabalho	D
11	Aprecio trabalhar e decidir em equipe todos os assuntos de forma participativa	H
	Aprecio novidades e mudanças frequentes no trabalho	D
12	Aprecio atividades e trabalhos que exijam movimentação física	E
	Aprecio confiar nas pessoas e ver que assumem suas responsabilidades	G
13	Aprecio decidir com rapidez e espero que os outros também o façam	F
	Aprecio trabalhar e decidir em equipe todos os assuntos de forma participativa	H
14	Aprecio organizar e sistematizar as tarefas sob minha responsabilidade	A
	Aprecio cumprir e fazer cumprir os prazos e os cronogramas estabelecidos	C
15	Aprecio atividades e trabalhos que exijam movimentação física	E
	Aprecio decidir com rapidez e espero que os outros também o façam	F
16	Aprecio novidades e mudanças frequentes no trabalho	D
	Aprecio definir e acompanhar de perto o que deve ser feito	B
17	Aprecio confiar nas pessoas e ver que assumem suas responsabilidades	G
	Aprecio dizer aos meus colaboradores o que devem fazer e onde estão equivocados	J

Capítulo 14 Perfil de Habilidades do Líder Brasileiro

Número	Descritivo	Opção
18	Aprecio novidades e mudanças frequentes no trabalho	D
	Aprecio dialogar com as pessoas e ouvir seus pontos de vista	I
19	Aprecio confiar nas pessoas e ver que assumem suas responsabilidades	G
	Aprecio organizar e sistematizar as tarefas sob minha responsabilidade	A
20	Aprecio decidir com rapidez e espero que os outros também o façam	F
	Aprecio cumprir e fazer cumprir os prazos e os cronogramas estabelecidos	C
21	Aprecio definir e acompanhar de perto o que deve ser feito	B
	Aprecio atividades e trabalhos que exijam movimentação física	E
22	Aprecio novidades e mudanças frequentes no trabalho	D
	Aprecio decidir com rapidez e espero que os outros também o façam	F
23	Aprecio atividades e trabalhos que exijam movimentação física	E
	Aprecio dizer aos meus colaboradores o que devem fazer e onde estão equivocados	J
24	Aprecio dialogar com as pessoas e ouvir seus pontos de vista	I
	Aprecio definir e acompanhar de perto o que deve ser feito	B
25	Aprecio organizar e sistematizar as tarefas sob minha responsabilidade	A
	Aprecio dialogar com as pessoas e ouvir seus pontos de vista	I
26	Aprecio cumprir e fazer cumprir os prazos e os cronogramas estabelecidos	C
	Aprecio atividades e trabalhos que exijam movimentação física	E
27	Aprecio definir e acompanhar de perto o que deve ser feito	B
	Aprecio dizer aos meus colaboradores o que devem fazer e onde estão equivocados	J
28	Aprecio decidir com rapidez e espero que os outros também o façam	F
	Aprecio definir e acompanhar de perto o que deve ser feito	B
29	Aprecio cumprir e fazer cumprir os prazos e os cronogramas estabelecidos	C
	Aprecio confiar nas pessoas e ver que assumem suas responsabilidades	G
30	Aprecio novidades e mudanças frequentes no trabalho	D
	Aprecio organizar e sistematizar as tarefas sob minha responsabilidade	A

Número	Descritivo	Opção
31	Aprecio dizer aos meus colaboradores o que devem fazer e onde estão equivocados	J
	Aprecio cumprir e fazer cumprir os prazos e os cronogramas estabelecidos	C
32	Aprecio trabalhar e decidir em equipe todos os assuntos de forma participativa	H
	Aprecio dizer aos meus colaboradores o que devem fazer e onde estão equivocados	J
33	Aprecio novidades e mudanças frequentes no trabalho	D
	Aprecio dizer aos meus colaboradores o que devem fazer e onde estão equivocados	J
34	Aprecio dialogar com as pessoas e ouvir seus pontos de vista	I
	Aprecio confiar nas pessoas e ver que assumem suas responsabilidades	G
35	Aprecio trabalhar e decidir em equipe todos os assuntos de forma participativa	H
	Aprecio organizar e sistematizar as tarefas sob minha responsabilidade	A
36	Aprecio dialogar com as pessoas e ouvir seus pontos de vista	I
	Aprecio cumprir e fazer cumprir os prazos e os cronogramas estabelecidos	C
37	Aprecio confiar nas pessoas e ver que assumem suas responsabilidades	G
	Aprecio definir e acompanhar de perto o que deve ser feito	B
38	Aprecio dizer aos meus colaboradores o que devem fazer e onde estão equivocados	J
	Aprecio decidir com rapidez e espero que os outros também o façam	F
39	Aprecio trabalhar e decidir em equipe todos os assuntos de forma participativa	H
	Aprecio dialogar com as pessoas e ouvir seus pontos de vista	I
40	Aprecio dizer aos meus colaboradores o que devem fazer e onde estão equivocados	J
	Aprecio organizar e sistematizar as tarefas sob minha responsabilidade	A

Capítulo 14 Perfil de Habilidades do Líder Brasileiro

Número	Descritivo	Opção
41	Aprecio cumprir e fazer cumprir os prazos e os cronogramas estabelecidos	C
	Aprecio trabalhar e decidir em equipe todos os assuntos de forma participativa	H
42	Aprecio decidir com rapidez e espero que os outros também o façam	F
	Aprecio dialogar com as pessoas e ouvir seus pontos de vista	I
43	Aprecio confiar nas pessoas e ver que assumem suas responsabilidades	G
	Aprecio novidades e mudanças frequentes no trabalho	D
44	Aprecio trabalhar e decidir em equipe todos os assuntos de forma participativa	H
	Aprecio definir e acompanhar de perto o que deve ser feito	B
45	Aprecio atividades e trabalhos que exijam movimentação física	E
	Aprecio organizar e sistematizar as tarefas sob minha responsabilidade	A

LETRAS	PONTOS
A	
B	
C	
D	
E	
F	
G	
H	
I	
J	
SOMA DOS PONTOS	

Fonte: Banco de Talentos & Competências – W&W – Human Technology.

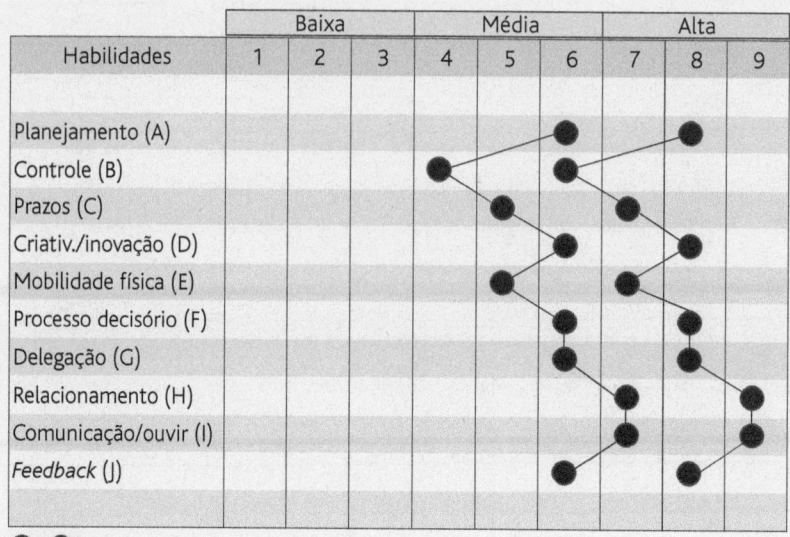

Habilidades	Baixa			Média			Alta		
	1	2	3	4	5	6	7	8	9
Planejamento (A)						●		●	
Controle (B)				●		●			
Prazos (C)						●		●	
Criativ./inovação (D)						●		●	
Mobilidade física (E)					●		●		
Processo decisório (F)						●		●	
Delegação (G)						●		●	
Relacionamento (H)							●		●
Comunicação/ouvir (I)							●		●
Feedback (J)						●		●	

●—● Limites do perfil desejado: média nacional
● Definido por mais de 10.000 participantes – Desvio-padrão + 1-1
◐ Habilidades individuais do leitor (para uso do leitor)

Fonte: Banco de Talentos & Competências – W&W – Human Technology.

Figura 14.19 Comparativo entre o perfil do líder nacional desejado e as habilidades do leitor.

Após responder ao questionário, marque seus pontos e lance os dados na Figura 14.19. Verifique como estão seus níveis de habilidades frente ao *perfil do líder nacional desejado hipotético*, traçado com base em mais de 10 mil participantes de eventos de liderança no Brasil. As pontuações que ficarem fora da margem de aceitação correspondem a habilidades não condizentes com o perfil de liderança desejado (*GAPS*) e devem ser melhoradas. Ao final do livro, você encontrará o teste completo de auto e heteropercepção das habilidades pessoais em liderança. Com esse teste, baseado em sua autopercepção e na percepção de seus liderados/colaboradores, você poderá validar sua visão pessoal acerca de suas habilidades.

Capítulo 14 Perfil de Habilidades do Líder Brasileiro

Como complemento à análise dos perfis de liderança, propôs-se a esses líderes um levantamento, mediante instrumental apropriado, de como eles se percebiam quando do exercício de cargos formais e ligados à estrutura hierárquica das empresas. A partir das respostas obtidas por esse número significativo de líderes, a Figura 14.20 descreve uma tendência interessante. O foco anterior, mais relacionado às décadas de 1970 e 1980, era a busca do "poder pelo poder", ou egocentrado. Ou porque remunerava bem melhor do que as atividades técnicas/operacionais, ou porque realmente o exercício do poder proporcionava, como hoje, *status* em toda a sociedade humana. O poder paternalista, mais identificado com as organizações de cunho familiar, manteve-se sem grandes alterações, ocupando uma posição intermediária na escala de utilização do poder. A grande mudança ocorreu no uso do poder socializado, que visa ao bem comum e compartilha seu exercício. Creio que a decadência das estruturas formais em benefício das matriciais, em que a cooperação e o comprometimento tornam-se fatores

Uso do poder formal

Sociabilizado: utiliza o poder visando ao bem comum.

Paternalista: utiliza o poder visando a manter relações de dependência.

Egocentrado: utiliza o poder em benefício próprio.

20% 23%   57%   100%

Fonte: Banco de Talentos & Competências – W&W – Human Technology.

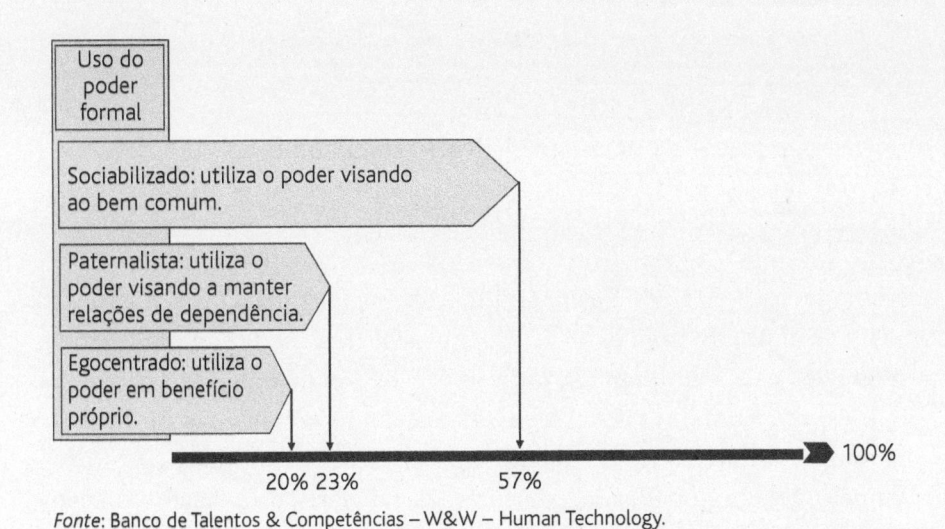

Figura 14.20 Intensidade da preferência no exercício do poder hierárquico.

Nova forma de pensar dos líderes: foco observado/10.000 líderes

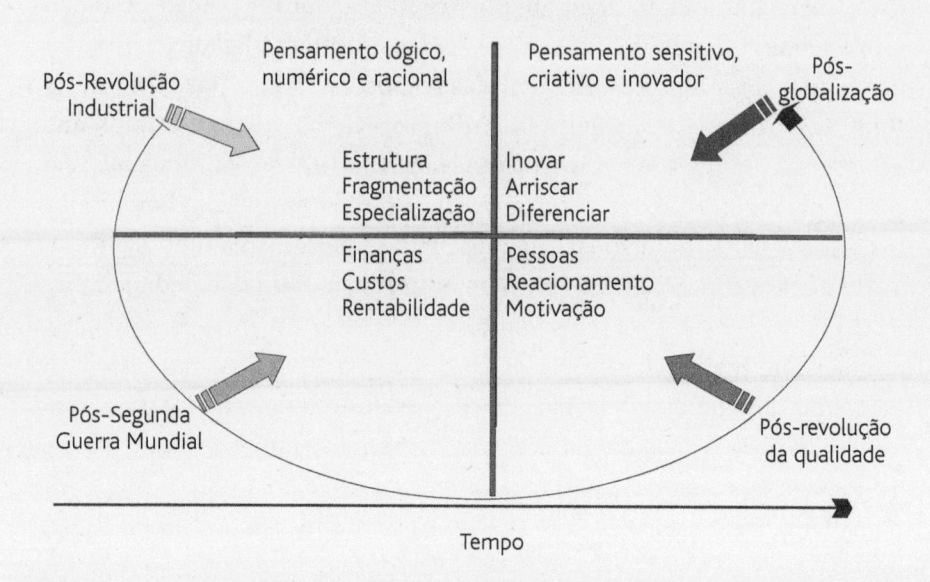

- Pós-Revolução Industrial
- Pensamento lógico, numérico e racional
  - Estrutura
  - Fragmentação
  - Especialização
  - Finanças
  - Custos
  - Rentabilidade
- Pensamento sensitivo, criativo e inovador
  - Inovar
  - Arriscar
  - Diferenciar
  - Pessoas
  - Reacionamento
  - Motivação
- Pós-globalização
- Pós-Segunda Guerra Mundial
- Pós-revolução da qualidade

Tempo

Figura 14.21 Ciclo evolutivo do foco da liderança.
Fonte: Banco de Talentos & Competências – W&W – Human Technology.

essenciais, e a visão de uma sociedade mais equânime e participativa fizeram com que esse estilo de uso do poder crescesse e adquirisse importância junto às lideranças.

Mesmo raciocinando de forma ampla e abrangente, os líderes invariavelmente procuraram privilegiar as áreas específicas, ou de sua dominância, ou aquelas que a ambiência exigia (mercado, tecnologia, recursos, foco, etc.). Com o tempo, porém, desde as atividades artesanais do passado distante, passando pela Revolução Industrial, até estes dias de profunda competitividade globalizada, a forma organizacional de pensar e as necessidades do ambiente se alteraram. As pesadas estruturas da sociedade patriarcal secular dão lugar à leveza da nova sociedade virtual, cujo ciclo de vida é muito mais breve e onde os espaços de sobrevivência são disputados palmo a palmo. Mesmo os líderes de formação acadêmica mais cartesiana e, portanto, mais habituados ao embate tecnológico percebem de maneira mais clara a importância da inovação e da criatividade mediante o envolvimento de pessoas motivadas e comprometidas.

É quase unânime o reconhecimento de que as pessoas, em última análise, são o diferencial para a competitividade no mundo contemporâneo. Diferencial que pode ser tanto positivo quanto negativo, dependendo principalmente da forma como são lideradas.

Capítulo 15

Estilos Eficazes de Liderança

> A melhor política gerencial é aquela adequada às exigências objetivas da situação. Há um tom fortemente pragmático nesta abordagem. Mas ela representa também a boa psicologia da Gestalt de Wertheimer e o estilo Katona, em que o melhor tipo de pensamento, a melhor solução para o problema, depende claramente de uma boa visualização da situação, de ser capaz de vê-la objetivamente, sem expectativas, sem pressuposições, sem nenhum pensamento *a priori*, mas simplesmente no sentido puro da palavra, objetivamente, da forma que um Deus provavelmente seria capaz de ver, sem ser determinado por preconceitos, medos, esperanças, desejos, vantagem pessoal ou qualquer coisa do tipo.
>
> — (Maslow, 2000)

Consideremos, para efeito de definição do melhor estilo de gestão a ser adotado pelo líder, que ele possa ser equiparado a um moderno radar. Afinal de contas, o verdadeiro líder é capaz de mapear as condições do ambiente (ambiência), definir a característica do objeto observado (maturidade), localizá-lo no espaço (desempenho) e traçar a melhor rota a seguir (estilo). Em suma, possui a competência para diagnosticar o conjunto de fatores que, combinados, definem o melhor estilo a ser adotado.

Contudo, cabe uma ressalva: apesar da interdependência desses fatores e de suas características próprias, no fundo quem define em grande parte o estilo do líder são os liderados. O ambiente em que se desenrola a liderança muda velozmente; a maturidade dos liderados, seja em função das mudanças ambientais, seja porque não se atualizaram profissionalmente, tende a cair; o desempenho obtido oscila em função desses dois fatores; e os estilos de liderança são consequência do todo. Imaginemos uma organização cheia de pessoas que trabalham com entusiasmo e que, cientes da possibilidade de crescer e florescer, mostram-se decididas a concretizar a visão e as metas da organização. Percebe-se nelas uma desenvoltura, uma graça, um desembaraço no modo como conseguem fazer as coisas. De fato, o trabalho flui tranquilamente entre equipes e funções quando os indivíduos sentem prazer e orgulho em relação a cada aspecto da empresa – por exemplo, o modo como podem falar abertamente, refletir sobre as opiniões uns dos outros, ter influência genuína sobre as estruturas à sua volta. Trata-se de um grupo de alta maturidade, cujo crescimento profissional é fruto dos contínuos esforços por parte de seu líder. Em situações fortuitas ou críticas, a maturidade para determinada situação aparece somente quando os eventos ambientais assim o exigem. Vejamos, a título de ilustração, uma história real conhecida mundialmente.

Nando Parrado, jovem herói que salvou a vida dos 15 companheiros da equipe uruguaia de *rugby* no famoso desastre aéreo ocorrido na Cordilheira dos Andes em 1972, relata, em seu livro *Milagre dos Andes* uma sofrida e dolorosa passagem transcorrida no vigésimo dia seguinte à queda do avião (foram 72 dias de desespero até seu salvamento). Trata-se de uma situação típica de crise, em que suas habilidades foram fundamentais para o exercício da liderança e para a compreensão do comportamento e das motivações humanas em circunstâncias extremas.

A montanha não roubou nossas almas*

Os dias passados fora do Fairchild [carcaça do avião] deram-me uma mais ampla perspectiva e pude ver com novos olhos o terror que se tornara parte do nosso cotidiano. Havia pilhas de ossos amontoados ao lado de fora da fuselagem. Partes grandes de corpos – o antebraço de alguém, uma perna humana da cintura até o pé – estavam perto da entrada do avião. Fatias de gordura estavam espalhadas no teto da fuselagem para secarem ao sol. E, pela primeira vez, vi crânios na pilha de ossos. Quando começamos a comer carne humana, consumíamos geralmente pedacinhos cortados dos grandes músculos. Porém, com o passar do tempo e com a diminuição do estoque de comida, não tivemos escolha senão ampliar a nossa dieta. Por um tempo comemos fígados, rins e corações, mas a carne passou a ser tão pouca que tínhamos que quebrar crânios e comer o cérebro. Na nossa ausência [Parrado e Javier estiveram fora do acampamento por bastante tempo, à procura de uma rota de fuga dos Andes], alguns sobreviventes foram levados pela fome a comer coisas que antes não podiam suportar: pulmões, partes das mãos e dos pés e até mesmo coágulos de sangue das artérias e do coração. Para a mente comum, esses atos podem parecer incompreensivelmente repulsivos, mas o instinto de sobrevivência é muito profundo e, quando a morte está tão próxima, o ser humano a tudo se acostuma. Ainda assim, apesar da terrível intensidade da fome, eles não quebraram a promessa feita a Javier e a mim: os corpos de minha mãe, da minha irmã e de Liliana, todos ao alcance da mão, não foram tocados; ainda estavam intactos sob a neve. Emocionava-me o fato de que, mesmo à beira da inanição, uma promessa ainda significava algo para os meus amigos. [...] Mas apesar de todo o sofrimento enfrentado pelos meus amigos, os princípios de amizade, lealdade, compaixão e honra ainda lhes eram importantes. Os Andes nos esmagaram de diversas formas, e cada um de nós se agarrava à vida por um fio. [...] Ainda lutávamos juntos, como uma equipe. Nossos corpos se enfraqueciam, mas nossa humanidade perseverava. Não havíamos deixado a montanha roubar nossas almas.

* Parrado e Rause (2006).

Destaca-se, nessa terrível narrativa, o fundamental papel da liderança, especialmente nos momentos mais críticos e difíceis com os quais um ser humano pode se defrontar. Competência, habilidades, maturidade específica para situações de crise e espírito de equipe salvaram parte do grupo de jovens desportistas.

Para que possamos melhor compreender a abordagem proposta para a maturidade dos liderados, utilizaremos dois enunciados relativos ao conceito de maturidade baixa (adiante, abordaremos com mais profundidade a questão da maturidade dos liderados, inclusive de uma forma mais visual e fácil de compreender):

1. Maturidade baixa negativa: constatada quando a falta de conhecimento, vivência, habilidades, visão e motivação com ética depende exclusivamente dos liderados. Apesar dos esforços do líder em disponibilizar condições de melhoria, os liderados não as aproveitam. Nesse caso, é deles a responsabilidade pela queda da maturidade, o que exigirá do líder a adoção de um estilo mais rígido e impositivo.

2. Maturidade baixa situacional: constatada quando a queda da maturidade dos liderados é de responsabilidade do líder, causada por fatores internos ou externos independentes da vontade dos liderados. Nesse caso, caberá ao líder prover os recursos e a logística para a retomada da maturidade elevada, bem como reorientar os liderados para os novos caminhos.

Logo, definir um liderado como alguém de maturidade baixa só será pejorativo se esta for caracterizada como a de número 1, Maturidade Baixa Negativa. Estabelecida a função "radar" (diagnóstico) do líder, ficará mais fácil a definição da maturidade e do estilo mais eficaz, conforme ilustram as Figuras 15.1 a 15.4, complementadas, em seu abrangente conjunto, pela Figura 15.5. Este capítulo divide-se, a partir daqui, em três seções:

(A) comportamentos do líder que ajudam no exercício da liderança eficaz pela exatidão no diagnóstico da maturidade dos liderados e adoção do estilo correto;

(B) comportamentos do líder que prejudicam o exercício da liderança eficaz pelo diagnóstico equivocado da maturidade dos liderados; e

(C) comportamentos distorcidos do líder mesmo quando o diagnóstico está correto. A simulação a seguir é uma singela adaptação da brilhante e mundialmente conhecida teoria da Liderança Situacional, desenvolvida por Paul Hersey e Kenneth Blanchard.

> **A:** Comportamentos do líder que ajudam no exercício da liderança eficaz pela exatidão no diagnóstico da maturidade dos liderados e adoção do estilo correto.

Estilos de liderança: visão & ação

Para a situação A

- Maturidade média/alta: o líder compartilha a visão
- Maturidade baixa/média: o líder orienta para a visão
- radar
- Maturidade alta/plena: líder e liderados constroem a visão
- Maturidade baixa: o líder define a visão → estilo centralizador

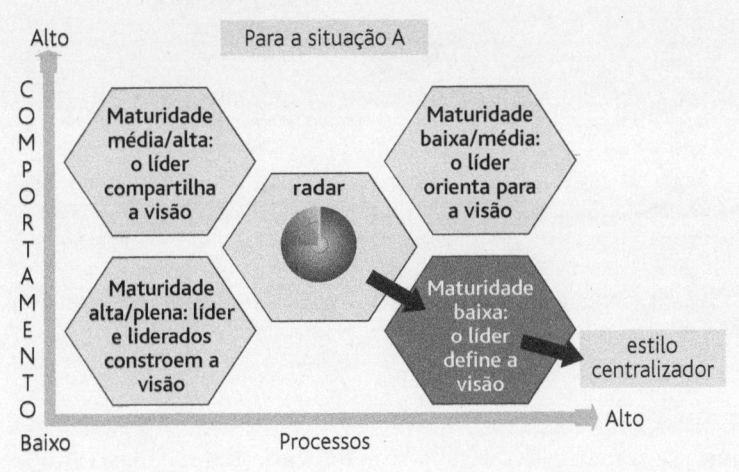

Eixos: COMPORTAMENTO (Baixo–Alto) × Processos (Baixo–Alto)

Figura 15.1 Diagnóstico de maturidade e estilo de liderança eficaz. Maturidade baixa – estilo centralizador.

Na situação A, valendo-se de sua habilidade "radar", o líder diagnosticou que sua equipe possui maturidade baixa, cabendo a ele definir os caminhos da mudança, do projeto ou das ações necessárias. O estilo diretivo, tanto para a equipe quanto para algum de seus liderados dotado dessas características, será o mais adequado. Embora se trate de um estilo considerado mais autocrático, pois tudo está centrado no líder, essa forma de liderar terá boa aceitação. Não esqueçamos que as maturidades processuais (conhecimentos, vivências e visão) e comportamentais (habilidades e motivação) dos liderados são muito baixas, tornando esse grupo ou indivíduo fortemente dependente da orientação de seu líder.

Estilos de liderança: visão & ação

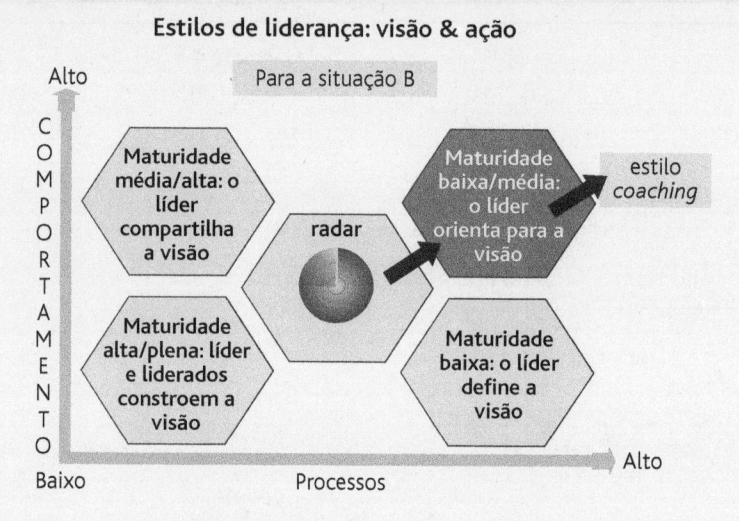

Figura 15.2 Diagnóstico de maturidade e estilo de liderança eficaz. Maturidade baixa/média – estilo *coaching*.

Na situação B, valendo-se de sua habilidade "radar", o líder diagnosticou que sua equipe tem maturidade baixa/média, cabendo a ele orientar os caminhos da mudança, do projeto ou das ações necessárias. O estilo *coaching*, tanto para a equipe quanto para algum de seus liderados dotado dessas características, será o mais adequado. Embora se trate de um estilo considerado autocrático/educativo, pois quase tudo está centrado no líder, terá boa aceitação. Não esqueçamos que as maturidades processuais (conhecimentos, vivências e visão) e comportamentais (habilidades e motivação) dos liderados estão em evolução, tornando esse grupo ou indivíduo ainda dependente da orientação de seu líder e das razões para que proceda dessa ou daquela forma. Esse estilo proporciona um rápido crescimento no campo processual, representado pelo conhecimento técnico da tarefa, da função, da mudança ou do projeto. O comportamento dos liderados também começa a evoluir, pelo convívio e pela importância que o líder passa a atribuir a esse fator. A balança entre o técnico e o comportamental começa a se equilibrar.

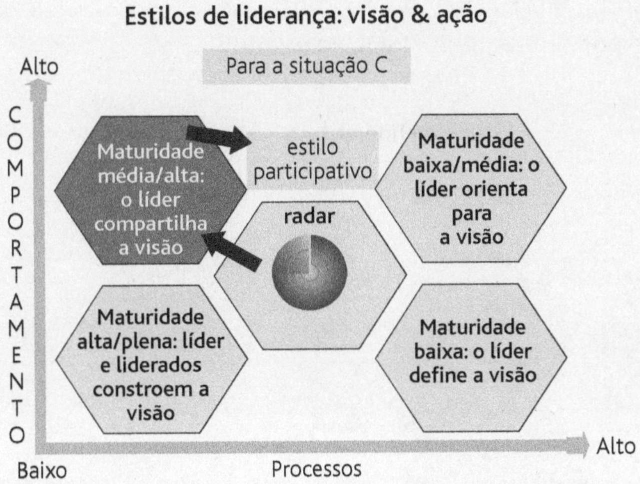

Estilos de liderança: visão & ação

Para a situação C

COMPORTAMENTO
Alto

- Maturidade média/alta: o líder compartilha a visão
- estilo participativo
- Maturidade baixa/média: o líder orienta para a visão
- radar
- Maturidade alta/plena: líder e liderados constroem a visão
- Maturidade baixa: o líder define a visão

Baixo — Processos — Alto

Figura 15.3 Diagnóstico de maturidade e estilo de liderança eficaz. Maturidade média/alta – estilo participativo.

Na situação C, valendo-se de sua habilidade "radar", o líder diagnosticou que sua equipe possui maturidade média/alta, cabendo a ele trocar ideias e compartilhar com o grupo ou indivíduo os caminhos da mudança, do projeto ou das ações necessárias. O estilo participativo, tanto para a equipe quanto para algum de seus liderados dotado dessas características, será o mais adequado. Trata-se de um estilo considerado democrático, pois a construção da visão e a execução das tarefas são compartilhadas. Não esqueçamos que as maturidades processuais (conhecimentos, vivências e visão) e comportamentais (habilidades e motivação) dos liderados se desenvolveram muito, despertando no líder maior segurança em relação a eles, a ponto de, em certas ocasiões, deixar-se influenciar pelo grupo ou indivíduo que desfrute desse nível de maturidade. Nesse caso, a dependência do grupo ou indivíduo em relação à orientação de seu líder é reduzida. Tal estilo, muito identificado com a sociedade moderna atual, tende a obter um comprometimento muito elevado, pois o líder credita a seu grupo igual competência no campo processual. O risco maior que ele corre é compartilhar antes que o grupo ou o indivíduo em questão tenham realmente atingido a maturidade alta. Por conseguinte, ao receber determinada sugestão de pessoa(s) com maturidade pouco condizente, ele terá de rejeitá-la, numa atitude que pode transmitir a ideia de manipulação.

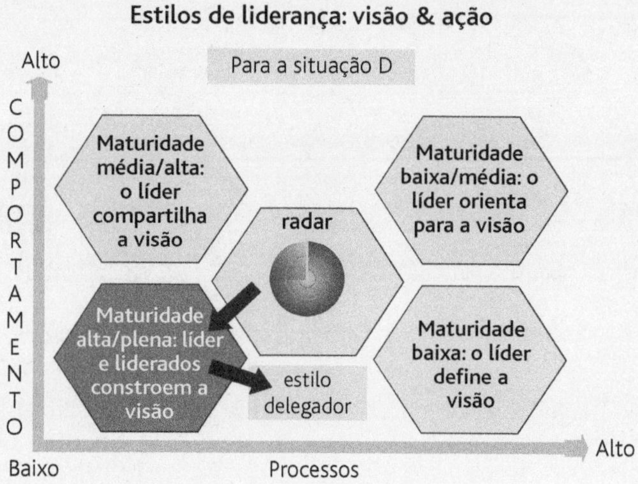

Estilos de liderança: visão & ação

Para a situação D

COMPORTAMENTO — Alto / Baixo
Processos — Alto

- Maturidade média/alta: o líder compartilha a visão
- Maturidade baixa/média: o líder orienta para a visão
- radar
- Maturidade alta/plena: líder e liderados constroem a visão
- estilo delegador
- Maturidade baixa: o líder define a visão

Figura 15.4 Diagnóstico de maturidade e estilo de liderança eficaz. Maturidade alta/plena – estilo delegador.

Na situação D, valendo-se de sua habilidade "radar", o líder diagnosticou que sua equipe possui maturidade alta/plena, cabendo a ele delegar (sem abandonar) os caminhos da mudança, do projeto ou das ações necessárias. O estilo delegador, tanto para a equipe quanto para algum de seus liderados dotado dessas características, será o mais adequado. Embora se trate de um estilo considerado permissivo, pois quase tudo está centrado na equipe ou no indivíduo que atingiu tal nível de maturidade, essa forma de liderar terá excelente aceitação. Não esqueçamos que as maturidades processuais (conhecimentos, vivências e visão) e comportamentais (habilidades e motivação) dos liderados são muito altas, havendo pouquíssima dependência em relação às orientações do líder. Este, na verdade, será considerado um "membro do grupo". Podemos afirmar que semelhante nível de maturidade proporcionará o surgimento de novos líderes em potencial.

Como diz Jack Welch (2005), a tarefa de um líder em uma grande empresa é colocar as melhores pessoas nas melhores oportunidades e as maiores quantias de dinheiro nos lugares certos. "É isso que eu faço. Transfiro as idéias geradas por mim e pelos grupos aos mais competentes, aloco os recursos necessários e saio do caminho".

Estilos de liderança: visão & ação

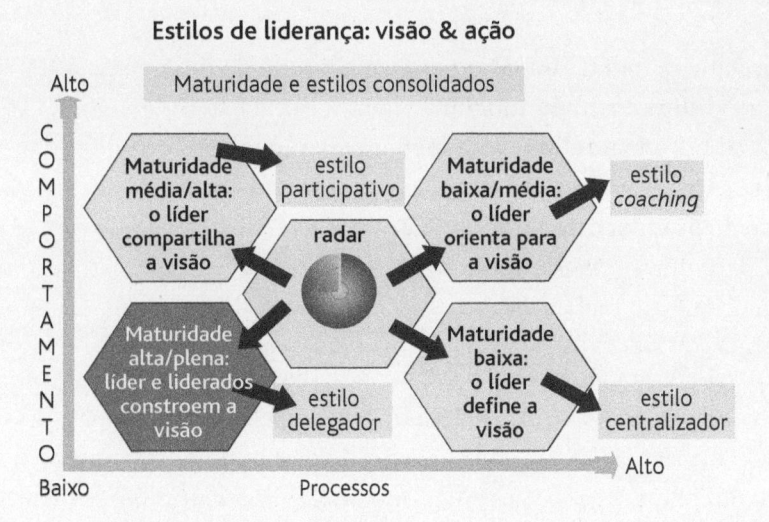

Figura 15.5 Visão sistêmica dos quatro níveis de maturidade dos liderados e os estilos de liderança mais adequados.

Na Figura 15.5, podemos contemplar os quatro estilos de liderança relacionados às respectivas maturidades detectadas pela habilidade de diagnóstico ("radar") do líder. Relembramos aqui a figura da balança no início do livro e que mostra o equilíbrio entre o conhecimento e o comportamento, que demonstra quão importantes são o equilíbrio e a integração entre as ações processuais (técnicas) e comportamentais (relacionamentos) para que a liderança obtenha resultados. No gráfico e na abordagem recém mostrados, fica clara a busca desse equilíbrio pelo líder, na medida em que ele começa com alto foco no conhecimento dos processos, migra para o refinamento do conhecimento aliado ao foco no comportamento, aprimora o relacionamento, até chegar, por via da liderança, ao estado da arte em gestão de pessoas, que é a delegação.

> **B:** Comportamentos do líder que prejudicam o exercício da liderança eficaz pelo diagnóstico equivocado da maturidade dos liderados.

Sempre que o "radar" do líder (sua capacidade de diagnosticar a maturidade dos liderados) não funcionar bem e estiver fora de foco, o estilo de liderança por ele adotado será ineficaz na percepção dos liderados, uma vez que não haverá uma aderência entre a maturidade real dos liderados e o estilo de liderança do líder. Utilizaremos as mesmas figuras da liderança eficaz para ilustrar e exemplificar casos de ações e comportamentos do líder que resultam ineficazes.

Na situação A da Figura 15.6, o líder, tendo diagnosticado uma maturidade (baixa) incompatível com a realidade (média/alta e alta/plena) de seus liderados, aplicará o estilo centralizador de gestão. Em consequência, esses o tomarão por autoritário e mostrarão baixíssimo comprometimento com sua visão e suas decisões. O clima será de obediência, medo e desinteresse pelos resultados esperados, com criatividade nula. Ninguém desejará correr o risco de cometer um equívoco e descontentar ou irritar o líder. A tendência maior do comportamento dos liderados será de acomodação, nenhum *feedback* construtivo e baixa eficácia. Já o líder – que na verdade

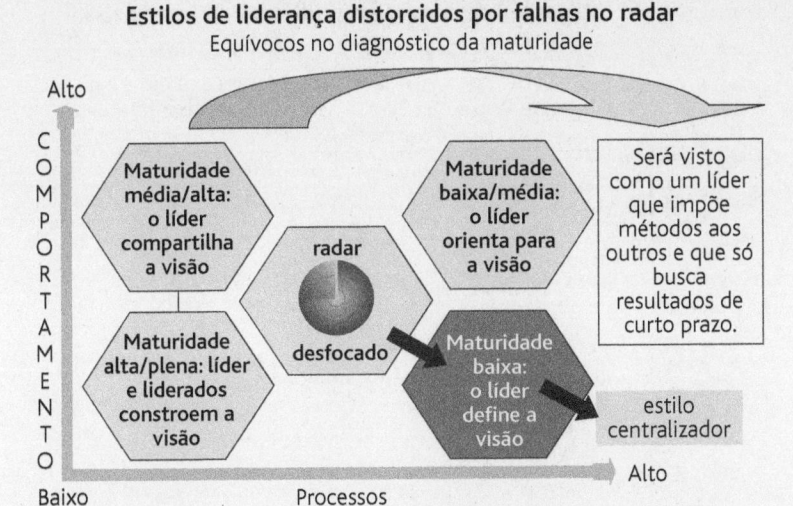

Capítulo 15 Estilos Eficazes de Liderança

Estilos de liderança distorcidos por falhas no radar
Equívocos no diagnóstico da maturidade

[Diagrama com eixos: Comportamento (Baixo a Alto) versus Processos (Baixo a Alto), mostrando hexágonos com os textos:
- Maturidade média/alta: o líder compartilha a visão
- Maturidade alta/plena: líder e liderados constroem a visão
- radar desfocado
- Maturidade baixa/média: o líder orienta para a visão
- Maturidade baixa: o líder define a visão
- estilo centralizador
- Será visto como um líder que impõe métodos aos outros e que só busca resultados de curto prazo.]

Para a situação A: a equipe é de maturidade média/alta – alta/plena e o líder diagnostica e utiliza equivocadamente o estilo centralizador.

Figura 15.6 Falha no radar/diagnóstico do líder. Ele diagnosticou maturidade baixa e agiu como tal, mas o grupo tinha maturidade média a alta. Houve reações não produtivas no comportamento dos liderados.

se caracteriza como *chefe* – tenderá a ser destituído por seus liderados, se estes tiverem o poder de fazê-lo. Usufruirá do poder outorgado pelo capital formal, mas não do poder pessoal, conferido pelos liderados.

Na situação B da Figura 15.7, o líder, uma vez mais tendo diagnosticado erroneamente uma maturidade (baixa/média) incompatível com a realidade de seus liderados (média/alta e alta/plena), empregará o estilo *coaching* de gestão. Em consequência, seus liderados vão inferir que ele não confia em sua capacidade técnica, apesar do alto desempenho da equipe, e mostrarão acentuado desinteresse pelos processos de aprendizado, pois já dominam o assunto tanto quanto o próprio líder. Ademais, será baixo o nível de comprometimento com a visão e as decisões deste. O clima será de aborrecimento, prováveis atrasos nos prazos estipulados e baixíssima criatividade. A tendência maior do comportamento dos liderados será de acomodação,

Estilos de liderança distorcidos por falhas no radar
Equívocos no diagnóstico da maturidade

Será visto como um líder que estrutura a tarefa além do necessário e que parece não ser sincero nas relações com seus liderados.

- Alto
- COMPORTAMENTO
- Baixo
- Processos
- Alto

- Maturidade média/alta: o líder compartilha a visão
- Maturidade baixa/média: o líder orienta para a visão → estilo *coaching*
- radar desfocado
- Maturidade alta/plena: líder e liderados constroem a visão
- Maturidade baixa: o líder define a visão

Para a situação B: a equipe é de maturidade média/alta – alta/plena e o líder diagnostica e utiliza equivocadamente o estilo *coaching*.

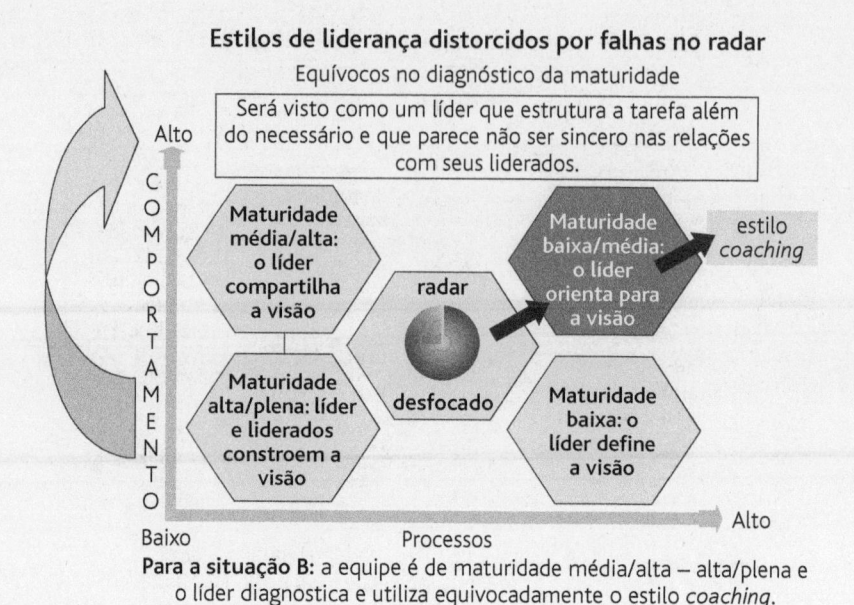

Figura 15.7 Falha no radar/diagnóstico do líder. Ele diagnosticou maturidade baixa a média e agiu como tal, mas o grupo tinha maturidade alta a plena. Houve reações não produtivas no comportamento dos liderados.

pouco *feedback* construtivo e baixa eficácia. Já o líder, que não lhes credita competência por um erro de diagnóstico, tenderá a dar pouco espaço de participação para a construção da visão e definição dos rumos dos processos. Sua principal característica será a de centralizador e "dono da verdade", razão pela qual contará com pouca colaboração e motivação de seu grupo de liderados. Além disso, poderá eventualmente tomar algum *feedback* ou contribuição da equipe como uma tentativa de confrontá-lo. Conflitos de opinião e relacionamento serão a tônica dessa liderança equivocada.

Na situação C da Figura 15.8, valendo-se de sua habilidade "radar", o líder diagnosticou erroneamente em seus liderados uma maturidade média/alta, quando, na verdade, é baixa e baixa/média. Baseados nisso, os liderados deduzirão que lhes foi depositada uma confiança muito acima de suas capacidades processuais e de alto relacionamento, o que não corresponde à reali-

Estilos de liderança distorcidos por falhas no radar
Equívocos no diagnóstico da maturidade

Para a situação C: a equipe é de maturidade baixa – baixa/média e o líder diagnostica e utiliza equivocadamente o estilo participativo.

Será visto como um líder que oferece pouca contribuição no direcionamento e na estruturação da tarefa, com exagerado apoio nos relacionamentos.

- Maturidade média/alta: o líder compartilha a visão
- estilo participativo
- Maturidade baixa/média: o líder orienta para a visão
- radar desfocado
- Maturidade alta/plena: líder e liderados constroem a visão
- Maturidade baixa: o líder define a visão

(Eixos: COMPORTAMENTO Baixo–Alto; Processos Baixo–Alto)

Figura 15.8 Falha no radar/diagnóstico do líder. Ele diagnosticou maturidade média/alta, agiu como tal, mas o grupo tinha maturidade baixa. Houve reações não produtivas no comportamento dos liderados.

dade. Mesmo apresentando a equipe um desempenho baixo/médio, o líder equivocadamente deixa de prestar apoio no campo do conhecimento, dedicando-se exclusivamente aos processos de refinamento dos comportamentos grupais. Isso infundirá nos membros do grupo acentuada insegurança, pois não dominam o assunto como o líder imagina. O nível de desempenho será baixo e poderá transmitir aos liderados a ideia de que seu líder é despreparado no campo técnico/processual e receia expor-se perante o grupo. O clima será tenso pela incapacidade de aprendizado dos liderados, pois seu líder não está atuando como *coaching*. Prazos não cumpridos e criatividade quase nula serão as principais consequências do diagnóstico equivocado. O grupo não terá iniciativa para implantar as ações necessárias, pois depende de um conhecimento que não lhe foi repassado por seu líder. Esse, por sua vez, proporcionará espaço para a participação de liderados que não darão a resposta necessária. A característica maior desse líder será a de esperar pelas iniciativas de seus liderados e a dos liderados, de esperar pelas de seu líder. Como resultado, haverá uma mútua frustração.

Na situação D da Figura 15.9, valendo-se de sua habilidade "radar", o líder diagnosticou erroneamente em seus liderados uma maturidade alta/plena já desenvolvida, quando, na verdade, é baixa e baixa/média. Baseados nisso, os liderados deduzirão que foram abandonados à própria sorte. Essa é uma situação comum entre líderes que ainda não compreenderam corretamente em que consiste a função delegar. É comum ouvi-los emitir a seguinte frase: "Como líder democrático e aderente à sociedade moderna, eu delego para todos". Um tremendo equívoco, que custará muito caro a ele

Estilos de liderança distorcidos por falhas no radar
Equívocos no diagnóstico da maturidade

Para a situação D: a equipe é de maturidade baixa – baixa/média e o líder diagnostica e utiliza equivocadamente o estilo delegador.

- Maturidade média/alta: o líder compartilha a visão
- Maturidade baixa/média: o líder orienta para a visão
- Maturidade alta/plena: líder e liderados constroem a visão
- Maturidade baixa: o líder define a visão

radar desfocado — estilo delegador

Comportamento (Alto/Baixo) × Processos (Alto)

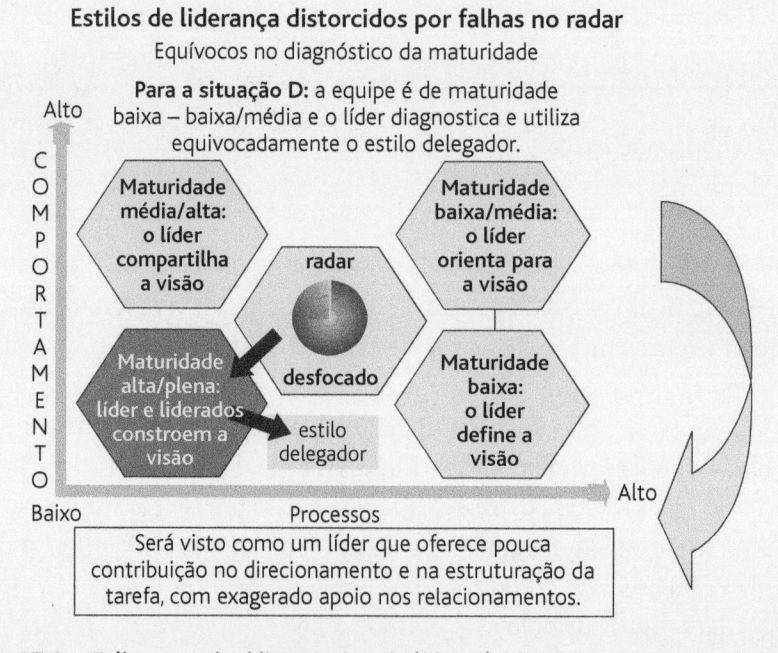

Será visto como um líder que oferece pouca contribuição no direcionamento e na estruturação da tarefa, com exagerado apoio nos relacionamentos.

Figura 15.9 Falha no radar/diagnóstico do líder. Ele diagnosticou maturidade plena/alta, agiu como tal, mas o grupo tinha maturidade baixa/média. Houve reações não produtivas no comportamento dos liderados.

e à organização. Atribuir poder a quem não tem competência relacional e técnica condizente é o mesmo que pôr uma arma de fogo na mão de um principiante. Quem tiver delegada alguma responsabilidade em tais condições, das duas, uma: ou a assumirá de forma não condizente, ou se sentirá abandonado por seu líder. Ele se perguntará: "Será que o líder me atribui mesmo tanta competência, muito além da que possuo, ou deseja que eu cometa equívocos com segundas intenções?" Isso redundará na constante busca do poder pelo poder, já que todos são tratados como iguais nas questões competência e delegação de atribuições e no baixo nível de desempenho. O clima será tenso, e as pessoas procurarão estabelecer alianças visando não à competitividade organizacional ou à agregação de valor, mas a aproximar-se do poder.

> **C:** Comportamentos distorcidos do líder mesmo quando o diagnóstico está correto.

A relação diagnóstico ("radar") *versus* estilos de liderança eficaz não é tão simples assim. Mesmo ao acertar o diagnóstico da maturidade, o líder pode enveredar por um caminho estritamente emocional e, na maioria de vezes, inconsistente e ineficaz. Vejamos adiante alguns exemplos clássicos. Na Figura 15.10, a habilidade de radar do líder acertou ao identificar um grupo ou liderado de maturidade baixa. Ele sabia que os liderados, mesmo desprovidos de conhecimento técnico/processual e de um comportamento maduro e condizente com os demais níveis de maturidade mais elevada, necessitavam de muito apoio. Só que, em vez de adotar uma atitude de líder centralizador, formal e com foco nos processos, ele se tornou agressivo, impaciente e sem a menor tolerância para com a necessidade de aprendizagem e crescimento dessa equipe ou indivíduo. O diagnóstico foi correto e racional, mas suas atitudes penderam para o campo emocional. Ele não percebeu que o grupo ou o indivíduo ainda não são capazes de dar a resposta técnica esperada. Em decorrência dessa frustração apressada e injustificada, ele criou um clima de medo e falso respeito. A curto prazo, ou enquanto perdurar tal comportamento, não haverá questionamentos,

Estilos de liderança distorcidos por problemas comportamentais do líder, apesar do diagnóstico de maturidade estar correto

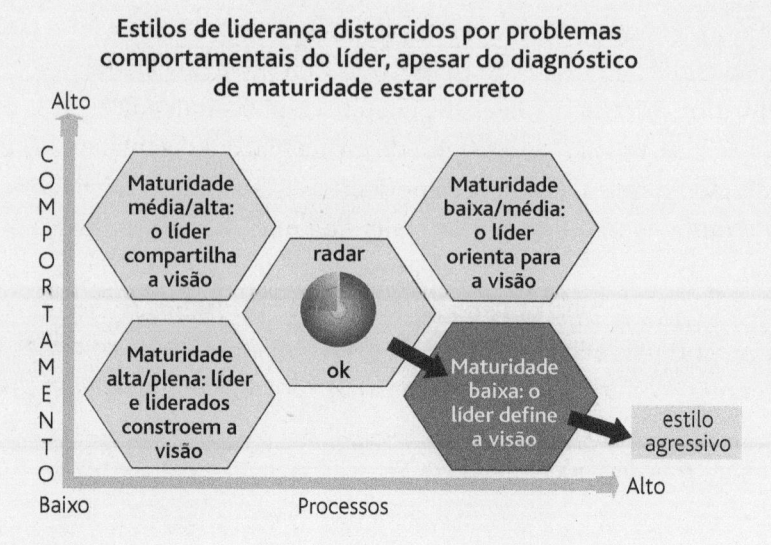

```
Alto
 ^
 C
 O
 M    ┌─────────────┐       ┌─────────────┐
 P    │ Maturidade  │       │ Maturidade  │
 O    │ média/alta: │       │ baixa/média:│
 R    │  o líder    │ radar │   o líder   │
 T    │ compartilha │       │ orienta para│
 A    │  a visão    │       │   a visão   │
 M    └─────────────┘   ok  └─────────────┘
 E    ┌─────────────┐       ┌─────────────┐
 N    │ Maturidade  │       │ Maturidade  │       ┌─────────┐
 T    │alta/plena:  │       │  baixa: o   │──────▶│ estilo  │
 O    │    líder    │       │ líder define│       │agressivo│
      │ e liderados │       │   a visão   │       └─────────┘
      │ constroem a │       └─────────────┘
      │   visão     │
      └─────────────┘                              Alto
Baixo         Processos                             ─▶
```

Figura 15.10 Diagnóstico de maturidade correto com estilo de liderança distorcido (líder com estilo agressivo em vez de centralizador).

criatividade, *feedback* ou condições de aprendizagem que proporcionem o devido crescimento do grupo ou do indivíduo.

O exemplo da Figura 15.11 também revela um diagnóstico eficaz. A habilidade de radar do líder identificou com correção um grupo ou liderado de maturidade baixa/média. Ele sabe que tanto um quanto o outro ainda não possuem boas condições de conhecimento técnico/processual e relacional. Contudo, em vez de adotar uma atitude de líder *coach*, enfocando processos e o comportamento para reforçar os relacionamentos, ele se transforma em um manipulador de seus liderados. Julga que não tem tempo (nem condições) para ensiná-los e desenvolvê-los, e que o melhor é decidir pessoalmente as questões relativas à visão e às ações, conduzindo o grupo ou o liderado para o caminho que deseja. O agravante desse comportamento é que os liderados cedo ou tarde se darão conta de que foram "usados", resultando numa brutal queda da confiança que é a base do poder pessoal por eles outorgado. Nosso líder não está percebendo que, por conta de tal atitude, o grupo ou indivíduo não o perceberão mais como líder. Por in-

Capítulo 15 Estilos Eficazes de Liderança **195**

Estilos de liderança distorcidos por problemas comportamentais do líder, apesar do diagnóstico de maturidade estar correto

[Diagrama: eixo vertical "COMPORTAMENTO" (Baixo a Alto), eixo horizontal "Processos" (até Alto). Hexágonos: "Maturidade média/alta: o líder compartilha a visão"; "radar"; "Maturidade baixa/média: o líder orienta para a visão" → "estilo manipulador"; "Maturidade alta/plena: líder e liderados constroem a visão"; "ok"; "Maturidade baixa: o líder define a visão".]

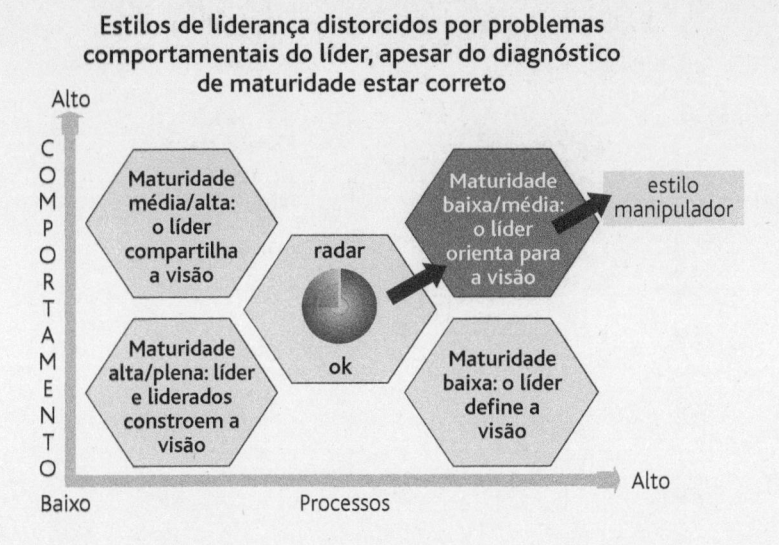

Figura 15.11 Diagnóstico de maturidade correto com estilo de liderança distorcido. (líder com estilo manipulador em vez de *coach*).

crível que pareça, ainda hoje ouvimos em determinadas circunstâncias da dinâmica empresarial líderes justificando seu procedimento da seguinte maneira: "Foi uma manipulação positiva, que procurava o bem de todos". A insegurança causada pela manipulação tornará o ambiente falso e repleto de meias-verdades. O *feedback* tenderá a ser velado e com profusão de elogios e falsos testemunhos, quando houver. Os relacionamentos e o aprendizado, necessários ao crescimento do grupo ou do liderado, serão difíceis e penosos.

No exemplo da Figura 15.12, valendo-se de sua habilidade "radar", o líder diagnosticou com precisão uma equipe ou liderado de maturidade média/ alta. Ele sabe que os liderados possuem um nível de conhecimento técnico/ processual condizente com as necessidades da problemática e dos processos que enfrentam. Ademais, tem consciência de que seu principal papel é refinar os relacionamentos em equipe, promovendo *feedback* de alto nível, *team building*, comunicação interpessoal de alto quilate, e assim por diante. O grupo ou o liderado em questão situam-se em um nível de ma-

Estilos de liderança distorcidos por problemas comportamentais do líder, apesar do diagnóstico de maturidade estar correto

[Diagrama: eixo vertical "COMPORTAMENTO" (Baixo/Alto), eixo horizontal "Processos" (Baixo/Alto). Quadrantes com hexágonos:
- Maturidade média/alta: o líder compartilha a visão → estilo paternalista
- Maturidade baixa/média: o líder orienta para a visão
- Maturidade alta/plena: líder e liderados constroem a visão
- Maturidade baixa: o líder define a visão
- Centro: radar / ok]

Figura 15.12 Diagnóstico de maturidade correto com estilo de liderança distorcido. (de compartilhar para proteger, ao estilo paternalista)

turidade que requer quase exclusivamente apoio e compartilhamento de ideias e visões. O líder, conforme afirmamos antes, e sobretudo neste caso, deixa-se conduzir fortemente pelas emoções, transformando a relação líder-liderado(s) numa relação de pai e filho(s). Ele protege e pune os liderados; evita conflitos, mesmo aqueles no campo das ideias e da inovação; promove relacionamento no campo da amizade pessoal, totalmente voltados à harmonia permanente e familiar. Em vez de adotar atitudes que incentivem a participação, a troca e o contraditório, põe "panos quentes" em todos os relacionamentos que, a seu ver, possam levar à desunião do grupo. A frustração entre os liderados é generalizada, pois dominam os processos e querem discuti-los em alto nível, mesmo que para isso alguns conflitos no campo das ideias ocorram. A tendência desse líder é exigir lealdade a si mesmo, em detrimento dos objetivos maiores e da própria organização. Quando fracassa nesse intento, julga-se traído pela equipe ou pelo liderado. Transformar profissionalismo em paternalismo fará com que tenha grandes "decepções afetivas". Nosso líder não está se dando conta de que o grupo ou o indivíduo necessitam testar suas ideias e conhecimentos avançados por meio da troca e do debate, inclusive com ele próprio. Questionamentos, criatividade e *feedback* são palavras e atitudes vistas com desconfiança, já que tendem a exacerbar as relações interpessoais, tão exageradamente protegidas e valorizadas pelo líder.

Estilos de liderança distorcidos por problemas comportamentais do líder, apesar do diagnóstico de maturidade estar correto

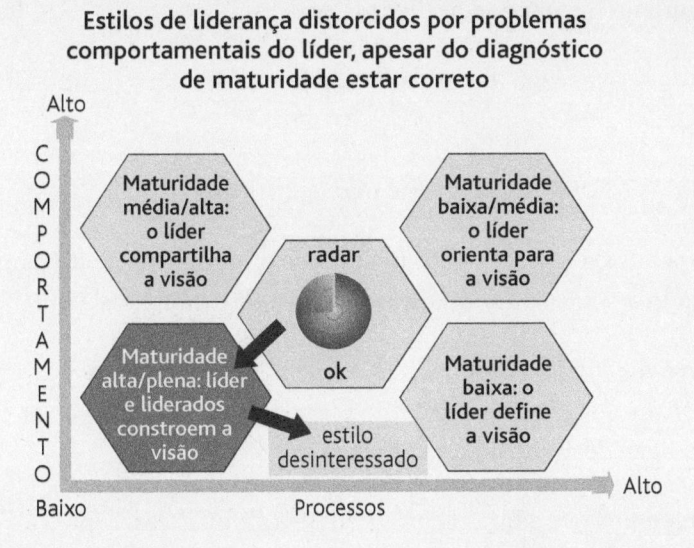

- Maturidade média/alta: o líder compartilha a visão
- Maturidade baixa/média: o líder orienta para a visão
- radar
- Maturidade alta/plena: líder e liderados constroem a visão
- ok
- Maturidade baixa: o líder define a visão
- estilo desinteressado

Eixos: COMPORTAMENTO (Baixo–Alto) × Processos (Baixo–Alto)

Figura 15.13 Diagnóstico de maturidade correto com estilo de liderança distorcido (abandono em vez de delegação).

A Figura 15.13 representa um diagnóstico de maturidade alta/plena, o que significa um grupo ou liderado com as melhores condições possíveis de receber delegação. O líder sabe, e os liderados também, que se trata de uma equipe ou liderado de alto desempenho tanto no campo processual quanto comportamental, e que os resultados apresentados são diferenciados, muito acima da média ou do esperado. Nessa situação privilegiada, o que os liderados mais esperam de seu líder é poder contar com ele como um dos membros do grupo, sempre que possível. O líder, entretanto, percebendo-se como uma pessoa que "cumpriu seu dever" ao desenvolver uma equipe de elevada competência, toma a atitude equivocada de "abandonar" o grupo. Confunde e distorce um dos conceitos mais importantes da liderança, que é o da delegação – e delegar não significa abandonar. Um dos grandes predicados dos líderes mais famosos e conhecidos da humanidade foi e é a "visibilidade", ou seja, estar presente, sempre que possível, junto a seus liderados – formar as chamadas equipes "autodirigíveis" ou, melhor ainda, *Líderes liderando líderes*, para usar o conceito de Tom Peters. Ao abandonar seus liderados mediante um processo de delegação desvirtuado, o líder irá gerar algumas consequências óbvias:

1. Não será mais considerado o verdadeiro líder desse grupo de alta maturidade.

2. Outro(s) surgirá(ão) no grupo para substituí-lo.

3. Sua presença não será mais necessária e, quando ele aparecer, será respeitado apenas como "mais um" do grupo, e não mais como líder.

4. Com a mudança da ambiência e a respectiva queda da maturidade do grupo, este sentirá grandes dificuldades para se desenvolver e recuperar o nível de maturidade anterior.

A sociedade moderna fornece uma imensa gama de exemplos de como os líderes buscam manter essa condição, buscando presença constante junto a seus liderados. Vejamos alguns:

1. O Papa João Paulo II junto à janela de seu quarto no Palácio Apostólico, nos últimos momentos de sua vida, doente e sem voz, tentando comunicar-se com o mundo católico: "Estou aqui, e vocês [fieis] são muito importantes para mim".

2. As quase diárias e planejadas aparições dos presidentes norte-americanos na mídia nacional e internacional, dialogando, apresentando fatos e se pondo pessoalmente diante seus liderados.

A situação oposta pode ser exemplificada por um caso que acompanhei em meio às minhas atividades como consultor: o superintendente de uma grande empresa que, tendo iniciado como estagiário na área de engenharia da produção, atinge, após 20 anos, esse importante e estratégico cargo na organização. A partir daí, ele, que a todos conhecia e com todos se relacionara durante anos, fecha-se em seu gabinete e passa a interagir apenas com as pessoas do mais alto escalão. Como engenheiro, era considerado um membro do grupo maior que era a empresa; como superintendente, isolou-se e abandonou seus liderados, que não mais o viam e com ele podiam se relacionar. O preço a pagar seria o mais caro. Dois anos após ter assumido esse importante cargo, a empresa foi adquirida por investidores internacionais que, consultando as pessoas de todos os escalões e especialidades, obtiveram um diagnóstico de total e absoluta resistência e não comprometimento com aquele que, no passado, havia sido um dos melhores e mais competentes colegas de trabalho. Ele tinha perdido tudo isso em virtude de sua baixa visibilidade junto aos liderados. Mas acabou perdendo mais: perdeu sua posição e seu emprego.

Como toda a atividade humana requer uma ação implementadora, corretiva ou de melhoria, o diagnóstico torna-se a base fundamental para a eficácia e o sucesso. Para um tratamento eficaz na medicina, a cura depende da visão clara das causas; nas empresas, o diagnóstico claro e real da causa do mau desempenho e desperdício levam à solução. Na liderança não é diferente. Cabe ao líder diagnosticar claramente a situação em que ele e seus liderados vão se envolver, a maturidade do grupo e o estilo de liderança mais adequado. Diagnóstico e estilos adequados geram comprometimento que ocasionam resultados diferenciados. Diagnóstico e estilos equivocados destroem a relação de confiabilidade entre as partes envolvidas e, consequentemente cai o desempenho e a produtividade. Quanto mais mutável e quanto mais complexo forem as situações, maior e mais refinada deve ser a capacidade de leitura da ambiência pelo líder.

Capítulo 16

Os Sete Pecados da Liderança

Muitas pessoas ainda não se deram conta das profundas transformações ocorridas nos últimos anos, só se sentindo tocadas pelas mudanças mais próximas, aquelas que afetam o seu dia-a-dia. Se as mudanças tecnológicas são mais fáceis de detectar, o mesmo não se pode dizer das alterações nos conceitos e atitudes relacionados ao comportamento humano. É por isso que nos admiramos quando observamos o comportamento de nossas crianças e jovens, muito mais "ligados" e integrados ao mundo real. É comum, por exemplo, chamarmos a atenção de um filho pequeno, ou mesmo de um neto, e recebermos uma resposta que nos confunde e surpreende. Por exemplo, se pedimos a uma criança de três ou quatro anos de idade para não mexer em nosso computador, ela pergunta por quê. Se nos limitamos a responder, um tanto sem paciência, "ora, porque não!" – afinal, estamos preocupados com as possíveis consequências de uma criança que mal aprendeu a andar lidando com as informações de toda a nossa vida —, eis que ela retruca, rápida como um raio: "*Porque não* não é resposta!". A rigor, o que ela quer de nós é uma razão lógica para decidir se irá nos obedecer ou não. Se é assim com as crianças, o que dizer de pessoas com maturidade superior, muitas vezes com longos anos de empresa, recebendo determinações dessa forma?

Com efeito, as ligações que mantemos com o passado muitas vezes nos impedem de enxergar as profundas mudanças que estão ocorrendo na sociedade mundial. No campo da liderança, identifico sete principais espécies de miopia, decorrentes de crenças profundamente arraigadas em nosso espírito. São o que chamo de sete pecados capitais, cometidos por muitos executivos.

1. **Acreditar que os líderes nascem prontos.** O famoso líder nato abençoado por Deus ao nascer. Podemos, figurativamente, estimar que o critério na escolha divina dos líderes era de um líder em média para cada 20 a 30 mil liderados. Na verdade, o que ocorria no tempo de nossos avós e de nossos pais é que os líderes se mantinham por mais tempo nessa condição, haja vista a reduzida velocidade nos processos de mudança. Havia, portanto, um ciclo de vida maior para a mesma liderança.

2. **Acreditar que manda quem pode e obedece quem tem juízo.** Se o fulaninho de 3 anos de idade não aceita mudar seu comportamento sem que lhe demos algum motivo para isso, o que dizer de adultos? É claro que as pessoas irão obedecer por medo, mas o comprometimento será baixíssimo. No fundo, elas torcerão pelo nosso fracasso.

3. **Acreditar que é válida a busca do poder pelo poder.** Para conhecer alguém melhor, dê-lhe poder. Esse pensamento, que já foi explorado no início da obra, quando comparamos o poder hierárquico com o poder da liderança, demonstra a diferença abissal entre quem exerce o poder em benefício próprio, ou de um pequeno grupo, e aquele que o aplica visando ao bem comum. Em princípio, todos os seres humanos querem mais poder, o que por si só não é negativo. A forma como

é buscado e os interesses velados que o rodeiam é que distorcem a finalidade dessa busca. As consequências desta e a utilização de poder autocrático e egocentrado são o medo e a obediência sem contestação. Ideias, inovações e a alegria de contribuir se perdem nesse processo.

4. **Acreditar que a maturidade para a liderança não muda.** Uma vez líder, sempre líder. Essa conclusão precipitada nos remete ao obscuro e desvirtuado pensamento de que o mundo está estagnado, as pessoas serão sempre iguais, os mercados e a tecnologia permanecerão idênticos, e assim por diante. Se a sociedade e os processos mudam constantemente, é evidente que a maturidade dos líderes também deve evoluir. O líder de hoje poderá não o ser amanhã: basta que se desatualize profissionalmente, que não promova acréscimos e avanços no desenvolvimento de suas habilidades, que descuide da visão ou se deixe levar pela rotina e pela acomodação. Talvez ele até permaneça como "chefe", mas já não será aceito como líder. E a culpa disso não será de seus liderados, pois eles não têm o poder de substituí-lo. O que farão é retirar todo o comprometimento que antes lhe devotavam.

5. **Acreditar que só existe liderança na hierarquia.** Altamente eficaz e produtivo será o ocupante de um cargo ou função de mando formal que também exerça o poder pessoal junto a seus liderados. Nesse caso, já usufruindo da autoridade formal para destinar recursos físicos, tecnológicos e financeiros ao objetivo que pretende alcançar, ele contará com o apoio e o comprometimento de seus liderados. Mas nem sempre é assim. Atualmente, temos muitos executivos em cargos formais que não são líderes e pessoas sem nenhum poder na hierarquia formal que desfrutam do sólido poder pessoal da liderança. Relembremos: chefia é a outorga do poder formal; liderança é a outorga do poder pessoal, conferido pelos liderados. No primeiro caso, o poder é concedido de cima para baixo; no segundo, emana de baixo para cima.

6. **Acreditar que uma resposta positiva do grupo implique comprometimento.** Como vimos anteriormente, o líder deve estar sempre muito atento e disponível para atuar com e por intermédio de seus liderados. Mesmo nos processos de delegação, em que se pressupõe elevada maturidade, o líder deve constituir-se num membro do próprio grupo, pois delegar não significa abandonar. Estar visível para os liderados é um dos fatores mais importantes para o eficaz exercício da liderança. Muitos líderes perdem tal condição ao ignorar que os seres humanos são essencialmente carentes e que a presença do líder os ajuda no campo afetivo e da autoestima.

7. **Acreditar que o líder é a personagem mais importante no exercício da liderança.** Em nosso ponto de vista, os liderados são mais importantes que o líder, pois sem eles não haveria sequer condições para o exercício da liderança. Eles é que têm o poder de conceder e retirar essa outorga. Também são eles que definem o estilo e a forma como querem ser tratados por seus líderes (constituem parte importante do "ambiente"). Esses estilos irão variar dos mais direcionados e centralizados no líder até os mais afetivos e compartilhados.

Os líderes são seres humanos e não extraterrestres. Em uma interessante passagem do filme *Coração Valente*, os amadores combatentes da Escócia (eram campesinos) estavam receosos de enfrentar o profissional exército inglês no campo de batalha. Neste instante, percebem a chegada de um grupo de homens liderados por um lutador com exóticas pinturas no corpo. Quando ele se apresentou como sendo Willian Walace, o guerreiro famoso que já tinha enfrentado e vencido várias batalhas, um camponês que não o conhecia, comentou: "Não pode ser ele. Willian Walace tem mais de dois metros de altura."

As pessoas sempre projetam seus líderes como uma espécie de super-homens, o que não corresponde à realidade. Eles eram os mais preparados e mais aptos para as situações que se apresentaram diante deles e de seus liderados. Os pecados que os líderes cometem eventualmente têm servido como fonte de permanente aprendizado. Não cometê-los ou, pelo menos ter consciência deles, é um importante caminho para que os líderes não se apoiem em percepções meramente pessoais. Willian Walace, Mohandas Gandhi, Nelson Mandela, Martin Luther King Jr. e tantos outros líderes de sucesso compreendiam muito bem e evitavam cometer esses sete pecados capitais.

Capítulo 17

Pérolas da Liderança

São muitas as pérolas que ouvi e tive a oportunidade de registrar quando do desenvolvimento de centenas de seminários de liderança para altos executivos. As 100 pérolas citadas neste capítulo representam as incongruências constantemente registradas nas dinâmicas do processo decisório em equipes. São os diálogos registrados durante este processo e que demonstram objetivos e métodos diferentes daquele que foram estabelecidos/negociados antes de iniciado o trabalho. Assim, o comprometimento dos participantes com a resultante final não é mais considerado, mas sim o fato de que cada um querer impor as suas ideias aos demais.

Um dos exercícios mais interessantes utilizados no desenvolvimento de líderes é o da tomada de decisões em equipe. Nele, três temas são abordados: produtividade, qualidade de vida e deficiências organizacionais. Esses temas foram escolhidos por serem universais na linguagem e nos objetivos organizacionais. Como os líderes/participantes são, muitas vezes, oriundos de empresas completamente diversas (comércio, serviços, indústria e terceiro setor), eles se sentem familiarizados com as três temáticas propostas. O foco maior deve ser o jogo de poder e não as decisões em si. O *feedback* posterior ao exercício aborda o processo (o que fizeram, como agiram) para a obtenção dos resultados propostos.

I. – Produtividade

A pergunta é: em sua opinião, quais dos fatores enumerados a seguir são os mais significativos para o aumento da produtividade nas organizações? Após marcá-los individualmente, compartilhe-os com seu grupo e organize uma nova ordem de fatores conforme a visão deste. Dê número 1 para o fator mais prejudicial, 2 para o segundo mais prejudicial, e assim por diante, até o número 10, que deverá ser dado à condição menos influente na queda da produtividade organizacional.

- Atualização tecnológica
- Pessoal capacitado
- Sistema de participação nos resultados
- Gerenciamento competente
- Planejamento estratégico
- Investimentos de capital
- Criatividade na solução de problemas
- Eficácia na gestão de custos
- União dos grupos internos
- Trabalho em equipe

II. – Qualidade de vida no trabalho

Pergunta-se aos indivíduos e aos grupos: em sua opinião, quais dos fatores enumerados a seguir são os mais significativos para a qualidade de vida na organização? Após marcá-los individualmente, compartilhe-os com seu grupo e organize uma nova ordem dos fatores conforme a visão deste. Dê número 1 para o fator mais importante, 2 para o segundo mais significativo, e assim por diante, até o número 10, que deverá ser dado à condição que menos afeta a qualidade de vida nas organizações.

- Liberdade de decidir – delegação
- Semana de trabalho reduzida
- Aumentos de salários por méritos
- Ambiente físico de trabalho agradável
- Trabalho reconhecido – *feedback* positivo
- Espaço para participação nos processos decisórios
- Associação de grupos – coleguismo e integração
- Programas de desenvolvimento
- Plano de carreira e de benefícios atraente
- Poder para tomar decisões – crescimento na hierarquia formal

III. – Deficiências organizacionais

Pergunta: em sua opinião, quais dos fatores enumerados a seguir são os mais significativos para a queda nos resultados organizacionais? Após marcá-los individualmente, compartilhe-os com seu grupo e organize uma nova ordem de fatores conforme a visão deste. Dê número 1 para o fator mais prejudicial, 2 para o segundo mais prejudicial, e assim por diante, até o número 10, que deverá ser dado à condição menos influente na queda do desempenho organizacional.

- Ausência de competência gerencial
- Estrutura organizacional superada
- Desmotivação
- Processo decisório centralizado

- Comunicações internas deficientes
- Orçamento apertado
- Pessoal pouco competente
- Leis governamentais e impostos
- Demasiados controles gerenciais
- Baixa criatividade

A tarefa proposta aos indivíduos e grupos consiste em ordenar os 10 fatores de cada uma das três áreas de excelência conforme sua importância – primeiro individualmente e depois em grupos, mediante consenso. O trabalho é dividido em dois tempos: apenas 10 minutos para as marcações individuais e 45 minutos para as dos grupos. A análise do resultado final do exercício não enfoca a questão técnica em si, mas o processo utilizado pelas pessoas na busca do consenso. Ao final, um *feedback* estruturado em uma regra ordenada de cinco fatores e suas consequências são analisados, proporcionando aos grupos a oportunidade de refletir e chegar a alguns *insigths*.

1. **Organização** (clareza do objetivo do trabalho, tempo estipulado, coordenação, papéis de cada participante).

2. **Método** (relacionado ao processo decisório, à complexidade da tarefa e ao tempo disponível: consenso, maioria).

3. **Participação** (envolvimento das pessoas nas discussões, apresentação de argumentos, capacidade de negociação).

4. **Capacidade de ouvir** (atentar para os argumentos e visões dos demais colegas, sobretudo quando apresentam divergências significativas. A importância desta habilidade (ouvir) é compreender as razões e os modelos mentais de todos os envolvidos, buscando o melhor para a equipe. Esta atitude tende a reforçar as próprias convicções ou permitir-se convencer pela exposição do contraditório).

5. **Comprometimento** (comparando-se as marcações derivadas da visão pessoal e aquela resultante do trabalho grupal, com as muitas diferenças entre uma e outra, os componentes do grupo, em sua totalidade, apresentariam as conclusões finais de forma convincente, como se fossem suas?).

Ao ler os diálogos mais ouvidos e anotados nas centenas de grupos trabalhados, não se esqueça de centrar sua análise nos cinco fatores citados, sobretudo no fato de que o resultado dos trabalhos em grupo deveria contar com o apoio e o comprometimento de todos. Qualquer um que fosse designado para falar em nome dos participantes do grupo teria de fazê-lo apoiando com convicção a resultante do trabalho realizado.

A seguir, apresento, grifadas e transcritas *ipsis verbis*, as 100 pérolas retiradas dos diálogos mais comuns entre esses milhares de participantes. Ao lado delas, entre parênteses, é destacado um dos cinco fatores referidos (Or = organização; Me = método; P = participação; CO = capacidade de ouvir; Pa = participação e Co = comprometimento). Abaixo de cada pérola, permito-me tecer alguns comentários num espírito informal e bem-humorado.

1. **Qual é mesmo a tarefa? (Or)**
 (Mesmo a tarefa tendo sido exaustivamente explicada antes do trabalho, permanece a dúvida.)

2. **Puxa, está tudo diferente! (Co)**
 (Ao olhar vagamente para as marcações dos colegas.)

3. **A minha primeira é... (Me)**
 (Frase ilustrativa do sentimento de posse e individualismo, pois o grupo mal se havia acomodado nas cadeiras.)

4. **Quem sabe a gente faz uma média? (Me)**
 (Para que discutir tanto e criar conflitos de opinião? A média agrada a todos.)

5. **Já que está difícil por cima, vamos começar por baixo? (Me)**
   (A falta de um método de decisão leva à necessidade de eliminar as mais fáceis.)

6. **E que tal uma por cima e outra por baixo? Assim já eliminamos as mais fáceis. (Me)**
   (Meu método é mais democrático que o seu, já que envolve as duas pontas do processo.)

7. **Você muda a sua para 'fechar'?**
   Tudo bem, eu mudo, mas a próxima tem que ser... (CO)
   (Não estou convencido de que essa é a melhor decisão, mas, se eu conseguir negociar a próxima, fica tudo bem. Perco numa, mas ganho na outra.)

8. **Apoio qualquer uma porque a minha já 'saiu'. (Pa)**
   (Bem, nesse caso, não tenho como perder. Essa pode não ser a melhor decisão, mas, já que o grupo quer fechar mais uma, vou colaborar.)

9. **Concordo em mudar a minha, porque 'deu perto'. (Pa)**
   (Já que o colega colaborou com a dele, que já saiu, eu também posso ser um colega legal cedendo um pouco. Afinal, está perto e eu não vou conseguir convencê-los do contrário mesmo. Melhor perto do que longe.)

10. **Mude a sua e não complique! (CO)**
    (Mas será que esse cara não se dá conta de que está passando do limite? Como ele ousa ter uma ideia diferente da maioria?)

11. **Quantas vocês já 'bateram'?**
    Nenhuma, mas deu tudo na trave! (Co)
    (*Bater*, nesse caso, é combinar a marcação individual com a decisão do grupo. O que não significa, em absoluto, que essa tenha sido a melhor decisão. Quando digo *deu tudo perto*, não estarei querendo dizer que não sou tão diferente e ignorante quanto possam pensar?)

12. **Consenso é maioria?**
    Neste caso é! Estamos em seis no grupo; portanto, onde der quatro votos, 'matou'! (Me)
    (O tempo é limitado, a discussão pode ser longa, o trabalho, estafante... então, para facilitar, vamos mudar o conceito de consenso, que passa a ser *maioria*. Os votos discordantes inferiores aos da maioria serão mortos com suas ideias e convicções.)

13. **Concordo com você! Concordo com você, mas... (CO)**
    (Puxa, esse cara tem tantos argumentos e fala tanto! Quem sabe eu não concordo discordando?)

14. **Nessa eu concordo com você. (Pa)**
    (E nas outras 29? Em 30 decisões coletivas, ele se manifestou dessa forma em apenas uma!)

15. **Quantos fatores faltam 'encaixar' para 'fechar' de 1 a 10? (Me)**
    (Mas que jogo é esse? O mérito e os argumentos foram esquecidos para poder fechar o quebra-cabeças? Será que o método empregado não foi o do um por cima e outro por baixo?)

16. **Consegui 'bater' a primeira!**
    Só uma? Nesse eu quase gabaritei! (Co)
    (Que sofrimento para bater uma! Seu colega de grupo não vai perder a oportunidade de dizer que é melhor que você e que talvez o tenha manipulado o tempo todo. Meu objetivo é vencer!)

17. **Querem a minha marcação como gabarito? (Or)**
    (É brincadeira? Claro que é... mas vá que eles topem...)

18. **Olha o tempo! Olha o tempo! Alguns grupos já terminaram e foram liberados para o *coffee break*. (Or)**
    (Racionalizar e agilizar o trabalho? Claro que não. Os colegas que terminaram antes foram liberados para o intervalo e poderão agora comer todo o *coffee break*, não sobrando nada para nós.)

19. **Isso tudo aí pode acontecer nas empresas de vocês. Na minha, não! (CO)**
    (Mas claro que sou diferente. Minha empresa é diferente, não tem nada a ver com a de vocês nem com a tarefa atual.)

20. **Se essa é a 6ª, então essa é a 7ª, essa é a 8ª e, quem sabe, a 9ª e a 10ª 'sejam decorrência'? (CO)**
    (Este grupo é muito devagar e não estamos conseguindo evoluir na sétima questão. Já que é assim, quem sabe eu não condiciono o grupo para uma decisão em bloco. Claro que as respostas sugeridas por mim são as do meu gabarito.)

21. **Veja se não erra a soma para calcular a média. (Pa)**
    (O trabalho foi dividido. Cada um informa sua marcação, e um matemático foi escolhido para trabalhar os números e calcular as médias. Como os demais não fazem nada, por que não cobrar desempenho do único que está trabalhando?)

22. **Qual é a mais importante? A que tiver a pontuação mais alta ou a mais baixa? (Me)**
    (Estamos no meio da tarefa, mas ela é meio complicada. No cálculo da média, qual é a que vai ser a mais importante?)

23. **O que é que vocês estão discutindo aí? (Pa)**
    (Êpa! Mas não era um trabalho para ser realizado em equipe? Subgrupos informais surgiram como prova de união e convergência?)

24. **Como é mesmo a que ficou como primeira? E a segunda? E a próxima? A próxima ainda não foi discutida! (Pa)**
    (A participação do colega na solução da tarefa parece ser muito intensa...)

25. **Pessoal, deu outro empate. Quem quer ter o voto de Minerva? (Me)**
    (As médias não eram para ajudar? Mas que método é esse que só cria empates e mais empates? Quem sabe alguém decide pelo grupo?)

26. **As últimas três que faltam são a 8, a 9 e a 10. Qual a ordem de importância que o grupo vai atribuir?**
    Qualquer uma... é tudo igual. (Pa)
    (Mas que pergunta é essa do coordenador? Já estamos atrasados, levamos um tempo enorme discutindo as mais importantes, e ele que continuar discutindo assuntos de menor importância?)

27. **Concordo com a sua opinião para 'fechar' o exercício. (Pa)**
    (Concordar para fechar é o mesmo que concordar por convencimento? Que excelente colega aquele que concorda para concluir logo a tarefa. Onde será que foi parar o comprometimento?)

28. **Com essa decisão do grupo eu concordo discordando. (Co)**
    (Ou seja, no momento em que tudo der errado, espero que vocês se lembrem de que eu fui contra.)

29. **Mude a sua que 'fecha'!**
    Eu não. Já mudei duas. Outro que mude. (Co)
    (Já me violentei duas vezes por causa de uma mudança induzida. Quem sabe cada um se violenta em suas convicções e crenças de forma democrática, por rodízio?)

30. **Estamos atrasados. Só falta o nosso grupo terminar a tarefa. Quem sabe cada um decide uma sem discussões e pronto. Caso contrário, vamos perder o intervalo. (Co)**
    (Não ter intervalo é um custo muito alto para buscar o consenso. Vamos decidir essa parte individualmente e de maneira rápida, para usufruirmos do *coffee break*.)

31. **Acho que o trabalho está ficando mais ou menos bom. (Co)**
    (Já que o trabalho não pode ser ótimo, que seja mais ou menos bom. Afinal, excelência é uma utopia mesmo.)

32. **Pessoal, vamos aproveitar o tempo que sobrou para rever algumas?**
    Mas de jeito nenhum! Está louco? Marcou, está marcado. (Me)

(Para que rever a tarefa, mesmo tendo tempo? O que foi decidido com tanto esforço deve ser mantido a todo custo, não importando se pode haver uma chance de ser melhorado.)

33. Nesta parte do exercício eu 'matei a pau'. (Co)
    (De que vale ter levado o grupo a concordar com sua visão em determinada parte do processo, se este "matar a pau" também matou o comprometimento dos demais membros da equipe?)

34. Qual o seu primeiro fator? É mesmo? Tem certeza? (Co)
    (Só porque a visão do colega não é igual à minha, será que ele está errado? O que vale mais: buscar o consenso sem discussão, ou debater as diferenças e chegar a um ponto em comum?)

35. Como é que pode? Este fator, para você, tem baixíssima importância (9º) e, na minha visão, é o principal (1º)? (CO)
    (Tudo bem que as pessoas percebam as coisas de forma diferente, mas tão diferente assim? E por que será que o outro é sempre o que está equivocado?)

36. Depende, pessoal, depende.
    Depende de quê?
    Depende... depende... (CO)
    (Na falta de argumentos, o melhor mesmo é levantar poeira e instilar o sentimento de que os outros é que deixaram escapar algo importante em suas análises. Como eu também não tenho a mínima ideia daquilo que está sendo discutido, mas não quero que a resposta seja diferente da minha, o melhor a fazer é deixar dúvidas no ar.)

37. Marquei diferente, mas tudo bem: eu mudo. (Pa)
    (Mas que colega amigo! Que pessoa que acrescenta sinergia ao grupo! Ora, mudar sem estar convencido é o caminho mais distante para o comprometimento e o mais próximo do torcer para dar errado.)

38. **Se vocês acham que esta alternativa é a melhor, tudo bem. Para mim, é outra, mas se o grupo quer... (Pa)**
    (O grupo manda. Até porque eu não estou convencido da minha visão, e vai dar muito trabalho para que os outros a adotem; então, o melhor é jogar a responsabilidade para cima dos colegas.)

39. **Ainda estou defendendo o meu 1. (CO)**
    (O meu 1 é meu. Eu o defini como 1 em apenas 10 segundos, por intuição, quando realizei a tarefa individualmente. Mas já que marquei assim, vou lutar até o fim. Não importa que os argumentos e a lógica sigam noutra direção.)

40. **Fala aí, fulano!**
    Falar o quê, se vocês já decidiram a maioria sem mim? (Pa)
    (Já que eles decidiram quase tudo entre eles, como se atrevem a solicitar minha participação agora? Só quero ver o que vai dar no final...)

41. **Qual o que vamos discutir agora? Tem que ser um que ainda não foi votado. (Me)**
    (Já que a tarefa virou eleição, para que discutir os que tiveram a maioria dos votos? Discutem-se apenas os mais polêmicos e os que geram opiniões diversas.)

42. **A 8ª e a 9ª opções são parecidas.**
    Então, marque qualquer uma. (Co)
    (Só faltava ter que discutir as últimas em grau de importância. Tanto faz qual seja: olha o tempo e marca logo!)

43. **Não estou convencido, mas acompanho a maioria. (Co)**
    (Acompanha por falta de convicção ou de argumentos?)

44. **O pior, para mim, foi um fator que defini como 2º e que ficou na 9ª posição. (Co)**
    (Realmente, a derrota foi contundente. Como aceitar argumentos lógicos que demonstram o quanto eu estava errado?)

45. Só quero ver no que vai dar. (Co)
    (Como poucos concordaram comigo, é certo que vai dar tudo errado.)

46. Quem sabe cada um expõe a sua ideia? (Or)
    (Parece que ainda há dificuldades em ouvir os colegas da equipe.)

47. Para mim, o 1º fator é o planejamento estratégico, e não abro! (CO)
    (Não vem que não tem! Podem arrumar os argumentos que quiserem, que no máximo serei voto vencido.)

48. Puxa vida, vou ter que ir por vocês nesta parte do exercício, porque marquei todas as questões invertidas. (Pa)
    (Já que inverti a análise da tarefa, nem se preocupem em ouvir a minha opinião: acompanho a maioria, sem nenhum problema. Será que inverter parte da tarefa, ou mesmo toda ela, fará alguma diferença para esse participante?)

49. Fala de uma vez, pelo amor de Deus! (CO)
    (Como tem gente amarrada e enrolada! Por que não são tão claros e rápidos quanto eu?)

50. Mas vocês são capitalistas, não? (CO)
    (Para ideias e convicções diferentes, nada melhor que rotular.)

51. Este fator ficou como 3º? Então, 'bati' mais uma! (Pa)
    (O que importa é que permaneceu como 3º e que acertei outra. Saber se essa foi a decisão mais adequada e eficaz é coisa secundária.)

52. Você pode até ter razão, mas, como o grupo decidiu diferente, vale a opinião da maioria. (Me)
    (De que adianta você estar certo, se a maioria quer algo diferente?)

53. A sequência de respostas, pela média, ficou assim: 4, 2, 5, 8, 10, 1, 3, 7, 9 e 6. Ficou bom para vocês?

É... mais ou menos. (Co)
(Fazer a média sem discutir o mérito só está bem para os que acertam mais.)

54. Espere aí, que estou meio perdido. Repita como ficou a sequência, por favor. (Pa)
(Para que prestar atenção e participar, se fica mais fácil apenas copiar?)

55. Ok! Ok! Esta questão vocês ganharam. (Co)
(A batalha está dentro da própria equipe. Quando uns ganham, é porque outros perdem.)

56. Olha só como está ficando a marcação do grupo! Todas diferentes da minha. Quá, quá, quá. (Co)
(E agora? Como vou defender essas ideias? Tomara que outro seja o líder do grupo e que apresente esses resultados.)

57. Não concordo com a posição do grupo, porque não tem nada a ver. (Co)
(Um bom argumento técnico, lógico e científico sempre ajuda a justificar nossa posição contrária.)

58. Só falta você. Marca aí, que 'fecha'. (Co)
(Sempre tem um para complicar, mesmo colocando nele toda a responsabilidade por não ter fechado.)

59. Cada um tem que ter a sua opinião. Desse jeito, vou pedir para trocar de grupo. (CO)
(Fugir da raia é uma das formas de esconder a falta de argumentos e convicções.)

60. Olhe o tempo. Vamos mais rápido. Bote essa como 3ª.
Mas eu tenho essa aí como 8ª.
Põe como três, que 'fecha' e aí terminamos. (Co)

(Pelo grupo, todo sacrifício é válido, mesmo aceitar posições radicalmente contrárias.)

61. Ambiente que nada! Se o salário é bom, ele pode trabalhar até numa caverna. (Pa)
(Com dinheiro na mão, para que outras coisas?)

62. Se a 9ª é *liberdade de decidir*, então 'fechamos'. E a 10ª, como fica? Puxa vida, a 10ª só pode ser a que sobrou. (Pa)
(Puxa vida, o único participante inteligente deste grupo parece ser eu.)

63. 'Matei' quatro sobre dez! (Co)
(Nada como manter um desempenho superior ao do grupo, mesmo sendo baixo.)

64. Este grupo é demais. 'Fechamos' o exercício. Bingo! (Co)
(Desafio encerrado. Todos são excelentes. A efêmera vitória ainda não foi devidamente avaliada, mas o que importa? Importa que terminamos!)

65. Quem sabe, para facilitar o consenso, dividimos cada exercício em três blocos? Escolhemos os três últimos, depois os três primeiros, e aí só vai faltar 'encaixar' os quatro do meio. (Me)
(Em se tratando de metodologia decisória, criatividade sempre ajuda, por mais complicada que possa parecer.)

66. Olha só: não fez a tarefa e fica copiando dos outros. (Pa)
(Nada se compara ao prazer de jogar pedras no telhado dos outros. É só darem uma chance!)

67. Minha escolha está colada com a sua. (Co)
(Uma forma diferente de dizer que ambas as visões convergem e que já são dois os aliados para conquistar os demais.)

68. Pelo amor de Deus, criatura! Antes de falar, pense bem, pense bem! (CO)
    (Será que Deus poderá me ajudar neste caso, iluminando meu colega?)

69. Quer dizer que, se fizermos o exercício pela média dos pontos de cada um do grupo, pode haver empate?
    Pode.
    E aí, como vamos fazer?
    Aí a gente desempata. (Me)
    (Para uma pergunta óbvia, uma resposta mais óbvia ainda.)

70. Vocês não conseguem perceber o quanto sou um colega democrático? Só que sou rápido, gente. (CO)
    (Eu falo rápido, pergunto rápido, escuto mais rápido ainda e decido super-rápido. Então, façam o favor de me acompanhar.)

71. Muda aí, que você vai agradar a todos.
    Está bem, eu mudo! (Co)
    (Nada como conquistar amizades pelo servilismo.)

72. Desses dois fatores restantes, qual será o que menos prejudica? (Co)
    (Já que o melhor está difícil... quem sabe não vamos pelo menos pior?)

73. Você ficou chateado nessa? (Co)
    (Será que ele se incomoda tanto quanto eu quando perde?)

74. Não estou conseguindo entender você. Não enrole. (CO)
    (Impressionante como as pessoas não sabem se comunicar, apesar de toda a minha boa vontade em ouvir.)

75. Vou votar com você nessa, em sua homenagem! (Co)
    (Nada como aproveitar a chance de deixar alguém em débito conosco. Quem sabe se no futuro não haverá uma reciprocidade?)

76. **E aí, como ficamos?**
    Acho que está ganhando o planejamento estratégico. (Co)
    (Sempre que o grupo estiver em dúvida, tente introduzir uma verdade, mesmo que parcial.)

77. **Se assim fica bom, o contrário também fica. (Co)**
    (Nada como confundir para reforçar uma divisão e, quem sabe, tirar o colega de cena.)

78. **Vamos deixar marcado como está. Se der tempo, depois a gente volta. (CO)**
    (Não houve consenso, mas a marcação está de acordo com a minha. Quem sabe se no final não sobra tempo e eu bato mais uma?)

79. **Se vier mais um voto para o nosso lado, dá maioria. (Me)**
    (Percebe-se a sólida união deste grupo. Algum membro pede a adesão de alguém de outra facção, para que a sua possa vencer.)

80. **Se a dúvida está entre colocar como 5 ou 7, sugiro então que se coloque como 6. (Pa)**
    (Caramba, se há uma maneira de agradar a todos, por que não?

81. **Nessa você deu uma de chefe! (Co)**
    (No momento certo, manda quem pode e obedece quem tem juízo, mesmo sob protesto!)

82. **Aqui tem 15 pessoas falando ao mesmo tempo. (CO)**
    (Democracia participativa é isso mesmo: todos falando juntos.)

83. **Essa nós ganhamos. Vocês mudam. (Co)**
    (Como é bom anunciar uma vitória, mesmo quando é contra nossos próprios pares.)

84. **Assim não vale. Não é assim que vamos conseguir. (Co)**
    (No amor e na guerra, tudo é válido. Ah, nas discussões em grupo, também.)

85. **Agora que fechamos a primeira parte da tarefa a ferro e fogo, a segunda rodada vai ser mais fácil. (Me)**
    (Aprendizado é sofrimento, mas no final fica claro que, arestas aparadas, algumas bocas caladas e certos participantes ausentes, tudo será mais fácil.)

86. **Essa eu concordo que fique no máximo como de intensidade 7. (Co)**
    (Para tudo há um limite, senão a coisa vira conflito.)

87. **Já é a segunda que vocês ficam me devendo. (Co)**
    (A derrota será cobrada a qualquer custo, pois a vitória dos outros também foi conquistada assim.)

88. **Olha só como está ficando! Não estou concordando muito, não... (Co)**
    (Se pontualmente a visão está consistente, na visão do conjunto e das interdependências a coisa muda de figura... Mas enfim...)

89. **Decisões de grupo são assim: uma você perde... e a outra também! Quá, quá, quá. (Co)**
    (Um grande consolo para quem tem tido, sistematicamente, suas ideias rejeitadas pelo grupo.)

90. **E se invertermos a 7 e a 3, será que fica bom?**
    Fica 'meia-boca', mas tudo bem. (Me)
    (A essa altura do campeonato, qual o problema de uma pequena inversão de percepções?)

91. **Até agora o grupo tem marcado como uma equipe. Temos que permanecer assim. A maioria vence. (Me)**
    (Bom senso, agora que a maré está do meu lado? Nada disso, vamos manter o que combinamos.)

92. **Você não dá mais opinião. Chega! (CO)**
    (Por que será que certas pessoas são sempre do contra – principalmente contra minhas ideias?)

93. Você abre mão da sua opinião quanto ao fator 4? Se abrir mão, 'fecha' conosco. (Co)
    (Violente-se em benefício do grupo. No futuro, eles não só não reconhecerão sua atitude, como o julgarão uma pessoa sem coragem e sem convicções.)

94. O único problema é se você for um abobado e boca-aberta. (Co)
    (Nada como uma paulada de vez em quando para acirrar os ânimos.)

95. Uma boa notícia, pessoal: concluímos a tarefa! (Pa)
    (Que notícia mais demorada! Já não era sem tempo.)

96. Mesmo indo contra a decisão do grupo, a minha difere e fim! (CO)
    (Não me convenceram e podem contar comigo do outro lado da trincheira.)

97. Comparando a consistência entre os três exercícios, acho que criamos um monstro. (Co)
    (Autoavaliação ou *os culpados são vocês*?)

98. O sistema de votação migrou da democracia autocrática para uma ditadura democrática. (Me)
    (Com bom humor, quero dizer que não concordo com o modo como as últimas decisões foram tomadas.)

99. Terminamos antes dos outros grupos. Vamos oferecer consultoria a eles; afinal, nosso grupo é o melhor. (Co)
    (Só faltava a modéstia para esse grupo ficar perfeito.)

100. Terminamos? Não acredito. Esse grupo é joia mesmo! (Pa).
    (Podem acreditar. Com certeza, vocês fizeram um bom trabalho para os parâmetros do próprio grupo. A orientação era para terminar, e nós terminamos. Tarefa é conosco mesmo.)

Feedback do exercício

Antes de fornecer aos grupos o devido *feedback*, comentando as pérolas que haviam pronunciado, pedia-se que procedessem a uma autoavaliação, de acordo com a sequência ordenada dos cinco fatores discutidos. Deveriam atribuir-se, livremente, um conceito de 1 a 10 pontos, conforme o desempenho percebido em cada fator. Quanto mais alta fosse a pontuação, melhor era o desempenho do grupo. A matriz de *autofeedback*, adiante, está preenchida com uma média aproximada dos pontos que os participantes se atribuíram. Esses pontos representam a tendência geral dos grupos em atribuir-se notas elevadas, tendo em vista, obviamente, não perder para os grupos concorrentes.

FATORES	GRUPO I	GRUPO II	GRUPO III	GRUPO IV
1. Organização	8	9	9	7
2. Método	10	9	9	9
3. Participação	10	10	10	10
4. Capacidade de ouvir	8	8	9	9
5. Comprometimento	9	10	10	9
PONTOS*				
COLOCAÇÃO*				

* Não são preenchidos. O objetivo é despertar a competitividade entre os grupos.

Como a liderança deve inspirar o *comprometimento* de todos com a resultante do trabalho, o fator número 5 será sempre o principal efeito da competência demonstrada nos quatro fatores precedentes, senão vejamos:

Organização

Uma *organização* eficiente do trabalho deveria ter considerado ao menos as seguintes questões: O objetivo estava claro? O tempo estava definido? Os participantes do trabalho são estes mesmos? Os papéis de cada um para a execução da tarefa estão claros?

Método

Da mesma forma, um *método* para o processo decisório que fosse estabelecido de comum acordo e que levasse em conta o tempo disponível e a complexidade das decisões teria sido fundamental para esse comprometimento geral.

Participação

Fator sempre contemplado pelos grupos com as maiores notas. A visão de estarem todos sentados em torno da mesma mesa sugere a muitos indivíduos uma participação intensa, quando, na verdade, pode significar apenas a presença física, e não o exercício do contraditório, da argumentação ou da busca de uma visão eficaz que atenda às percepções de todos. Aliás, em muitos grupos é possível notar algumas pessoas que permanecem o tempo inteiro da tarefa junto aos colegas, mas que simplesmente não emitem opinião: ou porque são tímidas, introvertidas, detestam conflitos, ou, em alguns casos, porque existem no grupo pessoas egocentradas, falantes e extrovertidas, que não dão espaço às demais.

Capacidade de ouvir

Quando os grupos se autoavaliam em sua capacidade de ouvir os outros, nota-se que desconfortos começam a surgir e a unanimidade tende a desaparecer. No momento definido para que o grupo promova a avaliação de seu comportamento/desempenho nesta tão significativa habilidade, os participantes começam a se dar conta da maneira como ouviram os colegas. Ao relembrarem o processo recém concluído, percebem que ouviram de três maneiras, cada uma delas com consequências diferentes:

1) Tudo bem, criatura, fala! (a forma de expressão sugere que a única chance do outro falar é agora; depois, que fique quieto.)

2) Tudo bem, tudo bem. Concordo com você, mas... (então não concorde, pois o artifício usado é para que o outro dê um espaço para você falar.)

3) O que deve ser avaliado? A capacidade de ouvir para entender as diferenças de percepções apresentadas pelo grupo. Ilustremos com a seguinte manifestação: "Puxa vida, este fator para mim é o 9º e para você é o 1º. Gostaria de ouvi-lo sobre isso". (Essa atitude levará a uma troca de informações, em que a pessoa será convencida pelos argumentos lógicos da outra, ou terá a oportunidade de expor suas convicções e persuadi-la. Nesse caso, quem tiver de mudar sua marcação o fará com convicção, sem prejudicar o nível de comprometimento desejado.)

O fator 5, já comentado, será tão mais intenso e verdadeiro quanto maior for a competência no desenvolvimento dos quatro fatores que lhe precedem. Esses quatro fatores foram escolhidos para contemplar também a utilização, pelos participantes, dos quatro modelos mentais divididos entre os dois hemisférios de nosso cérebro: organização e planejamento (hemisfério cerebral esquerdo) e participação e capacidade de ouvir (hemisfério cerebral direito).

Um dos maiores equívocos do líder é achar que pode relaxar quando os grupos afirmam estar 100% comprometidos com a visão ou, ainda, quando permanecem quietos à pergunta: "E aí, pessoal, o que acharam da minha proposição de implantar essa nova unidade?" Na primeira afirmativa dos liderados, a tendência é pelo comprometimento total com as decisões adotadas, mas logo se dão conta que o comprometimento não se obtém pela média das opiniões, mas pelo entendimento e pela forma como foram debatidas as opiniões pessoais nos quatro momentos anteriores. O comprometimento é a chamada hora da verdade, e o líder deve estar muito atento aos processos utilizados para chegar a esses 100% de comprometimento. Na segunda, apesar de não ter havido afirmativa alguma, pois o grupo ficou calado, pressupor comprometimento só porque ninguém se pronunciou contrariamente à proposta do líder é uma dedução extremamente perigosa e frágil. O silêncio dos liderados é, na maioria das vezes, uma resposta direta de não comprometimento e, em muitos casos, fruto da cultura organizacional ou do próprio estilo autoritário de liderança. Podemos observar, na referida matriz, que dois grupos afirmam estar 90% comprometidos, enquanto os outros dois sustentam 100% de comprometimento.

O quadro a seguir apresenta a incidência em cada fator das 100 afirmativas contraditórias observadas nos diálogos:

Fatores	Afirmativas contraditórias
1. Organização	04
2. Método	18
3. Participação	20
4. Capacidade de ouvir	20
5. Comprometimento	38
Total	100

Será que após esse *feedback* alguém do grupo se sentirá motivado a defender os resultados obtidos em equipe, com comprometimento em todas as suas fases? Dificilmente.

Capítulo 18

Citações para Refletir

Quem não gosta de frases que nos fazem pensar? Pois bem, dedico este capítulo a algumas que repercutiram fortemente em minha forma de pensar a liderança. Cito-as na esperança de que os leitores possam compartilhar comigo ao menos algumas delas. Mas vale lembrar: frases ou pensamentos que não são postos em prática não passam de ilusões, sonhos ou manipulações.

- Sobretudo guarda o teu coração, porque dele procedem as fontes da vida. (Provérbios, 4:23)

- Se você não mudar, posso apostar que alguém irá fazê-lo em seu lugar. (Jack Welch)

- Governar é corrigir. Se você der o exemplo ao ser correto, quem ousará continuar incorreto? (Confúcio)

- Quando perguntaram à Confúcio por que K'ung Tzu foi chamado de sábio, eis o que o mestre respondeu: "Ele era rápido e ávido por aprender: não teve vergonha de buscar o conselho daqueles que lhe eram inferiores em posição. É por isso que é chamado de sábio". E acrescentou: "Ainda estou para conhecer o homem que, ao ver os próprios erros, seja capaz de se criticar internamente".

- O real prazer que o poder proporciona é o prazer da liberdade, que nos remete a uma das mais primitivas necessidades do ser humano, a de dominar a circunstância. (Antony Jay)

- É importante ser amado e temido; porém, é melhor ser temido que amado. (Nicolau Maquiavel)

- Se quereis conhecer um homem, dai-lhe poder. (Pítaco de Mitilene)

- A liderança é uma forma de poder na medida em que influencia, com a aceitação dos liderados, o direcionamento da visão. (Zaleznik e De Vries)

- É preciso que o poder, como a energia, flua pelas organizações. Pessoas que se relacionam com base na coerção ou na desconsideração criam energia negativa, campos negativos, e isso se manifesta na qualidade que produzem. O amor e o respeito são a fonte mais importante de poder, pois geram energia positiva, campos de qualidade que se espalham pelos campos do mercado, criando sucesso! (Margareth J. Wheatley)

- A única maneira de descobrir o que você está perdendo é começar a ouvir. (Theodore Roosevelt)

- Nunca subestime o poder dos relacionamentos na vida das pessoas. (Ernest Hemingway)

- Não há empecilho maior ao bom relacionamento com os outros do que estar de mal consigo mesmo. Não deixe que a insegurança o impeça de alcançar seu potencial. (Honoré de Balzac)

- Se você deseja liderar no nível mais elevado, esteja disposto a servir no mais baixo. (Albert Schweitzer)

- Merece ser professor o homem que descobre o novo ao refrescar na mente aquilo que já conhece. (Confúcio)

- Você é tão bom quanto seus padrões pessoais. Quando foi a última vez que deu o seu melhor na realização de uma tarefa, mesmo sabendo que ninguém além de você ficaria sabendo disso? (John Maxell)

- Se você pensar que pode ou que não pode, de um jeito ou de outro estará certo. (Henry Ford)

- Suba o primeiro degrau com fé. Não é necessário ver toda a escada. Apenas dê o primeiro passo. (Martin Luther King)

- Tudo o que somos é resultado de nossos pensamentos. (Buda)

- Não pode existir um universo sem a mente. A mente molda a própria coisa que está sendo observada. Estamos nos movendo, agora, para uma era na qual a última fronteira não é o espaço, mas a mente. (Fred Alan Wolf)

- Você é o arquiteto de sua vida. É seu próprio escultor. É como se fosse Michelangelo e Davi a esculpir você mesmo. Fazemos isso com nosso pensamento. (Joe Vitale)

- Às vezes, a vida dá uma tijolada na cabeça da gente. Não percam a fé. O que me fez prosseguir foi amar o que fazia. Se vocês ainda não descobriram o que amam fazer, procurem. Não relaxem. Saberão quando o encontrarem, tal como acontece com as coisas do coração. (Steve Jobs)

- A coisa mais importante em nossa atitude para com o conhecimento é sermos honestos com nós mesmos. Dizer que sabe o que sabe e que não sabe o que não sabe, isso é conhecimento. (Confúcio)

- Alguns veem a empresa privada como um predador a ser alvejado; outros, como uma vaca a ser ordenhada; mas poucos são os que a veem como um robusto cavalo a puxar a carroça. (Winston Churchill)

- Administrar bem um negócio é administrar seu futuro; e administrar seu futuro é administrar informações. (Marion Harper Jr.)

- Não existe arte que os governos aprendam mais rapidamente uns com os outros do que sugar dinheiro do bolso do povo. (Adam Smith)

- Pouco importa a cor do gato se ele agarra o rato. (Deng Xiaoping)

- A arte de vencer se aprende nas derrotas. (Simón Bolívar)

- O caminho da sabedoria? É simples: errar, errar e errar. Errar novamente; mas menos, e menos, e menos. (Piet Hein)

- As qualificações que procuro em nossos líderes são as seguintes: altos padrões de ética profissional; pessoas grandes, sem mesquinharias; coragem sob pressão; resistência na derrota; cérebros brilhantes, e não pessoas lentas e medrosas; capacidade de trabalho e de virar noites; carisma, charme e persuasão; profissionais não ortodoxos, mas inovadores e criativos; coragem para tomar decisões difíceis; entusiastas com força de vontade e senso de humor. (David Ogilvy)

- O caminho para alcançarmos o êxito começa em termos primeiramente uma ideia, clara e prática – um objetivo; em segundo lugar, possuir os meios necessários para atingir nossos fins: sabedoria, dinheiro, materiais e métodos; em terceiro, combinar todos esses elementos para uma finalidade. (Aristóteles)

- Aprender é algo que diz respeito a toda a sabedoria acumulada no passado. Embora não exclua necessariamente o conhecimento teórico, a ênfase, conforme é previsível, é no aprendizado moral. (Confúcio)

- Se quiser ter sucesso, você deve lançar-se em novos caminhos, em vez de seguir as trilhas do sucesso tradicional. (John D. Rockfeller)

- A primeira regra de sobrevivência é clara: nada é mais perigoso que o sucesso de ontem. (Alvin Toffler)

- O sucesso é o resultado de 95% de transpiração e 5% de inspiração. (Thomas Edison)

- Há duas coisas que você pode fazer quando comete um erro: pode sentir pena de si mesmo e desistir, ou pode aprender. (Autor desconhecido)

- Quem teme ser derrotado certamente será derrotado. (Napoleão Bonaparte)

- Muitos homens jamais fracassam porque jamais tentam. (Norman MacEwan)

- Precisamos de homens que possam sonhar com coisas que nunca foram feitas. (John F. Kennedy)

- Pequenas oportunidades são muitas vezes começos de grandes empreendimentos. (Demóstenes)

- Os erros de um homem são condizentes com o tipo de pessoa que ele é. Observe os erros e você conhecerá o homem. (Confúcio)

- Se quiser confundir e desorientar seus adversários, diga sempre a verdade. (Henry Wotton)

- Se conhecemos o inimigo e a nós mesmos, não precisamos temer o resultado de uma centena de combates. Se nos conhecemos, mas não ao inimigo, para cada vitória sofreremos uma derrota. Se não nos conhecemos nem ao inimigo, sucumbiremos em todas as batalhas. (Sun Tzu)

- Continuar sempre. Aquele que se decide a parar até que as coisas melhorem verificará, mais tarde, que aquele que não parou e que colaborou com o tempo está tão distante que jamais poderá ser alcançado. (R. Stanganelli)

- Senhor, fazei de mim um instrumento de Vossa paz. Onde há ódio, que eu leve o amor. Onde há ofensa, que eu leve o perdão. Onde há discórdia, que eu leve a união. Onde há dúvida, que eu leve a fé. Onde há erro, que eu leve a esperança. Onde há tristeza, que eu leve a alegria. Onde há trevas, que eu leve a luz. Mestre, fazei com que eu procure consolar mais do que ser consolado; compreender do que ser compreendido; amar do que ser amado. Pois é dando que se recebe, é perdoando que se é perdoado, é morrendo que se vive para a vida eterna. (São Francisco, em oração que julgo adaptar-se à descrição dos propósitos do líder servidor.)

- Tire um tempo para pensar. Mas quando chegar a hora de agir, pare de pensar e mãos à obra. (Andrew Jackson)

- Apenas os mais sábios e os mais estúpidos não mudam. (Confúcio)

- Se abrires a boca, tuas palavras devem valer mais do que o silêncio. (Provérbio árabe)

- Errar é humano, mas, quando a borracha se gasta mais depressa que o lápis, você está errando demais. (J. Jenkins)

- Homem poderoso é o que tem poder sobre si mesmo. (Sêneca)

- Não importa quanto trabalho um homem possa fazer; não importa quão cativante sua personalidade possa ser: ele nunca subirá no mundo dos negócios se não puder trabalhar por intermédio dos outros. (John Craig)

- Quem não serviu não pode comandar. (John Flerie)

- Se você não sabe aonde está indo, qualquer caminho o levará a lugar nenhum. (Henry Kissinger)

- Estivesse o mestre prestes a tornar-se o líder de um reino ou de uma família nobre, ele seria como o homem descrito no provérbio: tudo o que ele tem a fazer é ajudá-los a ficar de pé, e eles ficarão de pé; guiá-los, e eles caminharão; trazer-lhes paz, e eles o seguirão; destinar-lhes as tarefas, e eles trabalharão em harmonia. (Confúcio)

- Se quiseres colher a curto prazo, planta cereais; se quiseres colher a longo prazo, planta árvores frutíferas; mas, se quiseres colher para sempre, treina e educa o homem. (Provérbio chinês)

- Pare de olhar para trás. Você sabe onde já esteve. Precisa é saber aonde vai! Acostume seus olhos a mirar o futuro! (Claude M. Bristol)

- Meu interesse está no futuro, porque é nele que vou passar o resto de minha vida. (Charles F. Kettering)

- É preciso ser flexível. Se você tem um plano e se limita a obedecê-lo cegamente, isso é pior do que não ter plano algum. (L. F. McCollum)

- Todo homem é construtor da sociedade em que vive. (João Paulo II)

- Temos de acreditar que, como seres humanos, controlamos nosso destino e podemos criar o mundo que queremos ter. (Vincent Giuliano)

- Não tenha medo da oposição. Lembre-se de que uma pipa sobe contra, e não a favor do vento. (Hamilton Mabie)

- Sobre qualquer questão, há sempre três pontos de vista: o teu, o meu e o correto. (Provérbio chinês)

- Perguntado se existe alguma palavra que possa ser um guia de conduta durante a vida de alguém, disse o mestre: "Não imponha aos outros aquilo que você não deseja para si próprio." (Confúcio)

- A dificuldade não está nas ideias novas, mas em escapar das antigas. (Lorde Keynes)

- O mundo detesta mudanças e, no entanto, elas são a única coisa que traz o progresso. (C. F. Kettering)

- A coisa mais importante neste mundo não é onde nos encontramos, mas saber em que direção caminhamos. (Goethe)

- Seja flexível e, quando não puder aceitar os termos, aceite os meios-termos. Porém, não confunda meios-termos com meios princípios. Meios princípios não existem. (Ilie Gilbert)

- O homem verdadeiramente bom é aquele que, mesmo podendo, não pratica o mal. (Pitágoras)

- A grandeza de um país não depende da extensão de seu território, mas do caráter de seu povo. (Colbert)

- O diamante não pode ser polido sem fricção. Nem o homem pode se aperfeiçoar sem sofrimento. (Provérbio chinês)

- Todos são favoráveis à mudança, desde que sua sobrevivência esteja em jogo. (Akio Morita)

- Todo homem às vezes fica entusiasmado. Alguns se entusiasmam por 30 minutos, outros, por 30 dias; entretanto, só os homens que se entusiasmam por 30 anos têm sucesso na vida. (Eduard B. Butler)

- O sucesso é uma viagem, e não um objetivo. (Ben Sweetland)

- Cada fracasso nos ensina algo que temos de aprender. (Charles Dickens)

- O começo é a parte mais importante de uma obra. (Platão)

- O mais pobre de todos os homens é aquele que não tem um sonho. (Autor desconhecido)

- Todo homem é o arquiteto de seu próprio destino. (Appius Claudius)

Capítulo 19

A Questão do *Feedback*

Uma das habilidades de liderança mais requisitadas nos dias atuais, face ao volume e à rapidez com que ocorrem as novas descobertas em todos os campos do conhecimento, é a de atuação do líder como um *coach* eficaz. O papel de treinador e aprendiz, que não podem ser mais separados, tem nas técnicas eficazes de *feedback* uma de suas principais ferramentas. Tamanho é o impacto comportamental que o *feedback* promove na autoestima e no comportamento das lideranças e liderados, e consequentemente nos resultados organizacionais, que não poderíamos deixar de abordar, mesmo que superficialmente, este tema, principalmente pela desvirtuada e ineficiente forma como vêm sendo utilizadas as técnicas de *feedback*. Essa importante ferramenta comportamental, também conhecida como inimigoback (ou a sofisticada arte de conquistar inimigos), possui características e passos estruturados para sua eficaz utilização, principalmente no momento em que se institucionalizam os procedimentos de *coaching* em todos os níveis organizacionais.

Invariavelmente questionado por líderes em desenvolvimento nos seminários que conduzo e nas consultorias que presto sobre o conceito e os passos efetivos para o *feedback* de resultados, utilizo o presente capítulo para propor algumas reflexões e procedimentos.

Feedback: conceito, aplicação e *coaching*

O *feedback* é uma relação de ajuda mútua que se vale do intercâmbio de dados para tentar melhorar o desempenho e os relacionamentos profissionais tendo em vista a consecução de objetivos e metas comuns. Para que haja êxito no *feedback*, as barreiras à comunicação devem ser rompidas e estabelecida uma relação de confiança e segurança. A Figura 19.1 abaixo, exibe os passos necessários a um *feedback* de resultados.

Feedback: *detalhamento dos passos aplicativos*

Passo 1: O *feedback* que promove mudanças é aquele que é solicitado ou oferecido e aceito por quem vai ser alvo do processo. Caso não seja nem solicitado, nem aceito, todas as chances são de que não vá promover mudan-

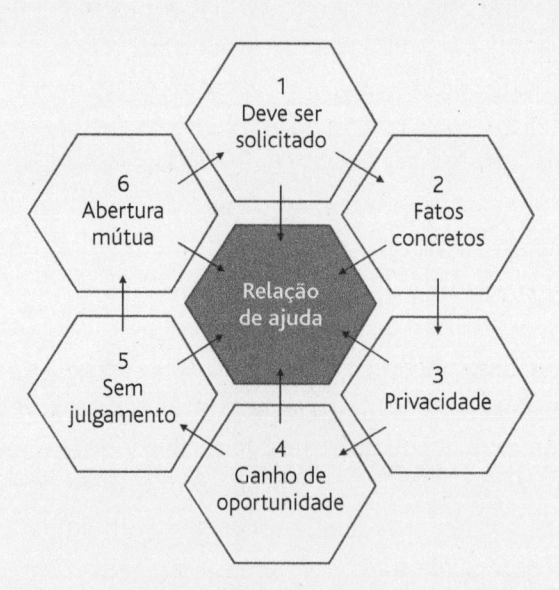

Figura 19.1 Roteiro do *feedback* eficaz.

ças no comportamento da pessoa. Em princípio, um *feedback* consistente começa com dois tipos de pergunta: "Fulano, poderia me dar um *feedback* sobre minha participação no Projeto X?" Ou: "Beltrano, você gostaria de saber minha percepção sobre seu desempenho no Projeto X?" Se a resposta for negativa em qualquer uma das questões, o melhor a fazer é não fornecer o *feedback* nesse momento, aguardando, quem sabe, uma oportunidade mais propícia. Mas vale ressaltar: quando falamos em *feedback*, estamos nos referindo tanto ao dito "negativo/crítico" quanto ao "positivo/elogioso". O primeiro, quando indesejado, irá apenas criar resistências e o desejo de dar o troco; afinal, é a autoestima que está em jogo. Já o segundo incutirá o desagradável sentimento de "puxa-saquismo" ou manipulação. Cada pessoa é um universo à parte e, como tal, reagirá de forma diferente, apesar da consistência dos comportamentos antes relatados.

Passo 2: Aceito o *feedback* pela pessoa-alvo, convém ser direto, focado e consistente. Não deve haver espaço para generalidades como "você é uma pessoa que tem muita dificuldade de ouvir". Essa frase provocará uma reflexão dispersiva, do tipo "sempre? com todas as pessoas? em todas as situações? desde quando?" A amplitude do *feedback* não provocará mudança no ouvinte, pois não foi devidamente focado e embasado em observações facilmente identificáveis. Vejamos como deveria ser feito: "Fulano, tenho percebido que nas últimas duas reuniões de planejamento estratégico você tem tido muita dificuldade em ouvir os argumentos do Jorge, responsável pela área financeira, retirando-se do ambiente sempre que ele fala." Nesse caso, os pontos do *feedback* foram bem delimitados: *quando* (nas suas últimas reuniões), *onde* (no planejamento estratégico), *com quem* (Jorge, do setor financeiro) e *como* (deixando a sala, numa atitude vista como agressiva e de menosprezo ao colega).

Passo 3: Promover o *feedback* sempre com discrição, principalmente se for crítico (negativo). Lembre-se de que estamos lidando com a autoestima de nosso colega. Quanto mais público for o *feedback*, maiores serão as chances de não surtir efeito em seu comportamento e, o que seria mais danoso, estabelecer uma relação de conflito aberto ou velado. Como o *feedback* é um processo racional e estruturado, que expõe a pessoa às próprias falhas, é absolutamente recomendável que seja realizado sob o manto da privacidade. Para que ele fosse promovido com eficácia em sessões coletivas, a maturidade dos envolvidos teria de ser muito alta. Afinal, ela é um estado que compreende o equilíbrio de fatores diversos em situações diversas, e nem todos alcançam esse equilíbrio o tempo todo.

Passo 4: O *feedback* deve aproveitar o chamado "ganho de oportunidade"; ou seja, deve ser realizado nem muito distante do evento que será motivo da análise, a ponto de a pessoa não conseguir lembrá-lo direito, nem muito perto, caso ainda esteja envolto numa atmosfera altamente emocional. Caberá ao líder, nesse caso, "sentir a temperatura" do ambiente e, quem sabe, aguardar um pouco até que o equilíbrio emocional e racional esteja assegurado. Sugere-se um período de 24 a 48 horas, no máximo, para que um *feedback* surta o efeito desejado.

Passo 5: O líder que promove o *feedback* não pode ser juiz do sujeito objeto da relação de ajuda. A aceitação do *feedback* e a posterior mudança de comportamento ou desempenho são de responsabilidade de quem recebeu a crítica ou o elogio. Somente a ele cabe decidir se acata ou não a avaliação realizada mediante esse processo. Não cabe ao líder cobrar essas mudanças baseado nas percepções pessoais que emitiu sobre o receptor do *feedback*, até porque tais percepções podem, em alguns casos, estar equivocadas. Por relação de ajuda entenda-se o ato de expor nossa percepção de algo que julgamos ter sido inconveniente. Mas vale repetir: somente ao receptor caberá a decisão de acatá-la ou não.

Passo 6: O *feedback*, uma relação de ajuda mútua que aborda tanto os comportamentos e desempenhos negativos quanto os positivos, que envolvem elogios e méritos, só tem validade quando há uma relação de confiança recíproca entre emissor e receptor. Nada reforça mais essa relação do que a transparência, a coerência e a abertura que ambos devem ter nesse intercâmbio de aprendizagem. Quem quer que se disponha a dar *feedback* aos outros deve estar pronto para também recebê-lo.

Feedback: algumas reflexões e procedimentos

Ao fornecer *feedback*, devemos levar em conta aspectos importantes. As perguntas a seguir, cuja resposta válida é a última das alternativas, nos ajudam a elucidá-los:

1. Por que queremos dar *feedback* a outra pessoa?
   - Para puni-la?
   - Para desabafar e nos sentirmos aliviados?
   - Para demonstrar nossa inteligência e habilidade?
   - Para exercer o poder?
   - *Para ajudá-la a alcançar seus objetivos de maneira mais efetiva.*

2. E quanto à pessoa que recebe *feedback*?
   - É difícil dar *feedback* a quem não está preparado para recebê-lo ou não sente sua necessidade.
   - A pessoa pode pedir *feedback*, mas não o recebe por diversas razões: os convidados a emitir suas percepções sentem que não têm nada de útil a dizer, ou que ela não está preparada, ou que o *feedback* não lhe será útil, e assim por diante.
   - *As pessoas necessitam de* feedback, *positivo ou negativo. Precisam saber não apenas o que estão fazendo de forma ineficiente, mas também o que realizam com eficiência.*

3. Por que certas pessoas acham difícil dar *feedback*?
   - Porque nossa cultura tem certas normas contrárias à expressão dos sentimentos pessoais. Costumamos pensar: "Não vou correr riscos desnecessários e arrumar um conflito, um inimigo".
   - Porque temem ofender a pessoa e com isso perder um amigo.
   - Porque temem ser mal interpretadas.
   - *Porque não sabem como lidar com o assunto e, principalmente, porque desconhecem as melhores técnicas.*

4. Por que as pessoas costumam reagir defensivamente ao *feedback*? Por ser visto geralmente como crítica, elas muitas vezes reagem das seguintes maneiras:

- Preferem não ouvir o que lhes é dito (recepção seletiva).
- Duvidam dos motivos da pessoa que lhe dá o *feedback*.
- Negam a validade dos dados do *feedback*.
- Racionalizam, procurando justificar seu comportamento.
- *Defendem-se apontando igualmente alguns defeitos das pessoas que lhes dão o* feedback.

Como receber o **feedback**

- Ouça-o cuidadosamente, evitando interromper o emissor.
- Saiba que ele é incômodo e, por vezes, até doloroso.
- Faça perguntas, caso precise esclarecer alguns aspectos. Por exemplo: "O que faço ou digo para você me ver como agressivo?".
- Reformule o que o outro está lhe dizendo, a fim de conferir se realmente o ouviu e entendeu.
- Reconheça o que é correto e adequado no *feedback*. Admitir que seus relatórios estão atrasados é bem diferente de admitir que você é irresponsável.
- Assimile com calma o tempo e o que ouviu. Diga que vai refletir a tal respeito e agradeça.

Outros comportamentos

- **Saber ouvir** – Demonstre estar apto a ouvir informações, mesmo que desagradáveis e críticas, procurando encará-las como construtivas. Escute-as com atenção, mostrando interesse pelo que está sendo exposto, e não interrompa desnecessariamente.

- **Examine o ponto criticado** – Seja humilde e examine o ponto criticado, para dar crédito às boas ideias e ao trabalho sincero. Procure extrair dele os aspectos positivos e construtivos. Posteriormente, analise e estabeleça procedimentos de ajuste e/ou correções.

- **Evite termos técnicos** – Não use gírias e evite termos técnicos que possam atrapalhar a comunicação; se for imprescindível seu uso, explique o significado dos termos empregados. Você pode estar falando com alguém que quer compreendê-lo e não consegue. Utilize, portanto, uma linguagem que descreva a realidade.

- **Esclareça suas ideias** – Esclareça suas ideias antes de transmiti-las; torne-as precisas. Analise se condizem com o que você deseja expressar.

- **Manifeste seu interesse** – Mantenha contato frequente com seus liderados, escutando atentamente o que eles têm a dizer. Mostre interesse por seus problemas. Questione o(s) interlocutor(es), peça-lhes detalhes.

- **Ações x informações** – Demonstre que ações são tomadas com base em informações; caso contrário, o pessoal pensará que não valeram a pena o tempo e o esforço despendidos para manter o fluxo de comunicação. Execute suas ações com base nas informações obtidas e validadas.

- **Procure ser objetivo** – Seja objetivo, não faça rodeios, mesmo que a mensagem seja o que as pessoas não gostariam de ouvir.

- **Que mensagem quero transmitir?** – Trace o objetivo da mensagem que você pretende transmitir, o que deseja que seus interlocutores absorvam, qual o verdadeiro propósito da comunicação.

- **Consulte outras pessoas** – Consulte outras pessoas para planejar as comunicações, peça opiniões, lembre que aqueles que o ajudam a planejá-las com certeza o apoiarão.

- **Verifique se foi entendido** – Sempre verifique se você foi compreendido, faça perguntas. Procure saber o que foi entendido, e não se a pessoa não entendeu. Por exemplo, após transmitir a informação, indague: "O que você entendeu? Poderia repetir o que eu disse?"

Um dos principais papéis do líder moderno face à velocidade das mudanças e a necessária capacidade de adaptação aos novos tempos, é o de proporcionar as condições, em dupla via, em fornecer e receber *feedback*. O ser humano possui uma capacidade relativamente consistente no que se refere ao conjunto dos fatores que formam o seu "eu" integral (conhecimentos específicos, vivências acumuladas, habilidades comportamentais, visão de cenários em mudança, motivações e valores éticos). Mesmo assim, como toda a visão individual é distorcida pelo conjunto de paradigmas, esta visão de si mesmo é ainda deficiente e faz parte do "eu" desconhecido, que por sua vez faz parte do "campo das intenções", ou seja, "eu acho que sou, eu penso que tenho, e assim por diante", muitas vezes não correspondendo à realidade percebida pelos demais. Este é o grande benefício do *feedback* estruturado e oferecido dentro dos padrões técnicos apresentados anteriormente. *Feedback* é uma relação de ajuda para que possamos nos conhecer melhor e, saindo do campo das intenções, possamos passar para o campo das mudanças de atitude. Como Maslow declarava: "O maior papel do ser humano é melhorrar a si mesmo"; entretanto, isso só é possível pela melhoria e amplitude do autoconhecimento.

Capítulo 20

Comentários Finais

Não existem conclusões sobre liderança. Tão complexo e dinâmico é o tema que concluir algo com certeza no campo comportamental é, no mínimo, temerário. A figura e a presença dos líderes são uma constante que se repete desde o surgimento da humanidade. Com efeito, a liderança foi definida e exercida ao longo da história sob prismas e formas os mais diversos. Acreditamos que a força bruta levou o homem das cavernas a submeter-se resignadamente ao mais forte. Da mesma forma, com a evolução humana e a necessidade de habilidades mais diversificadas e complexas, a imagem do líder foi sendo moldada aos novos tempos. Creio sinceramente que hoje, no limiar de uma nova era, o fiel da balança irá pender entre um extraordinário avanço da humanidade no campo da ciência e do bem-estar, ou um futuro caótico a curto prazo, em que prevalecerão a fome, a doença, a deterioração do meio ambiente e a corrupção crescente e impune. Basta observar as reuniões de cúpula mundial para a discussão da falta de alimentos, a política de subsídios dos países ricos e a transformação de alguns alimentos fundamentais para a espécie humana em biocombustíveis.

Aconteça o que acontecer, uma certeza desponta de forma contundente e inequívoca: seremos guiados por líderes em qualquer situação. Não mais pelos líderes vistosos e de características quase perenes do passado, mas por centenas e milhares de líderes de pequenas comunidades, organizações, governos e família. Líderes como você, como eu, como nós. Líderes que, querendo ou não, influenciam e influenciarão o comportamento de nossos pares, e pelos quais também nós seremos influenciados. Essa faceta de não ser líder, mas de estar líder em todos os níveis e camadas sociais, é que se apresenta como o grande desafio do ser humano contemporâneo. A partir dessa compreensão, todo o resto será mera consequência. Concluindo meus pensamentos e convicções sobre liderança, sugiro 10 pontos de reflexão para transformar, como dissemos anteriormente, pessoas comuns enfrentando situações incomuns em verdadeiros líderes.

Os 10 pontos para uma liderança consciente e eficaz

1. Convença-se de uma vez por todas que você, querendo ou não, foi, é ou será líder em alguns momentos de sua vida. Esses são momentos dos quais você não terá consciência ou mesmo conhecimento. Sem perceber, você poderá estar influenciando, principalmente por seu exemplo, o comportamento de outras pessoas: seus filhos, amigos, colegas de trabalho, subordinados e até mesmo pessoas desconhecidas. Sendo assim, você poderá exercer uma influência positiva ou negativa, isto é, uma liderança fundada em valores, na ética e no bem comum, ou voltada para caminhos não recomendáveis.

2. Lembre-se de que sua visão das coisas, dos eventos, acontecimentos e problemas sempre será distorcida em relação à realidade. Assim também será a visão de seus interlocutores. A capacidade de ouvir, comunicar, interessar-se pelo contraditório, e não simplesmente resistir a ele, levará à construção de uma visão legitimamente compartilhada e passível de apoio e comprometimento.

3. Em todos as épocas conhecidas da existência humana, os verdadeiros líderes só se mantiveram na liderança enquanto promoveram a busca do bem ou de necessidade comuns. Organização, líder e liderados alinhados e atuando sinergicamente com vistas ao atendimento dos objetivos e sonhos de cada indivíduo: se não houver essa percepção, a liderança será fugaz e estará fadada ao fracasso.

4. Para o desempenho competente da visão, salienta-se como uma das mais importantes habilidades o autoconhecimento. À falta de uma profunda consciência de nossas potencialidades e deficiências, muitas serão as dificuldades que encontraremos para exercer a liderança. Como teremos e transmitiremos convicções e segurança aos liderados? Como criaremos empatia com os outros, se não conhecemos a nós mesmos? Como iremos melhorar sem o exercício da humildade e do autodesenvolvimento? Como exercitaremos uma das principais tarefas da liderança, que é o de *coaching* da equipe? E, principalmente, como saberemos se somos de fato os melhores líderes para a situação de desafio e responsabilidade que se apresenta? As grandes descobertas futuras não estão no espaço sideral, mas dentro de nós mesmos.

5. Assim como ninguém é líder para sempre, todos serão líderes em algum momento. Desenvolva sua maturidade de maneira equilibrada, a fim de que ela se ajuste aos mutáveis ambientes que o cercam. No campo da maturidade, se correndo já ficamos para trás, imagine parados. Busque conhecimentos e experiências que agreguem valor. Desenvolva habilidades comportamentais, promova visões amplas dos quatro macroambientes que o rodeiam (mundo – empresa – equipe – você mesmo). Descubra dentro de si o que o faz feliz, o que o motiva, definindo seus sonhos e seguindo em frente. Não aceite modelos prontos, fórmulas pré-elaboradas, paradigmas de terceiros, sem questioná-los. Maturidade também é a capacidade de formatar, reordenar e construir nossos próprios conceitos sobre as coisas e os eventos à nossa volta.

6. Faça como os grandes líderes de sucesso mundial. Seja um líder servidor, mas atento à ordem, às regras, aos valores e aos princípios a serem seguidos. Ninguém serve só por servir. Devemos servir visando a algo maior que inclua a todos, e não apenas as individualidades. Mesmo Jesus Cristo, o maior líder servidor que a humanidade já teve, estabeleceu normas de procedimento e regras para que seus liderados seguissem seus ensinamentos. Todos os líderes mundialmente aceitos e reconhecidos (Gandhi, Martin Luther King, Nelson Mandela, Madre Tereza de Calcutá, entre tantos outros) o foram muito mais por suas ideias, visões e propósitos comuns do que por si mesmos. Isso é ser um líder servidor.

7. Olhe para a família como a unidade mais especial e importante a ser liderada. Uma sociedade com famílias estruturadas em torno de valores e exemplos dignos construirá um grande país – sociedade maior de todos nós. Os valores nascem praticamente com as pessoas. Quase fazem parte de nosso DNA, tão cedo se estabelecem em nós, formando nosso caráter. A história da humanidade demonstra a todo momento que a principal causa da queda e da decadência das sociedades vencedoras foi o abandono dos valores construídos dentro da família. Com efeito, ninguém será um bom líder na empresa se primeiro não o for no seio familiar.

8. Alicerce seu estilo de liderança não apenas em sua maturidade e seus valores, mas também no respeito e no bom humor. Um não anula o outro; pelo contrário: complementam-se. O respeito fixa os limites, e o bom humor cria um clima descontraído, aberto e recheado de endorfina, um dos elixires da felicidade. A vida já é complicada demais para ser conduzida de forma ranzinza e temerosa. Líderes taciturnos não se identificam com os liderados e erguem barreiras à comunicação. O medo gera obediência cega, sem críticas, sugestões e criatividade.

9. Tenha sempre como meta pessoal final a busca interminável da sabedoria. Mas não faça como os monges tibetanos: aquele é o jeito

deles. Pergunte-se diariamente: "O que eu poderia fazer para ser melhor? Como podemos contribuir com as pessoas para que elas sejam realmente o que são? Que legado estamos deixando em nossa curta passagem por esta vida? Que exemplos e modelos temos apregoado em nossa existência? O que realmente nos faz feliz? Temos procurado equilibrar a visão material e a transcendental?" Agindo assim, a sabedoria será um legado que os liderados reconhecerão em nós, e com certeza estaremos construindo catedrais nos corações dos homens.

10. Sejamos nós mesmos. Não tentemos modificar nem adaptar nossa forma de ser a fim de copiar ou assumir uma personalidade que não seja a nossa. Churchill foi Churchill, assim como Madre Tereza foi Madre Tereza. Ambos podem nos servir de inspiração e exemplo, mas jamais de molde para nos transformarmos em sua cópia ou clone. Lembro-me de um filme, *Almas em Chamas*, com o mesmo Gregory Peck de *Gringo Velho*, em que um comandante muito afetuoso e amigo dos pilotos é substituído por outro, no meio da Segunda Guerra Mundial. Na primeira reunião com os pilotos, diz o novo comandante, sabendo que ele era ele, e não o comandante substituído: "Não vim aqui para competir em popularidade com o comandante anterior. Meu papel, junto a vocês, é gerar resultados." Acreditemos em nós. Sejamos nós mesmos. Muitas pessoas nos apreciarão e nos concederão o especial privilégio de liderá-las.

Durante muitos e muito anos a sociedade definia claramente que os líderes eram sempre os que estavam no ápice das estruturas do poder hierárquico. Assim era na família, nas empresas, no meio político, eclesiástico e militar. Não que este foco tenha mudado nos nossos dias, mas ele foi substancialmente ampliado. Se cada um perceber-se como um líder, independentemente de sua posição nas estruturas formais, haverá profundas transformações nas combalidas e desacreditadas estruturas de poder e influência. Aumentará também a responsabilidade de cada um na razão de que passam a compreender que estão, pelas suas atitudes e exemplos gerando comportamentos similares. Ninguém é líder para sempre e em todas as situações.

Da mesma forma todas as pessoas estão ou estarão exercendo este poder fantástico da liderança que tem como resultante a adesão fiel e comprometida de dezenas de pessoas, às vezes centenas, milhares ou milhões. Como identificar como um líder? Que habilidades situacionais devem compor o seu perfil? O que fazer para ter permanência no processo gerando resultados comuns?

Concluo minhas observações finais sobre a liderança no exato momento em que o cenário mundial apresenta-se em profunda ebulição econômica, política e social. Os americanos do norte deram posse ao primeiro presidente negro de sua história; a crise econômica mundial persiste e as nações, unidas, jogam alguns trilhões de dólares no mercado; o clima, por força do aquecimento global, parece estar fora de controle; piratas sequestram navios e petroleiros nas costas da África; os líderes políticos continuam em permanente desgaste de confiabilidade; a tecnologia, em célere desenvolvimento; a criminalidade, em alta; as empresas, demitindo e reduzindo sua produção. Mas a vida, essa continua.

Percebe-se que raras foram as situações em que o mundo necessitou tanto de líderes que realmente façam a diferença, que priorizem o todo, o bem comum, a justiça, um mundo mais igual, sem tantas desigualdades. A motivação inicial para o título da presente obra – *Afinal, onde estão os líderes?* – era perfeitamente coerente com o momento em que me dispus a escrevê-la, em janeiro de 2007. Quem nos conduziria a uma nova realidade, a um sonho comum de felicidade e realização humana?

Hoje, passados dois longos anos de muita reflexão sobre os conceitos, paradigmas, ferramentas e, por que não dizer, sobre os paradoxos contraditórios do próprio tema amplo e universal da liderança, creio sinceramente ter obtido uma resposta plausível às motivações angustiantes dos primeiros parágrafos. Ocorreu-me que todos nós, pelo menos uma vez ao dia, nos olhamos no espelho. Normalmente o fazemos para verificar se nossa imagem exterior está adequada ao que faremos nas próximas horas. Não nos damos conta de que a resposta às nossas angústias relacionadas com a liderança está refletida naquele espelho. Ali está o resultado maior da obra divina. Fomos feitos à Sua imagem e semelhança. Como matéria-prima de nossa confecção utilizou-se o barro formado pelo pó das estrelas. Fomos dotados de uma inteligência diferenciada entre todas as criaturas e providos de uma alma imortal, em que foi gravado o segredo da felicidade humana: "Amai-vos uns aos outros como Eu vos amei".

A resposta para a questão primordial deste livro sempre esteve diante de todos nós, refletida nas imagens dos espelhos, nas águas cristalinas e no brilho dos olhos de quem amamos. Esse reflexo de nós mesmos, do que somos, do que representamos para os outros, das nossas atitudes e, principalmente, dos nossos exemplos diários, a cada momento de nossa existência, nos indica onde estão os líderes. Aceitar esse fato com responsabilidade e coragem transformará o ambiente familiar, político, social e econômico em que vivemos.

A inspiração final de que eu necessitava para encerrar meus comentários e validar os conceitos emitidos veio em alto e bom som: "Vovô, eu te amo. Para de escrever e vamos assistir ao Barney."

Apêndice

Habilidades Para o Exercício Eficaz da Liderança

Auto e Heteropercepções

Uma das habilidades mais importantes para o líder é a da visão ampla, que deve incluir a si mesmo. A ferramenta descrita a seguir proporciona esta visão de 360° (como nos percebemos e como nos percebem no exercício das principais habilidades de liderança). Para isso, siga as instruções a seguir.

Reproduza e distribua o questionário a seguir entre cinco liderados/colaboradores que o conheçam bem e que tenham com você uma relação de trabalho, subordinação, cooperação, projeto matricial ou outra onde esteja presente sua liderança. Não é necessário identificar quem irá preencher o instrumento a seguir. Havendo a devida maturidade no grupo, seus integrantes poderão identificar-se, o que no futuro facilitará o processo de *feedback* para a melhoria. Se você decidir refinar ainda mais o procedimento, solicite a eles que preencham o questionário em grupo, de modo consensual. No presente caso, sugerimos uma simples média aritmética das pontuações dos avaliadores para a comparação com sua autopercepção. Seu questionário é o mesmo que começa na página 169, e o dos avaliadores é o que publicamos a seguir:

Número	Descritivo	Opção
1	Ele(a) aprecia dialogar com as pessoas e ouvir seus pontos de vista	I
	Ele(a) diz aos seus colaboradores o que devem fazer e onde estão equivocados	J
2	Ele(a) aprecia cumprir e fazer cumprir os prazos e os cronogramas estabelecidos	C
	Ele(a) gosta de novidades e mudanças frequentes no trabalho	D
3	Ele(a) aprecia trabalhar e decidir em equipe todos os assuntos de forma participativa	H
	Ele(a) gosta de atividades e trabalhos que exijam movimentação física	E
4	Ele(a) aprecia decidir com rapidez e espera que os outros também o façam	F
	Ele(a) gosta de confiar nas pessoas e ver que assumem suas responsabilidades	G
5	Ele(a) aprecia organizar e sistematizar as tarefas sob sua responsabilidade	A
	Ele(a) gosta de definir e acompanhar de perto o que deve ser feito	B
6	Ele(a) gosta de atividades e trabalhos que exijam movimentação física	E
	Ele(a) aprecia dialogar com as pessoas e ouvir seus pontos de vista	I
7	Ele(a) gosta de definir e acompanhar de perto o que deve ser feito	B
	Ele(a) aprecia cumprir e fazer cumprir os prazos e os cronogramas estabelecidos	C
8	Ele(a) gosta de confiar nas pessoas e ver que assumem suas responsabilidades	G
	Ele(a) aprecia trabalhar e decidir em equipe todos os assuntos de forma participativa	H
9	Ele(a) aprecia organizar e sistematizar as tarefas sob sua responsabilidade	A
	Ele(a) aprecia decidir com rapidez e espera que os outros também o façam	F
10	Ele(a) gosta de atividades e trabalhos que exijam movimentação física	E
	Ele(a) gosta de novidades e mudanças frequentes no trabalho	D
11	Ele(a) aprecia trabalhar e decidir em equipe todos os assuntos de forma participativa	H
	Ele(a) gosta de novidades e mudanças frequentes no trabalho	D

Apêndice   Habilidades Para o Exercício Eficaz da Liderança   255

Número	Descritivo	Opção
12	Ele(a) gosta de atividades e trabalhos que exijam movimentação física	E
	Ele(a) gosta de confiar nas pessoas e ver que assumem suas responsabilidades	G
13	Ele(a) aprecia decidir com rapidez e espera que os outros também o façam	F
	Ele(a) aprecia trabalhar e decidir em equipe todos os assuntos de forma participativa	H
14	Ele(a) aprecia organizar e sistematizar as tarefas sob sua responsabilidade	A
	Ele(a) aprecia cumprir e fazer cumprir os prazos e os cronogramas estabelecidos	C
15	Ele(a) gosta de atividades e trabalhos que exijam movimentação física	E
	Ele(a) aprecia decidir com rapidez e espera que os outros também o façam	F
16	Ele(a) gosta de novidades e mudanças frequentes no trabalho	D
	Ele(a) gosta de definir e acompanhar de perto o que deve ser feito	B
17	Ele(a) gosta de confiar nas pessoas e ver que assumem suas responsabilidades	G
	Ele(a) diz aos seus colaboradores o que devem fazer e onde estão equivocados	J
18	Ele(a) gosta de novidades e mudanças frequentes no trabalho	D
	Ele(a) aprecia dialogar com as pessoas e ouvir seus pontos de vista	I
19	Ele(a) gosta de confiar nas pessoas e ver que assumem suas responsabilidades	G
	Ele(a) aprecia organizar e sistematizar as tarefas sob sua responsabilidade	A
20	Ele(a) aprecia decidir com rapidez e espera que os outros também o façam	F
	Ele(a) aprecia cumprir e fazer cumprir os prazos e os cronogramas estabelecidos	C
21	Ele(a) gosta de definir e acompanhar de perto o que deve ser feito	B
	Ele(a) gosta de atividades e trabalhos que exijam movimentação física	E
22	Ele(a) gosta de novidades e mudanças frequentes no trabalho	D
	Ele(a) aprecia decidir com rapidez e espera que os outros também o façam	F

Número	Descritivo	Opção
23	Ele(a) gosta de atividades e trabalhos que exijam movimentação física	E
	Ele(a) diz aos seus colaboradores o que devem fazer e onde estão equivocados	J
24	Ele(a) aprecia dialogar com as pessoas e ouvir seus pontos de vista	I
	Ele(a) gosta de definir e acompanhar de perto o que deve ser feito	B
25	Ele(a) aprecia organizar e sistematizar as tarefas sob sua responsabilidade	A
	Ele(a) aprecia dialogar com as pessoas e ouvir seus pontos de vista	I
26	Ele(a) aprecia cumprir e fazer cumprir os prazos e os cronogramas estabelecidos	C
	Ele(a) gosta de atividades e trabalhos que exijam movimentação física	E
27	Ele(a) gosta de definir e acompanhar de perto o que deve ser feito	B
	Ele(a) diz aos seus colaboradores o que devem fazer e onde estão equivocados	J
28	Ele(a) aprecia decidir com rapidez e espera que os outros também o façam	F
	Ele(a) gosta de definir e acompanhar de perto o que deve ser feito	B
29	Ele(a) aprecia cumprir e fazer cumprir os prazos e os cronogramas estabelecidos	C
	Ele(a) gosta de confiar nas pessoas e ver que assumem suas responsabilidades	G
30	Ele(a) gosta de novidades e mudanças frequentes no trabalho	D
	Ele(a) aprecia organizar e sistematizar as tarefas sob sua responsabilidade	A
31	Ele(a) diz aos seus colaboradores o que devem fazer e onde estão equivocados	J
	Ele(a) aprecia cumprir e fazer cumprir os prazos e os cronogramas estabelecidos	C
32	Ele(a) aprecia trabalhar e decidir em equipe todos os assuntos de forma participativa	H
	Ele(a) diz aos seus colaboradores o que devem fazer e onde estão equivocados	J
33	Ele(a) gosta de novidades e mudanças frequentes no trabalho	D
	Ele(a) diz aos seus colaboradores o que devem fazer e onde estão equivocados	J

Número	Descritivo	Opção
34	Ele(a) aprecia dialogar com as pessoas e ouvir seus pontos de vista	I
	Ele(a) gosta de confiar nas pessoas e ver que assumem suas responsabilidades	G
35	Ele(a) aprecia trabalhar e decidir em equipe todos os assuntos de forma participativa	H
	Ele(a) aprecia organizar e sistematizar as tarefas sob sua responsabilidade	A
36	Ele(a) aprecia dialogar com as pessoas e ouvir seus pontos de vista	I
	Ele(a) aprecia cumprir e fazer cumprir os prazos e os cronogramas estabelecidos	C
37	Ele(a) gosta de confiar nas pessoas e ver que assumem suas responsabilidades	G
	Ele(a) gosta de definir e acompanhar de perto o que deve ser feito	B
38	Ele(a) diz aos seus colaboradores o que devem fazer e onde estão equivocados	J
	Ele(a) aprecia decidir com rapidez e espera que os outros também o façam	F
39	Ele(a) aprecia trabalhar e decidir em equipe todos os assuntos de forma participativa	H
	Ele(a) aprecia dialogar com as pessoas e ouvir seus pontos de vista	I
40	Ele(a) diz aos seus colaboradores o que devem fazer e onde estão equivocados	J
	Ele(a) aprecia organizar e sistematizar as tarefas sob sua responsabilidade	A
41	Ele(a) aprecia cumprir e fazer cumprir os prazos e os cronogramas estabelecidos	C
	Ele(a) aprecia trabalhar e decidir em equipe todos os assuntos de forma participativa	H
42	Ele(a) aprecia decidir com rapidez e espera que os outros também o façam	F
	Ele(a) aprecia dialogar com as pessoas e ouvir seus pontos de vista	I
43	Ele(a) gosta de confiar nas pessoas e ver que assumem suas responsabilidades	G
	Ele(a) gosta de novidades e mudanças frequentes no trabalho	D

Número	Descritivo	Opção
44	Ele(a) aprecia trabalhar e decidir em equipe todos os assuntos de forma participativa	H
	Ele(a) gosta de definir e acompanhar de perto o que deve ser feito	B
45	Ele(a) gosta de atividades e trabalhos que exijam movimentação física	E
	Ele(a) aprecia organizar e sistematizar as tarefas sob sua responsabilidade	A

LETRAS	PONTOS DO AVALIADOR/LIDERADO NÚMERO: 1 – 2 – 3 – 4 – 5
A	
B	
C	
D	
E	
F	
G	
H	
I	
J	
SOMA DOS PONTOS	

Avaliador/nome:_____(se for o caso)

Matriz de consolidação dos pontos dos cinco avaliadores/liderados.

Fonte: Banco de Talentos & Competências – W&W – Human Technology.

Habilidades	Avaliador 1*	Avaliador 2*	Avaliador 3*	Avaliador 4*	Avaliador 5*	Soma **	Média ***
A Planejamento							
B Controle							
C Prazos							
D Criatividade e inovação							
E Mobilidade física							
F Processo decisório							
G Delegação							
H Relacionamento							
I Comunicação							
J Feedback							

Fonte: Banco de Talentos & Competências – W&W – Human Technology.

* Pontos atribuídos pelos liderados que o líder escolheu para a avaliação.

** Soma dos pontos dos cinco avaliadores.

*** Soma dos pontos divididos pelos cinco avaliadores. Média que deverá constar do gráfico demonstrativo da Figura A.2 (veja antes o exemplo da Figura A.1).

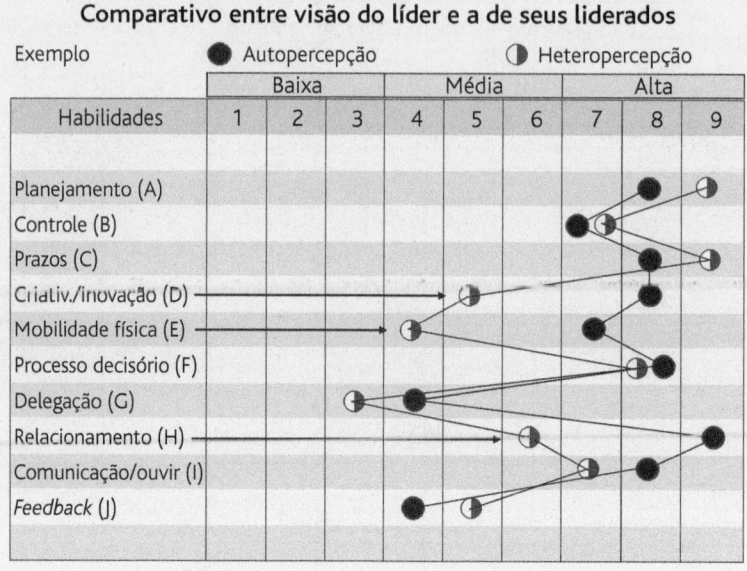

Comparativo entre visão do líder e a de seus liderados

Exemplo — ● Autopercepção   ◐ Heteropercepção

Habilidades	Baixa			Média			Alta		
	1	2	3	4	5	6	7	8	9
Planejamento (A)								●	◐
Controle (B)							●	◐	
Prazos (C)								●	◐
Criativ./inovação (D)					◐			●	
Mobilidade física (E)					◐			●	
Processo decisório (F)								●◐	
Delegação (G)				◐	●				
Relacionamento (H)							◐		●
Comunicação/ouvir (I)							◐	●	
Feedback (J)					● ◐				

→ Principais *gaps* entre as percepções individual e a do grupo.

Fonte: Banco de Talentos & Competências – W&W – Human Technology.

Figura A.1 Exemplo de construção do seu gráfico de auto e heteropercepção.

As diferenças (*gaps*) observadas entre a percepção do líder e as de seus liderados são excelentes áreas para *feedback* e crescimento pessoal.

Diagnóstico motivacional segundo a hierarquia de necessidades de Maslow

Nas 10 questões a seguir, assinale as afirmativas com as quais você mais se identifica. Opte sempre por uma das letras em cada questão. Feito isso, some o número de vezes que cada letra aparece, transcreva-o na tabela adiante e desenhe seu gráfico motivacional conforme as orientações.

Sinto-me mais motivado no trabalho:

1
Quando o salário e os benefícios atendem às minhas necessidades — A
Quando posso mostrar minha capacidade profissional — B

2
Quando há segurança e orientação firme no trabalho — C
Quando posso ser criativo, inovador e arriscar mais — B

3
Quando existem oportunidades de ser chefe/líder — D
Quando o ambiente é de amizade e coleguismo — E

4
Quando é baixo o risco de perder o emprego — C
Quando há amizade e coleguismo verdadeiros — E

5
Quando deixam fazer as coisas como quero — B
Quando sinto que os colegas são meus amigos — E

6
Quando existe um plano de carreira transparente — D
Quando me sinto muito seguro no emprego — C

7
Quando as promoções para chefias são justas — D
Quando o ambiente físico do trabalho é agradável — A

8
Quando os chefes e colegas elogiam meu trabalho — D
Quando o trabalho é desafiador e muda muito — B

9
Quando existem benefícios como plano de saúde, vale-transporte, etc. — A
Quando não existem muitas mudanças internas — C

10
Quando o ambiente é de confiança mútua e amizade — E
Quando o salário e os benefícios atendem às minhas necessidades — A

Comparativo entre visão do líder e a de seus liderados – habilidades

Habilidades	● Autopercepção				◐ Heteropercepção (média)				
	Baixa			Média			Alta		
	1	2	3	4	5	6	7	8	9
Planejamento (A)									
Controle (B)									
Prazos (C)									
Criativ./inovação (D)									
Mobilidade física (E)									
Processo decisório (F)									
Delegação (G)									
Relacionamento (H)									
Comunicação/ouvir (I)									
Feedback (J)									

⟶ Principais *gaps* entre as percepções individual e a do grupo. Área propícia ao exercício de *feedback*.

Fonte: Banco de Talentos & Competências – W&W – Human Technology.

Figura A.2 Matriz de lançamento dos dados obtidos pela auto e pela heteropercepções.

A seguir, transcreva seus pontos na coluna específica, multiplique-os pelo multiplicador e lance o total em seu gráfico. Para a interpretação dos pontos, ver a página 150.

Apêndice Habilidades Para o Exercício Eficaz da Liderança

Letra	Pontos	Multiplicador	Total
A		9	
B		9	
C		9	
D		9	
E		9	

Exemplo:

Letra	Pontos	Multiplicador	Total
A	2	9	18
B	3	9	27
C	1	9	9
D	3	9	27
E	1	9	9

Gráfico do exemplo acima

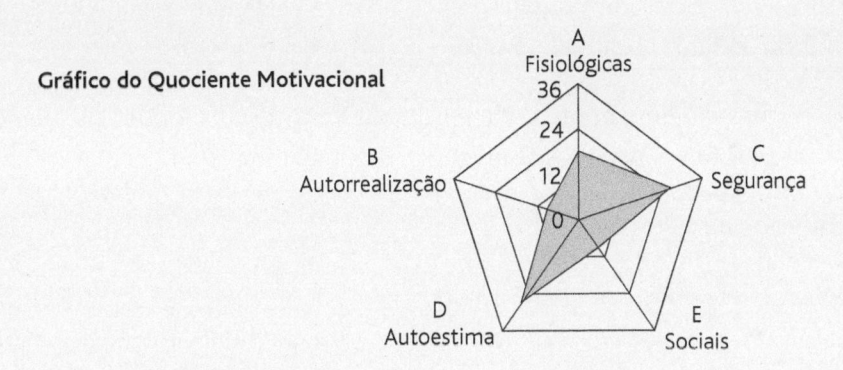

Gráfico do Quociente Motivacional

A Fisiológicas
B Autorrealização
C Segurança
D Autoestima
E Sociais

Fonte: Banco de Talentos & Competências – W&W – Human Technology.

Figura A.3 Exemplo de lançamento dos dados no motivograma.

Agora, estruture seu gráfico de acordo com os pontos obtidos:

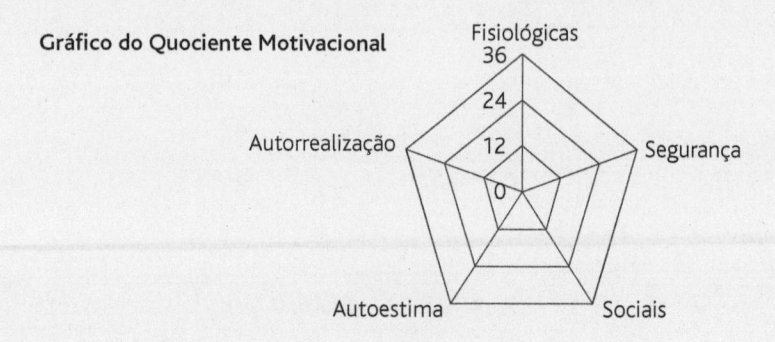

Gráfico do Quociente Motivacional

- Fisiológicas 36
- Segurança
- Sociais
- Autoestima
- Autorrealização

Valores: 24, 12, 0

Fonte: Banco de Talentos & Competências – W&W – Human Technology.

Figura A.4 Matriz de lançamento dos dados.

Interpretação dos pontos:

- Quanto mais elevados os pontos obtidos, maior será a intensidade da necessidade e, consequentemente, onde os estímulos adequados terão influência no comportamento.

- Quanto menor a pontuação obtida nas letras correspondentes, menor será a influência dos estímulos no comportamento.

Significado das letras:

Necessidades fisiológicas: A
Uma pontuação elevada significa que o comportamento mais intenso do avaliado (motivação) está voltado para a obtenção de fatores que supram suas necessidades básicas e as de sua família.

Esses fatores são salário, renda e benefícios sociais que traduzam a possibilidade de uma vida digna em matéria de habitação, alimentação, vestuário, educação, sexo e repouso.

Necessidades de segurança: C
Uma pontuação elevada significa que o comportamento mais intenso do avaliado (motivação) estará voltado para os aspectos que promovem a manutenção das necessidades fisiológicas.

Exemplos: Garantia de emprego, empresas em crescimento, mercado estável, estabilidade, etc.

Necessidades de socialização: E
Uma pontuação elevada significa que o comportamento mais intenso do avaliado (motivação) estará voltado para a satisfação de suas necessidades de aceitação por parte das pessoas que formam seu grupo social (familiar/ profissional).

Há busca por relacionamento com pessoas, afeto, consideração, envolvimento, trabalhos em grupo e com clientes.

Necessidades de autoestima: D
Uma pontuação elevada significa que o comportamento mais intenso do avaliado (motivação) estará voltado para o objetivo de destacar-se perante os grupos a que pertence.

Há busca por cargos de chefia, liderança de grupos, cargos de destaque, avaliação de desempenho, reconhecimento público e aceitação de símbolos que promovam *status* e poder.

Necessidades de autorrealização: B
Uma pontuação elevada significa que o comportamento mais intenso do avaliado (motivação) estará voltado para atividades que signifiquem superação pessoal, desafios profissionais e prazer.

Há busca por atividades desafiadoras, fora da rotina que envolvam criatividade e inovação, e ofereçam oportunidade de arriscar-se mais, mudança de setor ou área, dedicação a coisas com compensação interior.

De acordo com a nossa fórmula de maturidade para a liderança, o autoconhecimento das habilidades e da intensidade das necessidades (o que realmente nos motiva) fornecem um excelente diagnóstico para a melhoria a nossa capacidade de liderança.

Recordemos a fórmula: MPL = (C + E + H + V) Met. Com os testes descritos anteriormente, nos aprofundaremos nos fatores H, M e parte de V no tocante a visão de si mesmo. Considerando que C/conhecimento e E/experiência/vivências são aspectos mais fáceis de mensurar, este apêndice oferece uma clareza mais ampla de parte importante das nossas competências para a liderança.

Bibliografia

AWAD, Elias. *Samuel Klein e Casas Bahia*: uma trajetória de sucesso. Osasco, SP: Novo Século Editora, 2003.

BECKER, Brian E. *Gestão estratégica de pessoas com "scorecard"*: interligando pessoas, estratégias e performance. Rio de Janeiro: Campus, 2001.

BENNIS, Warren; NANUS, Burt. *Líderes*: estratégias para assumir a verdadeira liderança. São Paulo: Harbra, 2000.

BLANCHARD, Ken. *Liderança de alto nível*: como criar e liderar organizações de alto desempenho. Porto Alegre: Bookman, 2007.

BRADLEY, James; POWERS, Ron. *A conquista da honra*. Rio de Janeiro: Ediouro, 2006.

CARLZON, Jan. *A hora da verdade*. Rio de Janeiro: Sextante, 2005.

CHARDIN, Teilhard de. *The future of man*. New York: Image, 2004.

CONFÚCIO. *Os analectos*. Porto Alegre: L&PM, 2007.

CROSBY, Philip. *Qualidade sem lágrimas*. 2. ed. Rio de Janeiro: José Olympio, 1992.

DAPENA, José Maria Gasalla. *La nueva dirección de personas*. Madrid: Ediciones Pirâmide, 1995.

FURROW, Dwight. *Ética*: conceitos-chave em filosofia. Porto Alegre: Artmed, 2005.

GRENNE, Robert. *As 48 leis do poder*. Rio de Janeiro: Rocco, 2000.

HART, Michael H. *As 100 maiores personalidades da história*. 9. ed. Rio de Janeiro: Difel, 2003.

HAWKING, Stephen; MLODINOW, Leonard. *Uma nova história do tempo*. São Paulo: Ediouro, 2005.

HESSELBEIN, Frances; GOLDSMITH, Marshall; BECKHARD, Richard. *O líder do futuro*: visões, estratégias e práticas para uma nova era. São Paulo: Futura, 1996.

JOÃO PAULO (II, Papa). *Memória e identidade de João Paulo II*. Rio de Janeiro: Objetiva, 2005.

JONES, Laurie Beth. *Jesus*: o maior líder que já existiu. Rio de Janeiro: Sextante, 2006.

KAKUO, Michio. *O cosmo de Einstein*: como a visão de Albert Einstein transformou a nossa compreensão de espaço e tempo. São Paulo: Schwarcz, 2005.

KOLODIEJCHUK, Brian. *Madre Teresa*: venha, seja a minha luz. Rio de Janeiro: Thomas Nelson Brasil, 2008.

LENCIONI, Patrick. *As cinco tentações de um executivo*. Rio de Janeiro: Record, 2000.

LUKACS, John. *Cinco dias em Londres*: negociações que mudaram o rumo da Segunda Guerra. Rio de Janeiro: Jorge Zahar, 2001.

MACHIAVELLI, Nicoló di Bernardo dei. *O príncipe*. Porto Alegre: LP&M, 2006.

MANDINO, Og. *O maior milagre do mundo*.10. ed. Rio de Janeiro: Record, 1979.

MÁRQUEZ, Darcy José Cabral. *Desenvolvimento mental*: a mente universal. 2. ed. Porto Alegre: Sagra, 1986.

MARRUS, Michael Robert. *A assustadora história do holocausto*. Rio de Janeiro: Ediouro, 2003.

MASLOW, Abrahan Harold. *Maslow no gerenciamento*. Rio de Janeiro: Qualitymark, 2000.

MILLER, Jerry P. *O milênio da inteligência competitiva*. Porto Alegre: Bookman, 2002.

MINTZBERG, Henry. *MBA? Não, obrigado*: uma visão crítica sobre a gestão e o desenvolvimento de gerentes. Porto Alegre: Bookman, 2006.

MORRIS, Charles R. *Os magnatas*: como Andrew Carnegie, John D. Rockefeller, Jay Gould e J. P. Morgan inventaram a supereconomia americana. 2. ed. Porto Alegre: LP&M, 2006.

MULLER, Robert. *O nascimento de uma civilização global*. São Paulo: Aquariana, 1993.

NAISBITT, John. *Paradoxo global*: quanto maior a economia global, mais poderosos são os seus protagonistas menores: nações, empresas e indivíduos. Rio de Janeiro: Campus, 1994.

PARRADO, Nando; RAUSE, Vince. *Milagre nos Andes*: 72 dias na montanha e minha longa volta para casa. Rio de Janeiro: Objetiva, 2006.

PINZANI, Alessandro. *Maquiavel e o Príncipe*. Rio de Janeiro: Jorge Zahar, 2004.

ROUSSEAU, Jean-Jacques. *O contrato social*. Porto Alegre: L&PM, 2007.

SENGE, Peter M. *A quinta disciplina*: caderno de campo: estratégias e ferramentas para construir uma organização que aprende. Rio de Janeiro: Qualitymark, 1995.

SLATER, Robert. *Liderança de alto impacto*: 31 segredos gerenciais de Jack Welch. Rio de Janeiro: Campus, 1996.

THOMSON, Oliver. *A assustadora história da maldade*. São Paulo: Ediouro, 2002.

TSUNETOMO, Yamamoto. *Hagakure*: o livro do samurai. São Paulo: Conrad, 2004.

USEEM, Michael. *O momento de liderar*: nove histórias reais sobre triunfos e catástrofes e suas lições para todos nós. São Paulo: Negócio, 1999.

WELCH, Jack. *Paixão por vencer*. Rio de Janeiro: Elsevier, 2005.

WHEATLEY, Margareth J. *Liderança e a nova ciência*: descobrindo ordem num mundo Caótico. São Paulo: Cultrix, 2006.

WIND, Yoram; CROOK, Colin; GUNTHER, Robert. *A força dos modelos mentais*: transforme o negócio de sua vida e a vida de seu negócio. Porto Alegre: Bookman, 2005.

YALOM, Irvin D. *O carrasco do amor*. Rio de Janeiro: Ediouro, 2007.

Índice

Autoestima, 83, 84
Autorrealização, 83, 84

Blocos econômicos, 29

Capacidade de ouvir, 226-228
Competências
   comportamentais, 43
   técnicas, 43
   virtuais, 55-62
Comprometimento, 75-90
Comunicação, 57, 58
Conhecimento, 37-40
   aplicável, 47-50
   competência, 40
   compreensão, 39
   compromisso, 39
   comunicação, 40
   continuidade, 40
   técnico, 43
Criatividade, 57, 58

Delegação, 57, 58
Deficiências organizacionais, 209-225
Detalhes, 57, 58

Ética, 91-94
Experiências, 41, 53

Feedback, 237-244
   aplicação, 238
   coaching, 238
   conceito, 238
   procedimentos, 241-244
   roteiro, 239

Habilidades, 44-46
   comportamentais, 43
   estudo das, 59-60
Hierarquia de necessidades, 82-86

Input, 31

Líder(es)
   brasileiros, 147-177
   habilidades, 139-146
   maturidade, 35-46
   paradigma, 21
   visão quadridimensional do, 63-73
   níveis de visão do, 64-65
Liderados, A visão dos, 129-137
Liderança
   contextualização, 27-33
   eficaz, 246-251
   estilos, 179-199
   pérolas da, 207-228
   pós-globalização, 28
   sete pecados, 201-205

Método, 226
Mobilidade física, 57, 58
Modelos mentais, 68-73
Motivação, 75-90

Necessidades humanas, Hierarquia de, 82-86

Objetivos, 24
Organização, 57, 58, 226
Output, 31

Network, 30

Participação, 226
Planejamento, 57, 58
Poder
   formal, 43, 95-99
   pessoal, 95-99
Princípios, 24
Processo decisório, 57, 58
Produtividade, 208-209

Qualidade de vida, 208

Racionalidade, 57, 58
Relacionamento, 57, 58

Segurança, 83, 84

Talentos, 102-127
   como cultivar, 102-110
   como disseminar a cultura da empresa, 119-121
   como liderar, 110-119
   como maximizar a gestão de pessoas, 121-123

Valores, 24, 91-94
Visão, 24